创新与引领：

我国示范性高等职业院校建设十年(2005—2015)

周建松　主　编

ZHEJIANG UNIVERSITY PRESS
浙江大学出版社

图书在版编目（CIP）数据

创新与引领：我国示范性高等职业院校建设十年：
2005～2015 / 周建松主编. —杭州：浙江大学出版社，
2015.10
　　ISBN 978-7-308-15160-3

　　Ⅰ.①创… Ⅱ.①周… Ⅲ.①高等职业教育—学校管理—中国—2005～2015 Ⅳ.G719.2

　　中国版本图书馆 CIP 数据核字（2015）第 223983 号

创新与引领：

我国示范性高等职业院校建设十年(2005—2015)

周建松　主　编

责任编辑	李玲如	
责任校对	杨利军	
封面设计	雷建军	
出版发行	浙江大学出版社	
	（杭州市天目山路 148 号　邮政编码 310007）	
	（网址：http://www.zjupress.com）	
排　　版	杭州中大图文设计有限公司	
印　　刷	杭州杭新印务有限公司	
开　　本	710mm×1000mm　1/16	
印　　张	18.5	
字　　数	345 千	
版 印 次	2015 年 10 月第 1 版　2015 年 10 月第 1 次印刷	
书　　号	ISBN 978-7-308-15160-3	
定　　价	50.00 元	

一石激起千层浪

——国家示范性高职建设计划的回顾与前瞻

当前,职业教育界正在认真学习贯彻习近平总书记对职业教育的重要指示,学习全国职业教育工作会议精神,贯彻《国务院关于加快发展现代职业教育的决定》等一系列重要文件和领导讲话精神。党和国家对职业教育的发展更加重视,社会公众对职业教育的办学质量更加认可。此时此刻,我们深深感受到,十年前启动并实施的国家示范性高职建设计划的意义和价值正在显现。十年来,在国家示范性高职建设计划的引领下,我国高职教育千帆竞发、百舸争流,呈现出蓬勃发展、欣欣向荣的局面。每每回顾这一幕幕新招迭出、高潮迭起的改革创新场景,回味国家示范性高职建设计划带给全体高职人的希望和实惠,都会给我们高职人以振奋的力量。在这个意义上,国家示范性高职建设计划不仅是一种共同的情怀值得记取,更有许多宝贵的经验值得总结。

(一)

中国的高职教育发端于 20 世纪 80 年代初的短期职业大学,大致经历了办学定位摸索、办学规模发展和办学内涵深化等三个阶段,其间经历了"三改一补"(指对现有的高等专科学校、短期职业大学和独立设置的成人高校进行改革、改组和改制,并选择部分符合条件的中专改办)和"三教统筹"(指普通教育、职业教育、成人教育三教统筹)等政策指引,在《中华人民共和国职业教育法》和《中华人民共和国高等教育法》制定、颁布后,高职教育的法律地位得以明确,并为高职院校发展奠定了坚实的基础。

新世纪以来,国务院先后召开了三次全国职业教育工作会议,相继颁布了《国务院关于大力推进职业教育改革与发展的决定》(国发〔2002〕16 号)、《国务院关于大力发展职业教育的决定》(国发〔2005〕35 号)和《国务院关于加快发展现代职业教育的决定》（国发〔2014〕19 号）。教育部门单独或会同其他部委制定了若干实施意见和工作规范，促进了高等职业教育办学目标的形成，也推动了高等职业教育在规范化建设的基础上，逐步实现内涵深化和质量提升。高等职业教育以服务为宗旨、以就业为导向，坚持产教融合、校企合作、工学结合、知行合一的发展道路，打造了特色，树立了形象，形成了一定的社会吸引力。

（二）

2005 年，在新世纪第二次全国职业教育工作会议上，国务院颁布《关于大力发展职业教育的决定》，其中第十五条明确指出：加强示范性职业院校建设，实施职业院校建设计划，在整合资源、深化改革、创新机制的基础上，重点建设高水平的培养高素质技能型人才的 1000 所示范性中等职业院校和 100 所示范性高等职业院校。大力提升这些学校培养高素质技能型人才的能力，促进它们在深化改革、创新体制和机制中起示范作用，带动全国职业院校办出特色、提高水平，吹响了国家示范性高职建设计划的号角。

在中国高等职业教育的发展史上，有若干个重大事件要载入史册，国家示范性高职建设计划注定是其中之一；时势造英雄，在中国高等职业教育的发展史上，有若干个关键人物注定要载入史册。其中周济、吴启迪、张尧学、刘桔、赵路等领导的功绩我们不可忘怀；时任教育司高职高专处长范唯、全国高职高专校长联席会主席李进、财政部科教文司教育处长林皎以及著名专家马树超等领导和专家的贡献我们不能忘记；还有许多关心帮助支持高职教育的人士如陈解放、杨应崧、姜大源、于德弘、张禹钦、刘景等同志的努力也不能忘却。中国高职教育在他们的引领和指导下，走上发展的快车道，并成为示范建设的先行者。

动员令一经发出，2006 年伊始，示范高职建设紧锣密鼓、旌旗招展。教育部门一方面组织部分高职院校院（校）长赴德国学习世界职业教育先进经验，此举富有前瞻性，由此培养高职的种子、示范的种子；另一方面，先后组织举办数期高职院校院（校）长国内培训班，以统一思想、更新观念，提高领导能力。更为重要的是，教育部高教司高职高专处会同财务司专项处、财政部科教文司教育处即组织专家酝酿起草实施文件；2006 年，分别在长沙和深圳等地召开院（校）长座谈会和专家座谈会；教育部、财政部《关于实施国家示范性高等职业院校建设计划加快高等职业教育改革与发展的意见》（教高〔2006〕14 号）和教育部《关于全面提高高等职业教育教学质量的若干意见》（教高〔2006〕16 号）酝酿成熟，极大地加快了示范高职建设计划的实施步伐。

2006 年 11 月 13 日，为中国高职示范建设史上极为重要的时点。教育部、财政部在北京召开了示范建设工作专题布置会,会议在北京设立主会场,并以视频会议形式在全国设立分会场,同步加以动员,时任教育部长周济亲自做动员讲话,明确提出了示范建设的总体目标是:通过实施国家示范性高等职业院校建设计划,使示范院校在办学实力、教学质量、管理水平、办学效益和辐射能力等方面有较大提高,特别是在深化教育教学改革、创新人才培养模式、建设高水平专兼结合专业教学团队,提高社会服务能力和创建办学特色等方面取得明显进展。发挥示范院校的示范作用,带动高等职业教育加快改革与发展,逐步形成结构合理、功能完善、质量优良的高等职业教育体系,更好地为经济建设和社会发展服务。时任教育部部长周济同志要求,通过建设,要提高示范院校整体水平,推进教学建设和教学改革,加快重点专业领域建设,增强社会服务能力,创建共享型专业教学资源库。时任教育部部长周济同志明确要求,示范院校要做改革的模范、管理的模范、发展的模范,应当说上述要求和三个模范一直引导着示范院校创新发展,勇立潮头。与此同时,教育部、财政部《关于实施国家示范性高等职业院校建设计划 加快高等职业教育改革与发展的意见》正式印发,国家示范高职建设计划正在拉开帷幕。

(三)

行军号一经吹响,示范高职建设部队就要出发。经过层层推荐、筛选、评审,全国各地推荐的40余所院校于2006年12月3日至5日进京答辩。经过专家评审和教育部和财政部批准,2006年12月8日,全国第一批示范性高职院校建设单位正式对外亮相。做改革的示范、发展的示范和管理的示范,这是第一批示范性高职院校建设单位共同的目标。

与此同时,大家面临着共同的问题——示范院校如何建?在这个节骨眼上,时任高教司司长张尧学冲到了示范建设指挥第一线。在2007年2月的南京千人培训会上,他提出了明确的观点:"高职要培养具有良好职业道德、娴熟职业技能,具有可持续发展的人,示范建设重点在软件即观念,体制机制、校企合作、专兼结合的教学团队,教学内容和课程体系改革是关键,抓课程建设要像'拍大片'一样。"紧接着,范唯处长在芜湖主持召开首批示范校建设推进会,明确指出,"示范校从校园外界看应该既像学校、更像工厂,示范校的老师应该既是教师、也是师傅、更是教练(这在后来被深圳职业技术学院俞仲文校长比喻为'教授身上要有油'),课程应该与生产经营过程对接"。在以后的几年,张尧学司长和范唯处长发表了一系列重要文章,提出了一系列重要思想,张司长在2009年7月离开高教前,他满怀深情总结了高职院校后来传诵的"1221"办学特征,即培养目标是具有良好职业道德,娴熟职业技能的可持续发展的人,要构建理论教学和实践教学两个系统,要有毕业证书和职业资格证书两张证书,要有一个终身学习教育机制。范处长则更加强调,高职的产品就是专业和课程,高职的使命就是要让学生天天增值,高职院校要以服务区域经济发展为己任。

在这过程中,2007年冬天、2008年冬天和2009年冬天,全国高职高专校长联席会议,全国示范高职协作委员会会同有关单位联合组织了示范建设一周年、二周年、三周年交流会,尤其让人感动的是,百所示范校、百家合作企业在寒冷的冬日,在空旷的"798"举行三周年论坛,被戏称"抱团过冬"。三次会议,先后发表《北京倡议》《北京展望》和《北京畅想》,激励着高职人对示范高职美好前程的憧憬和追求。

曾记得2007年,全国第二批示范校选定,于北京举行集中培养,大家普遍感到,进示范行列难、建示范校更难,创示范校苦、建示范校更苦,于是一个更大的命题摆在面前,浙江金融职业学院周建松院长应邀在大会发言,用幸福理念指导示范建设(简称"幸福建示范"),吸引了听众的注意力,对示范产生了新的影响。

曾记得2008年,全国第三批共百所学校选定,大家汇聚上海,共商示范建设大计,削除困惑、统一思想,著名职教专家马树超提出了影响深远的产业、行业、企业、专业、实践五要素融合理论,进一步指导和推进了示范院校建设。同样在2008年,全国高职高专校长联席会议秘书长陈解放在《中国高等教育》发表以《校企合作、工学结合为高职类型特色创新的抓手》一文,不仅转载率和影响力排在同类文章的首位,确实影响了一代示范人,至今仍产生深刻影响。

曾记得,全国各地高职院校因此而兴起的示范热和示范潮。为落实教育部、财政部的文件,各地方政府需要平衡各种矛盾,回应各方需求。

曾记得,在杭州,全国高职教育文化建设与可持续发展论坛召开,浙江金融职业学院提出示范建设的真谛是机制创新和文化引领,让尚德重能成为高职教育文化、做永远的示范等理念在各界引起热议,形成高职院校的文化自觉。

曾记得2008年开春,在福州,示范建设推进会如期召开,除了研究常规以外,一个重要的命题是,示范院校如何出成果并产生影响力,于是有了《北仑冲击波》《银领之光》《天山作证》《钢铁是这样炼成的》等系列报告文学的出现。

曾记得2009年6月6日,李进、陈解放、于德弘、苏志刚、周建松等"五头牛"(因五人属相同为牛而得此名)在杭州举行示范建设总结与推进研讨,范唯和马树超出席指导,对示范高职以及示范后高职的前程做了深刻的探讨。

（四）

经过三年的建设，国家第一批示范院校如期进入验收行列，第二批、第三批正逐步推进，这时候，一种强烈的声音由基层发出，高职教育不仅要百花绽放，更要千花盛开，几经研究和努力，终于有了新的举措，即启动国家骨干高职院校建设。2010 年 6 月 1 日，这是一个儿童节，它象征着年轻、象征着未来、象征着希望，就在这一天，教育部、财政部发布了《关于进一步推进"国家示范性高等职业院校建设计划"实施工作的通知》。该通知指出，为贯彻落实《国家中长期教育改革和发展规划纲要（2010—2020 年）》，创新高等职业教育办学体制机制，深化教育教学改革，提高人才培养质量和办学水平，全面提升服务经济社会发展的能力，根据教育部、财政部《关于实施国家示范性高等职业院校建设计划加快高等职业教育改革与发展的意见》，对继续推进"国家示范性高等职业院校建设计划"实施工作通知如下。通知明确指出：新增 100 所左右骨干高职建设学校，推进地方政府完善政策、加大投入、创新办学体制机制，推进合作办学、合作育人、合作就业、合作发展，增强办学活力，以提高质量为核心，深化教育教学改革、优化专业结构，加强师资队伍建设，完善质量保障体系，提高人才培养质量和办学水平，深化内部管理运行机制改革，增强高职院校服务区域经济社会发展的能力，实现行业企业与高职院校相互促进，区域经济社会与高等职业教育和谐发展。具体来说，包括校企合作体制机制建设，政策支持与投入环境建设，专业建设与人才培养模式改革，师资队伍与领导能力建设、社会服务能力建设。通知明确 2010 年开始遴选，分年度、分步骤实施，2015 年完成全部验收工作。

应该说，骨干院校建设是国家示范性高职院校建设的重要组成部分，是示范建设的继续和深化，但又有不同的内容，在继续重视专业内涵建设的同时，骨干院校建设更关注体制机制，更关注地方投入环境，更关注院校地方服务区域和行业企业的能力。

又经过三年的建设，全国百所示范院校已顺利通过验收，70 所骨干院校亦已验收，还有第三批 30 所骨干院校建设正进入尾声，2015 年底将全面收官。

在此过程中，作为示范建设重要内容的专业资源库建设，由若干院校自我发起，终于在 2010 年正式由官方立项启动，到目前已有五批 78 个项目获得批准，部分已验收通过，不同的是，从优质资源共建共享，正逐步向辅教辅学方向转变，按照"碎片化资源、结构化课程、系统化设计"的要求正在不断适应信息化要求逐渐推进。

（五）

弹指一挥间，十年即将过去。这一节点不算太短，也不算过长。人生又有几个十年呢？十年建设，值得回味；十年经验，值得总结。

一是极大地调动了地方政府和行业企业的兴趣、热情和投入。我们欣喜地看到，十年前尽管党中央、国务院也十分重视职业教育包括高职教育的发展，高职教育规模上也接近高等教育的半壁江山，但不仅高职教育自身比较稚嫩，而且地方政府、行业企业似乎对其他不太关心和重视，是示范院校，拨动了地方政府的心弦，调动了行业企业的热情，从征地建园区、拨款添设备到落实本科标准拨款机制，从制定促进校企合作的地方性法规条例，从引导行业企业关心参与高职教育，从订单培养、双师教师团队建设等来看，高等职业教育作为类型真正在地方政府和行业企业中入脑入心，摆上重要议程日程。

二是极大地提高了高职院校的人才培养质量和办学水平。由于示范建设获得了政府的重视、行业的关心、企业的参与，也获得了大量的资金，武装了高职，既提振了高职人的信心和热情，也增强了高职对社会的吸引力。在此过程中，有关教育、教学和人才培养质量的各种要素不断得到优化。全国高职战线的大学习、大交流空前频繁，师资队伍得到提升，专业建设水平得到提高，课程改革扎实进行，科研工作得到重视，社会服务能力显现，高等职业教育的人才质量和办学水平年年跃上新台阶。人们总在说，示范建设和原来没有进行示范建设就是不一样。

三是极大地推动了高等职业教育类型特色的形成。示范建设不仅使100所示范院校、100所骨干院校得到了锻炼和提升，更通过示范引领，产生了极强的带动作用。地方政府和行业、企业的省示范、部示范等政策相继出台，有力地带动了新一批示范骨干学校建设，示范建设强调面向省外和西部招生，强调东西合作、强调发达地区带动欠发达地区一起发展，这在机制上促进和保证了对全国高职战线的引领。更为重要的是，经过示范建设，人们对什么是高职、怎样办高职、高职培养什么样的人、怎么样培养人等更加清晰明了，也统一了认识。坚持开放办学、坚持跨界发展、坚持产教融合、坚持校企合作、坚持工学结合，重视专业建设、重视课程改革、重视双师团队、重视文化建设、重视素质教育、重视社会服务成为共识；类型特色鲜明、中国特色、世界水平高职教育正初步显现。

（六）

榜样的力量是无穷的，示范的杠杆是巨大的。四两拨千斤，也许正合适。

示范的建设在于树优，在于创特，在于瞄准一流，在于追求卓越。

当前，国家正在围绕构建现代职业教育体系，调整和优化职业教育和高等教育结构，创新载体、强化类型特色，发挥高等职业教育在结构调整中的积极作用。

浙江金融职业学院作为全国 1300 余所高等职业学院之一，有幸经过浙江省教育厅的推荐，经过逐层评审和"PK"，经浙江省人民政府推向全国，后经努力成为全国首批 28 所示范性高职院校之一，有幸与示范建设同行，并见证、参与、实践整个过程，更取得了明显成效。

浙江金融职业学院从创建示范开始就明确以"打造中国金融类高职第一品牌，引领服务类高职改革创新"作为目标，金融第一品牌是水平定位，要成为金融类高职第一品牌，就是要创建一流、力争第一，此乃其先进性。引领服务类高职改革创新，标志着我们自身要在办好服务类高职的基础上，引领服务类高职教育改革创新和健康发展，其中包含着我们要服务高职战线和服务社会。

浙江金融职业学院对第一批 28 所国家示范性高职院校建设情有独钟，由于国家示范建设第一批是 2006 年 12 月 8 日正式公布的，第一批又是 28 所，而学校的示范建设方案恰巧又是 1 个总目标、2 个分目标和 8 个子项目，因此，学校就把示范建设确定为"128"工程。之后围绕 128 这个概念，做了大量既有趣味又有实质意义的工作，如编印了 28 期示范建设工作简报，编印了 128 页的示范建设纪念手册，表彰奖励了 128 位优秀教师，表彰奖励了 128 个优秀合作企业，表彰奖励了 128 个优秀合作个人（其中 28 位金奖、100 位银奖），这在一定意义上也代表着一种文化。

浙江金融职业学院率先提出并阐明了幸福建示范的理念，并在实践中得以实现，即用幸福理念指导示范建设，从中感悟幸福、体悟幸福、幸福工作。

浙江金融职业学院认为，示范建设的真谛在于机制创新和文化引领，早在 2008 年就发起召开了高职文化建设与可持续发展论坛，提出了研究和建设高职文化的概念，得到了高职界的关注和响应，至今已召开四届论坛，形成了一定的成果，产生了较好的社会效应。

浙江金融职业学院同时认为，示范建设本身意味着责任，示范院校要承担支援西部和服务战线的责任，示范院校在承担社会责任方面要积极倡议并率先垂范，为此，在示范院校建设一周年之际，学院就面向主流媒体，公开发布浙江金融职业学院社会责任报告，成为全国高职第一，之后，每年发布，已连续八年。

浙江金融职业学院也认为，示范建设不仅要思、要行，也要善于总结经验、形成成果、以便推广，为此，学校进一步加强了高等职业教育的理论、政策、实践创新研究，加强了示范建设体制机制和创新发展方面的研究，编撰有关资料、推广各方经验，研究工作能力和水平受到全国业界广泛认可，示范建设经验获得多项国家教学成果奖励。

浙江金融职业学院还认为，示范建设不能单兵独行、自娱自乐，而应该承担服务同行的职责，发挥示范和引领作用，学校成立了服务战线和支援西部工作机制，组织联盟、论坛、报告会，接待来访学习和参观，接受挂职锻炼和干部交流，培训教师和干部，产生了广泛的效应。

浙江金融职业学院坚定地认为，学校工作归根到底是为了学生，示范建设必须让学生受益，为此，学校提出确立"一切为了学生、为了学生一切、为了一切学生"的思想，积极构建"关爱学生进步、关注学生困难、关心学生就业"的体系，率先在全国设立"爱生节"，创设"千日成长工程"，使示范和高职改革建设造福学生、成就学生。

浙江金融职业学院始终认为，打铁需要自身硬，要使示范名副其实，得到同行佩服和社会认可，关键是要提高办学水平和人才培养质量，让毕业生来说话，让用人单位和社会来评价，为此，必须始终坚持"特色鲜明、人民满意、师生幸福"的办学宗旨，自觉实施"名副其实、物有所值、无悔选择"的对标管理理念，努力干在实处、积极走在前列，做精教学、做实科研、做活社会服务、做大校友会、做强基金会、做密合作网、做品学校，全面建设高品质幸福金院。

如果说，示范只是一个项目，那么它总有验收结束时；如果说，示范又是一个系统工程，那么，它应该也会告一段落。但我们认为，示范是一种理念，一种追求，一项革命，因此，它还在继续，还会推进，还会创新⋯⋯

常人说得好，验收有节点、示范无终点，考核有指标、示范在路上⋯⋯

创新发展中国特色高职教育，我们永远在路上⋯⋯

周建松

2015 年 10 月 1 日

目　录

下　篇

上●篇 <<<

第一章　校企合作与办学体制机制创新

一、示范性高职院校校企合作与办学体制建设基本概况

发展职业教育,是推动经济发展、促进就业、改善民生、解决"三农"问题的重要途径,是缓解劳动力供求结构矛盾的关键环节。改革职业教育办学模式,构建现代职业教育体系,是国家教育体制改革试点的一个重要内容。在2005年国家提出实施"高等职业院校示范性建设计划",陆续开展了一系列的创建示范之路,高等职业教育示范建设走过了不平凡的十年。站在新的历史起点展望未来,职业教育迎来属于自己的春天;回顾过去,高等职业教育示范建设走过艰难的十年。这十年是一次探索的过程,更是高等职业教育自我成长的过程。也正是这十年的高等职业教育示范建设工程为我国高等职业教育的发展奠定了坚实基础。在高等职业教育示范建设中,校企合作与办学体制是一项重要议题,二者相辅相成,相互促进,共同推进我国高等职业教育发展。

(一)示范性高职院校校企合作

过去的2014年是中国深化改革之年,也是教育改革年,更是职业教育发展史上具有里程碑意义的一年。职业教育的重要作用日益凸显,特别是在2014年,国家主席习近平就关于加快发展职业教育作出重要指示。他强调,职业教育是国民教育体系和人力资源开发的重要组成部分,是广大青年打开通往成功成才大门的重要途径,肩负着培养多样化人才、传承技术技能、促进就业创业的重要职责,必须高度重视、加快发展。在2014年5月国务院颁布的《关于加快发展现代职业教育的决定》中明确指出:努力加快构建现代职业教育体系,提高人才培养质量,推进人才培养模式创新,坚持校企合作、工学结合,强化教学、学

习、实训相融合的教育教学活动。推行项目教学、案例教学、工作过程导向教学等教学模式。加大实习实训在教学中的比重，创新顶岗实习形式，强化以育人为目标的实习实训考核评价。健全学生实习责任保险制度。积极推进学历证书和职业资格证书"双证书"制度。开展校企联合招生、联合培养的现代学徒制试点，完善支持政策，推进校企一体化育人。其中明确把校企合作推向一个崭新的高度。这更是为新的历史时期高等职业教育发展提供了明确的方向，也为中国高等职业教育的发展注入新的活力。

同时，在 2014 年 6 月，教育部等六部委联合发布的《现代职业教育体系建设规划（2014—2020 年）》中也明确提出要完善校企合作的现代职业院校治理结构，进一步规范校企合作的相关制度，推动行业、企业和社区参与职业院校的治理，从中能够助推高职院校校企合作上一个新的台阶。

在 2006 年教育部、财政部发布《关于实施国家示范性高等职业院校建设计划加快高等职业教育改革与发展的意见》中首次提出国家示范性高等职业院校建设计划，其中更是明确了示范性高等职业院校建设的方针，即坚持"以服务为宗旨，以就业为导向，走产学研结合的发展道路"的办学方针；坚持导向性、协调性、效益性、创新性的原则，中央引导、地方为主、行业企业参与、院校具体实施，重点支持 100 所国家示范性高等职业院校。国家层面提出建设示范性高等职业院校的计划，这项举措为各高职院校的发展提供明确的方向，在发展意见中对高职院校的校企合作提出新的要求。经过十年的建设与发展，国家示范性高等职业院校建设中的校企合作也在十年间不断成长，校企合作与办学体制的改革与创新都将形成一股新的动力，改革倒逼校企合作的推进。从中央到地方，各级政府高度重视、积极谋划，相关部门各负其责、密切合作，行业企业和学校积极参与，推动高等职业教育事业科学发展。

中国高等职业教育在实现规模发展的过程中，不断深化内涵建设，以服务为宗旨，以就业为导向，走产学研合作发展道路，深入推进产学合作、校企合作、工学结合，加快了人才培养模式的改革与转型，全面提升人才培养水平和社会服务能力，探索中国特色的高等职业教育发展之路。党的十八大提出了全面建成小康社会的奋斗目标，实现中华民族伟大复兴的中国梦，打造中国经济升级版，必须把职业教育摆在更加突出的位置，充分发挥高等职业教育的引领作用，加快发展现代职业教育，到 2020 年，建成适应需求、有机衔接、多元立交，具有中国特色、世界水准的现代职业教育体系，培养数以亿计的高素质应用型技术和技能人才，为实现全面建成小康社会的宏伟目标贡献人才和技术支持。

迈进新世纪以来，我国高职院校校企合作的发展最为迅速阶段，主要体现在政府和各级教育部门对高职院校校企合作高度重视，无论是在人才还是物力等方面都给予了大力支持。产学合作已经成为高职教育的一个重要特征，无论是内涵建设外部强化等方面的塑造，特别是在 2001 年、2002 年教育部先后组织召开了三次全国高职高专教育产学研结合经验交流会，并于 2002 年发布了《国务院关于大力推进职业教育改革与发展的决定》（国发〔2002〕16 号）的政策性文件，强调以就业为导向的高等教育改革要与发展职业教育相结合，进一步扩大职业教育规模，增强服务经济社会的能力。同年又推出了一批"产学结合"研究与建设项目。全国范围内的高职高专产学结合工作正在蓬勃开展。2005 年，国务院又出台了《关于大力发展职业教育的决定》的纲领性文件，明确要求大力推行工学结合、校企合作培养模式，并规定高等职业院校学生实习实训时间不少于半年。

我国高职院校校企合作完善阶段以国家示范性高职院校建设计划的提出及实施为标志。2006 年 11 月，周济部长在国家示范性高职院校建设计划视频会议上明确指出，"今后一段时期，我国高等职业教育的主要任务是加强内涵建设，提高教育质量"；2006 年 11 月，教育部下发的《关于全面提高高等职业教育教学质量的若干意见》总结了 10 年来关于高等职业教育教学改革的一系列经验和教训，特别是针对提高校企合作质量的关键问题进行了深入的研究。2006 年 11 月，教育部、财政部联合启动了国家示范性高等职业院校建设计划，提出以专业建设为核心，以校企合作、工学结合人才培养模式改革为切入点，坚持以服务为宗旨，以就业为导向，走产学结合发展道路，全面提高示范院校整体水平。上述举措短期内就激起了高职院校和相关企业的校企合作热情，并取得了丰硕成果。2006 年，国家首批立项建设的 28 所院校紧密联系行业企业，与企业合作共同开发课程，建设实训基地，其中包括 5334 个校外实习基地，并聘请了 5394 位行业企业技术骨干和能工巧匠担任兼职教师；有 5009 家企业与这些建设院校签订了合作协议，共接收实习学生 23.7 万人、就业毕业生 3.5 万人［江玲，2010(S1)］。

（二）校企合作长效机制国内外研究现状

梳理国内外相关示范性高职院校校企合作与办学机制研究成果，能为后示范时代校企合作的发展提供重要思路。除此之外，拓宽已有研究视角，增进对研究的共识，校企合作是高职教育发展的必然趋势，校企合作的成功与否已经成为各高职院校生存发展的重要内容之一。国家示范性高职院校建设十年，在这十年中很多学者已经开始对校企合作进行相关研究，通过梳理和分析已有的研究成果能为后示范性建设时代的校企合作提供新的思考路径。

校企合作是指在办学模式层面学校与企业的携手共建,重点在于办学体制的创新。校企合作的要点有四:一是办学理念的更新,强调学生"以他方为中心"的办学行为及争取企业在办学过程中的积极参与。二是组织结构的设计,即校企之间联系纽带的简历和校内组织机构的开放性构成,校企双方你中有我,我中有你,如校企双方管理人员相互聘任和兼职等。三是校企资源的共享,学校按照企业需要开展企业员工的职业培训,与企业合作开展应用研究和技术开发。同时,企业参与学校的改革与发展,校企共同制定学校的管理和教学制度,如企业标准引入教学和学校的教学要求在学生顶岗实习中的实施和运用等。四是以企业需求为依据的开放式运作,如校企双方不仅有由双方领导组成的董事会、专业指导委员会等组织,还要有由第一线操作人员组成的学生实践、课程改革、技术革新等运作层面的合作小组,而且建立规范的运作制度,有聘任、有待遇、有项目、有任务、有考核、有例会、有记录、有效果,把校企合作的思想和理念转化为行为规范和具体操作,使办学模式的改革落在实处,真实有效。

1.关于示范性高职院校校企合作发展现状研究

校企合作发展是一个过程,不能仅仅局限于某一个阶段,特别是对于整个过程性的研究,务必要站在一定的时间点上考察示范性高职院校校企合作发展现状,从宏观、微观两个层面探讨深层次的内容。关于高职院校校企合作发展现状研究,在肯定校企合作的一定成效的同时主要集中在现存问题及困境的研究上面。在《关于校企合作的几点思考》中,黄迎新表达了自己对校企合作方面的看法。他认为校企合作仍然没有得到很好发展的原因是体制、制度和机制方面的不完善。存在的问题:"一是不对等性。现阶段,仍然有不少企业认为校企合作的效益不明显,可以用其他的方式获得人才,因此他们只重视其招聘而忽视其培养。二是脆弱性。由于合作双方的不对等,合作关系很难长久保持。三是风险性。四是缺乏体制、机制和制度的保障。"[黄迎新,2006(12)]

有的研究者认为,由于我国高职教育起步较晚,在实践中逐步形成的校企合作模式尚存在许多问题,面临许多困境。主要表现在三个方面,即观念问题、政策问题和层次问题。其中观念问题包括:第一,无论是政府、企业还是学校本身,对高职教育校企合作的客观性、必然性的理论知识和实践观念等的认识仍然不足。第二,企业缺乏成熟的合作意识。企业要么停留在单纯选择人才的合作层面,要么就是被动地进行捐资助学,不参与或者很少参与在合作办学中对人才的培养。第三,学校没有统一的合作思想。[袁银枝,2007(1)]

张海峰(2009)在《高职教育校企合作若干难题的理论破解》一文中,认为高职教育校企合作之所以难是因为我们将校企合作当成了"行政事务",忽视了深层问题的有效解决,校企合作长效机制的形成有赖于动力性、归约性和稳定性等三个难题的真正解决。

此外,针对这一主题相关研究者有不同的论述,李佳圣(2011)在《中西部地方高职院校校企合作模式研究》一文中指出校企合作中存在的主要问题有:第一,校企合作的认识有待深化;第二,校企合作的政策瓶颈有待突破;第三,校企合作的环境有待改善;第四,校企合作的体制机制有待创新。学者们从各个方面关注着高职院校校企合作的发展,并提出了相应的看法。笔者认为,学者们的研究都是有根据的,对我国高职院校校企合作的健康、有序、有效的发展有十分重要的作用。

2.关于高职院校校企合作主体研究

深化校企合作不能够缺少相关机制建设以及校企合作主体方面的研究,其中对于校企合作的主体研究至关重要。面对我国高职院校校企合作机制的现状,学者们在肯定其发展的前提下,对校企合作主体进行了划分和归类。分别讨论其在校企合作运行中应具有的功能和作用,并指出了各主体面临的相关问题。

徐文俊(2007)在《产学研合作的五元三层结构分析》一文中将产学研合作的主体归位五类:企业、高等院校、科研院所、政府以及中介组织。它们分别构成产学研合作的主导推动层、辅助参与层及环境保障层。

张海峰(2010)认为高职教育校企合作是政府、高职院校和企(行)业共同参与的"公共事务",各自承担着不可替代的义务和责任。他在《高职教育校企合作制度化研究》中分别从企业、院校和政府三个方面对高职教育校企合作制度化做了应然分析与研究(张海峰,2009)。这种分门别类的主体划分有助于形成较好的区分。

此外,当前在研究校企合作中有不容忽视的一个重点问题——政府。政府是高职院校与企业之间的重要桥梁,政府通过自身的变革和相关政策推动着校企合作。徐春平、唐忠平、楼军委(2009)的《政府在高职教育校企合作中的功能定位和作为》的一文,从政府这个主体的角度出发,为校企合作中政府的功能定位和作为提供了参考。

关于主体性的研究,其中一方从企业、用人单位的视角来审视和研究当前校企合作中的主体问题。王艳丽、薛耀文(2010)在《基于企业视角的促进校企合作效果的实证分析》一文中分析企业的角色和相关作用,在实地调研和问卷调研的基础上,从企业角度了解校企合作状况,分析了企业开展校企合作的形式、路径以及动力因素,为促进校企合作效果,推动企业技术创新提供更好的策略与方式服务。

另外一个重要的研究视角是高职院校的主体性问题。邢清华(2011)在《职业院校在校企合作过程中定位与角色的国际比较》中从职业院校这个主体的角度出发,为校企合作中院校的角色定位提供了建议参考。通过对高职院校校企合作中各个主体的分析研究,我们发现各个主体间的功能、责任划分并不明晰,同时在责任履行方面也存在很大的上升空间。

3.高职院校校企合作模式研究

高职院校校企合作模式早在国外已经成为研究的重点和研究的主要趋势。国外对相关的校企合作模式开展已经较为固定,在我们目前还未形成统一的模式。那么在这个过程中借鉴和学习已有的相关研究模式未尝不是一次有意义的探索,特别是分析相关已有校企合作模式的利弊,从中可以找到一条适合本校的路径。

李汉斌(2007)在《职业院校"校企合作"培养模式初探》一文中注重对相关校企合作的研究分析,特别是对已有的模式分析,在职业院校的教育教学过程中,采取"校企合作"培养模式对学生实施教育,是职业院校培养高素质的技能型人才的一条有效途径。实施"校企合作"培养模式,必须选好合作企业,加强校企结合。在实施过程中,应注重"校企合作"机制和法规的建设,要搞好教育教学改革。

校企合作的模式关系高职院校校企合作的发展。余祖光(2009)在《职业教育校企合作的机制研究》一文中对校企合作的模式划分主要以校企合作人才培养的工学结合方案中的时间、空间和组织要素的不同组合为依据,可以将实际中存在的众多模式归纳为以下九种主要模式:"1.学年分段,分为'2+1'和'异地分段'两种;2.阶梯分段;3.半工半读;4.弹性安排;5.订单培养;6.教学工厂;7.厂内基地;8.行业主导;9.职教集团。"

近年对高职教育的探索不仅仅停留在大专水平,相关文件建议部分地区高职院校积极探索四年制本科模式。易丽(2010)在《试论我国校企合作的变式——基于技术本科人才培养的思与行》一文中根据不同的标准,可以将我国职业教育领域的校企合作归纳为:"第一、三类企业参与模式:企业配合模式;校企联合培养模式;校企实体合作型;第二、三个合作层次模式:浅层合作模式;中层次合作模式;深层次合作模式;第三、九种实践经验模式:订单式人才培养模式;2+1模式,学工交替模式;全方位合作教育模式;实训—科研—就业模式;双定生模式;工学结合校企双向介入模式;结合地方经济全面合作模式;以企业为主的合作办学模式。"

此外,针对校企合作模式的研究,部分学者还充分考虑了高职院校校企合作在其他国家的发展现状,通过对不同的合作模式进行对比分析,认为主要的合作方式有三种模式:第一,将企业作为重点的合作模式,例如采用双元制合作模式的德国;第二,将学校作为合作的主体的合作模式,例如采用合作教育计划的美国;第三,将行业作为合作的主体的合作模式,例如采用 TAFE 模式的澳大利亚。我国在对他国的校企合作的经验学习中,也正逐步形成一套独具特色的校企合作模式,而关于校企合作模式的研究也正逐步走向成熟。

4.高职院校校企合作机制的构建研究

校企合作的有序发展需要一个健康的机制作为保障,特别是在高职院校与企业双方主体的层面上,更不能脱离校企合作机制建设的问题。关于高职院校校企合作机制的构建,学者们进行了大量的研究,主要集中在以下几个方面。

任元军等(2003)在《产学合作的运作机制分析》一文中认为校企合作机制有:利益机制、动力机制、选择机制、风险机制和环境机制。

刘鲁平等(2007)在《探索产学研合作机制,培养高等应用型人才》一文中指出高等职业技术教育必须坚持就业导向,创新产学研合作机制,并提出了产学研合作的动力机制、利益机制、激励机制、选择机制、互动机制、交融机制、学习机制、更新机制、考评机制等九个方面的具体途径。

黄国清等(2012)在《高职教育校企多元化合作动力机制的探讨》一文中认为建立政府保障机制、组织领导机制、共同投入机制、信息沟通机制、人才优先选用机制和评价激励机制等多元合作动力机制,有利于推动高职教育校企多元化合作的深入和高职教育的可持续发展。

此外,针对如何探索校企合作办学机制的问题,陈赞(2012)在《构建"校企一体、互通互融"紧密型校企合作办学体制的思考》一文中认为需要建立高职院校董事会运行机制、校企共建专业和学院运行机制、校企合作联合人才培养机制、校企合作过程监管机制,认为通过探索高等职业教育发展的新篇章,特别是在新的形势下建立一个适合高职院校校企合作的机制。

二、示范性高职院校校企合作十年建设概述

根据《国务院关于大力发展职业教育的决定》要求,为在全国高等职业教育中树立改革示范,经国务院同意,"十一五"期间实施国家示范性高等职业院校

建设计划。该计划于 2006 年 11 月由教育部、财政部联合启动,按照"地方为主、中央引导、突出重点、协调发展"的原则,重点支持建设 100 所高等职业院校,使之成为发展的示范、改革的示范、管理的示范。在过去的十年间,国家首批示范性高职院校发生了巨大的变化,引领全国高等职业教育的改革。特别是2014 年,被称为高职教育的春天。通过梳理以往走过的路,我们会欣喜地发现,高职院校校企合作走过了不平凡之路。当然,在这个过程中我们的发展还存在问题,但这些问题不影响我们前行。引领、示范、创新——对于在行进中的中国高职教育未尝不是一次有意义的探索。

(一)示范性高职院校校企合作取得成绩

1.带动经济发展,促进社会和谐

国家首批示范性高职院校根据中央的统一部署,得到了国家各级政府的大力支持。全国首批示范性高职院校立足本地区经济发展的实际,站在崭新的高度上重视和密切开展校企合作,为地方企业培养了大量急需人才,为地方经济发展注入了活力,极大地推动了地方经济的发展。国家首批 28 所示范性高职院校经过十年的示范建设为社会培育了大批高技能型人才,并且这些高技能型人才对本地区经济的发展发挥重要作用。以浙江金融职业学院为例,近十年期间学校共培育了 2 万余名毕业生,其中 60% 以上在杭州地区工作,且 60% 在银行或金融系统从事工作,部分优秀毕业生已经成为行业的突出人才,为行业的快速发展注入了新鲜血液,为振兴本地区经济发展提供了有力的支撑。浙江金融职业学院是一所有着悠久办学历史的高职院校,依托校企合作的平台,为浙江金融系统培养大量技能型人才,特别是以中国工商银行行长易会满为代表的一批杰出校友不断为学院的校企合作搭建平台,这期间也成就了学院的高速发展和校企合作的深入推进。

2.推进高职院校自身改革,深化内涵建设

示范性高职院校的建设过程既有助于发挥对全国高职院校的示范和引领作用,同时又是一次自身的变革过程。首批示范性高职院校积极探索,结合自身特点,抓紧改革机遇,借助有效的平台,推进自身发展。示范院校在与企业合作办学、合作育人的过程中,通过校企共建实训基地、共同开发校本教材、联合科技攻关等举措,逐步实现了教学的空间转变(从课堂向车间的转变)和角色转变(从学生到员工、从教师到师傅的转变)。示范性院校在践行工学结合的人才培养模式过程中,也促进自身的教学改革,取得了很大成绩。2009 年,在教育部组织的第六届国家级教学成果奖大会中,宁波职业技术学院院长苏志刚主持的"搭建教学育人就业'三位一体'开放平台培养高技能机电人才的探索与实践",天津职业大学王艳国教授主持的"基于生产过程开发全玻璃化工仿真实训教学技术的研究与实践",石家庄铁路职业技术学院院长胡振文主持的"紧密结合高速铁路建设项目构建与实施'做中学'高职课程体系",无锡职业技术学院戴勇院长主持的"系统改革高职课程体系的探索与实践",成都航空职业技术学院李学锋教授主持的"基于工作过程系统化的高职课程'3343'开发理论与实践",四川工程职业技术学院院长司徒渝主持的"制造类高职人才培养模式的探索与实践",重庆电子工程职业学院孙卫平主持的"面向西部、实施全程工学结合的电子信息类专业'四环相扣'教学模式改革"等7所示范性高职院校的教学成果获得了高职类8项一等奖中的7项,创历年之最。另外还有多所示范性高职院校荣获二等奖。综观这些获奖项目,大多都是学院与企业联手合作、共同开发所致。这都充分证明了示范性院校校企合作给自身教学改革带来机遇和影响。校企合作不仅仅是高职院校对外能力的提升,更是一次难得深化内部改革的契机。

3.壮大高职教育影响力,引领高职教育新发展

2006年公布的国家首批28所示范性高职院校分布较为均匀,除北京、湖北、江西、贵州和西藏等没有外,其他省份基本保证有一所,最多不超过两所,且大多是在省会城市或计划单列的副省级城市。这种分布格局不仅有利于这些示范性院校在建设中集聚优势资源,快速崛起,也使它们在选择校企合作对象时拥有了更大的空间。如浙江金融职业学院通过与国有四大银行组建银领学院订单班,实施订单人才培养,累计培养7000余名订单人才。这一方面,为金融单位培养实战型人才;另一方面,在组建订单人才培养的过程中也不断提升学院声誉,壮大学校的社会影响力,拓展学校的社会资源。通过与知名订单单位的合作不仅实现了企业、学校、政府的三赢,也有利于学校借助校企合作平台扩大影响力、提升知名度,使更多的人了解职业教育,走进职业院校。通过近几年的订单人才培养模式,浙江金融职业学院历年录取分数均在浙江省高职院校中名列前茅。校企合作是一个双赢的局面,有助于社会增进对高职院校的认知,增进高职院校的影响力,有助于提升高职院校的社会服务能力。教育不仅仅是培养人才,更是集聚能量为社会创造价值的过程。特别是在经济发展到某一阶段中,高职院校教育的引领和辐射作用应更加强烈,更应突出高职院校教育的社会意义。

(二)国家示范性院校建设中校企合作与办学体制典型案例

1.承德石油高等专科学校——订单培养,互惠互赢

(1)紧紧盯住需求,牢牢贴近服务。承德石油高等专科学校以国家师范院校建设为契机,以"行业需求、区域发展"为重点,努力构建校企合作机制,坚持以服务为宗旨,以就业为导向,积极开展满足企业需求的"订单教育",先后与中石油华北销售河北分公司、中海油渤海电仪分公司、大唐国际煤化工、万华化学集团股份有限公司等单位建立了校企合作关系。

(2)校企共同合作,实现互利互惠。共同进行岗位分析,共同制订人才培养计划,共同确定教学内容,共同开发课程与教材,共同参与教学过程,共同制定考核标准,共同考核评价学生,共同管理顶岗实习,共同进行在职职工培训与技能鉴定。实现企业与学校相结合,教育与就业相结合。

(3)弹性教学管理,灵活组织教学。按照企业所需制订教学计划,调整课程设置,单位独立编班,企业和学校共同管理,组建"大唐班"、"苏宁班"、"新疆油建班"、"冀东班"。教学分两阶段实施:第一阶段在学校,以学校管理为主,企业专家来校讲授专业课程;第二阶段在企业,以企业管理为主,通过定岗工作进行培养。

(4)校企共建资源,确保培养质量。合作企业采取建立培训基地、共建实训室、设置奖学金等方式,实现企业与学校真正融合。企业介入人才培养过程,实现了人才与市场需求的对接,促进了教学改革的深化,确保教学内容与生产实际一致,促进了实训基地的建设,保证了人才培养的质量。学校毕业生一次就业率95%以上,就业质量高,就业率在河北省连年名列前茅。

2.兰州石化职业技术学院——改革师范院校办学机制,创新高等职业教育人才培养模式

兰州石化职业技术学院是国家首批28所示范性高职高专院校之一。2007年,学院开始示范性建设,提出了"根植石化行业,传承铁人文化;人才培养延伸,培训服务前移"的示范性建设理念,为学院的示范性建设指明了方向。2010年,学院进入后示范性建设时期,在系统总结示范性建设经验的基础上,立足市场,大胆改革,走"质量—特色—品牌"之路,着力实施了一系列行之有效的举措,学生就业率持续保持在93%以上。

(1)加快专业结构调整。根据市场需求,通过强化、衍生、复合等方式,拓展专业服务方向,培育有市场前景的专业增长点,新建了10余个特色专业,创建

了国家级重点(特色)专业 4 个,省级重点(特色)专业 7 个。

(2)努力深化课程改革。坚持以基于工作过程的课程观为指导,完成了200 门工学结合课程改革;建成国家级精品课程 1 门,省级精品课程 19 门,院级精品课程 52 门。

3. 泉州信息职业技术学院——"三轴联动"建设实训基地

(1)央财基地,银铃校内实训基地建设。学院以 3 个中央财政支持的职业教育实训基地引领,与地方产业紧密对接,系统规划,合作共建校内实训基地。现有实验实训场所 52352 平方米,教学仪器设备 5582 万元,共建有 8 个校内实训基地,75 个实验室,覆盖现有专业相关技术领域,满足技术技能型人才培养需要。

(2)校地合作,共建园区研发基地。学院通过与高新技术产业园区建立战略合作关系,延伸学校教育功能,在园区建设研发基地,服务园区;同时,依托"泉州市信息职业教育集团"和"泉州市机械职业教育集团"优势,整合行业资源,共建校外顶岗实习基地 100 个,合作培养高技能人才。

4. 温州职业技术学院——贴近地方产业,积极主动与行业、企业校企合作

(1)创新办学机制。2011 年对于温州职业技术学院是极为重要的一年,在这年,温职院加强专业内涵建设,创新办学机制,通过与温州市服装商会共建温州服装学院,服装商会会长担任院长,并引进温州知名设计师入驻服装学院建立了研发性实训基地,整合学校、行业、企业的"产、学、研"资源和加大行业技术创新的"联动"优势效应,取得了较好的办学效果,具有鲜明的温州地方企业和职业特色。

(2)增强社会服务能力。温职院在现有的基地基础上,在学院研发大楼三楼建设了 100 平方米的服装研发实训基地,继续与温州服装商会、科研院所和温州服装知名企业紧密合作,新增 2 家行业名师设计工作室、三维服装设计研发中心、高级服装定制研发中心、服装数字化技术研发中心、电脑绣花设计中心,并以温州市的服装企业为核心,逐渐向瑞安、平阳、乐清、永嘉以及台州、丽水等周边地区延伸,开展新产品研发、技术服务、职业技能培训等服务,实现"教学、研发、技术服务、社会培训"为一体。

5. 浙江金融职业学院——订单培养,产学合作

(1)校企合作改革试验区——订单式人才培养。校企合作的重要依托形式之一就是企业的订单式人才培养。订单式人才培养是职业院校以服务为宗旨,

以就业为导向,进行教育教学改革的实现载体,是面向基层一线,培养高素质的技能型专门人才的重要途径。在高职人才培养方面,紧跟产业、依托行业、融入企业、面向职业、强化实践是对职业教育的根本要求。通过订单式人才培养,有助于构建畅通的校企合作机制,职业教育的职业属性,要求其在办公过程中,必须紧密联系实际,联系企业,构建一个长效的校企合作机制。只有这样,才能使职业院校培养出来的学生能够适应企业的岗位需求和工作需要,毕业即能顶岗,人才培养才有极强的现实针对性。订单式人才培养,可以实现学校、用人单位和学生之间的三赢。

浙江金融职业学院在实践的基础上立足于本校的实际情况,结合行业特点,创设"文化＋订单"人才培养模式,它是一种有效的、系统的订单式人才培养模式,这种人才培养模式有助于克服各种订单式人才培养模式的缺陷,它将学院文化植入到订单人才培养系统之中,形成了一种新的具有普适性和极大推广价值的人才培养模式。

浙江金融职业学院将金融文化、校友文化、诚信"文化三维文化"育人体系贯穿人才培养过程的始终。在具体的人才培养上,一年级淡化专业和系部划分,全院的学生学习金融类通识课程和商业银行从业基本技能,成为金院学子。二年级根据系部和专业情况,进行课程设置,学生学习专业知识,成为系部校友。三年级为订单人才培养预留接口,学生由学校和行业共同进行订单培养,成为行业学徒。在人才培养过程中,第一学年和第二学年积极加强与行业的沟通和联络工作,为第三学年的订单人才培养做好铺垫和准备;第三学年构建起了一个全程式、立体化、大规模的订单式人才培养系统。

浙江金融职业学院从 2001 年开始订单式人才培养,2004 年学校先后与建设银行浙江省分行、建设银行宁波市分行、工商银行浙江省分行、浙商银行股份有限公司、中国人民保险公司浙江省分公司签订了订单式人才培养协议。2005年各家用人单位在分享订单式人才培养所带来的各方面的好处之后,又纷纷继续和学校签订了下一批的订单式培养协议。在当时学校人数既定的情况下,还出现了竞相提前入校签订协议、争抢毕业生的局面。2009 年近 30 家商业银行和农村合作金融机构与学校签订订单,订单班级学生数量占毕业生比例已经超过 50%,订单式人才培养已经成为学院一种重要人才培养模式。浙江金融职业学院为了加强对订单人才培养,由学校和商业银行共同组建了银领学院,对订单式人才进行大规模、全程式、岗位型金融"银领"人才培养进行集中化管理。银领学院和商业银行共同制订教学计划、共同选派师资、共同进行实验实训室建设、共同开展人才培养与培训。订单培养的金融"银领"人才毕业岗位面向商业银行一线柜员岗位,教学管理过程中对这部分学生实行职业化教育、员工化管理,实行订单培养的金融"银领"人才毕业即就业,毕业生动手能力强,岗位适应快、综合素质好,用人单位满意度高。

银领学院是浙江金融职业学院教育教学改革的产物。是高等职业教育办学体制与人才培养模式改革的双重创新,是国家示范性高职院校建设的阶段性成果。银领学院作为浙江金融职业学院下属的二级学院,实行校务委员会领导下的院长负责制,院长由浙江金融职业学院院长兼任,副院长主要由银行领导和学院中层干部担任。银领学院在办学上,以订单培养为始点,以开放式办学为特征,以双师团队为依托,以工学结合为载体,以校企合作为平台,以优质"银领"为目标,实现了学院、行业、校友、集团共生态的办学模式和订单式人才培养模式的无缝对接。银领学院经过两年的实际运行,在深度融入行业、服务金融企业,全面强化职业培训和加强学生实践能力训练等方面进行了积极而有效的探索,促进了学生"优质就业"[周建松,2008(4)]。

(2)构建"行业、校友、集团共生态"办学模式。为更好地构建平衡、和谐的办学生态,学院在办学实践中沿着"以行业为依托,以校友为纽带,以集团为载体"的思路,本着"以主动换互动"的原则,积极营造学院发展的自然环境,着力优化价值环境、社会环境,使"共生态"办学模式创新成为一项涵盖理念、路径与实践层面的系统工程[周建松,2009(12)]。

行业——资源的整合。浙江金融职业学院通过完善学院发展咨询委员会和产学合作委员会,共谋金融教育发展;广泛开展行业、企业调研,深化校企合作;成立浙江地方金融发展研究中心,共商金融强省建设;强化金苑培训中心功能,共育金融行业人才;推动资信评估公司发展,共建"信用浙江"。

校友——价值的传承。通过开展捐资助教,汇聚办学资源,特别是在校庆30周年之际,通过校友的努力募集资金200余万元,为母校的快速发展奠定坚实基础;做好共同育人,积聚金院文化,带头奖学帮困,凝聚校友之心。

集团——影响的拓展。拓展订单培养,接轨行业标准。订单式培养是学院最富有特色的人才培养方式,在集团整体优势的推动下,众多集团内的金融、管理、房产及电子商务等类型的企业纷纷在学院设立订单班,大大拓展了学院订单培养的规模。在人才培养标准与企业要求全面接轨的同时,学院依托集团载体,以二级学院的构建为主要途径,探索出了产学合作的新方式。缔结产学合作基地,联合企业办学,在职业教育集团的工作框架下,学院全面推进了产业合作基地建设工作,目前已经依托职业教育集团缔结了200个产学合作基地。

(三)示范性高职院校校企合作中存在的问题

1.重视建设指标,忽视发展过程

首批示范性高职院校建设计划是在教育部、财政部及地方政府的大力支持下实施的。为保证建设计划的顺利进行和各院校的建设质量,教育部、财政部共同制定了一系列实施方案和评估指标。2007年6月7日,教育部、财政部联合下发了《国家示范性高职院校建设计划管理暂行办法》,其中在第二章第五条规定教育部、财政部的主要管理职责包括:"负责统筹指导建设计划的相关工作;起草相关政策、绩效考核办法;组织评审项目院校、审核项目院校建设方案和项目建设任务书;协调、指导项目院校的项目建设工作、组织验收建设成果。"管理暂行办法相关规定的初衷是为了规范示范性院校的建设行为,为学院发展明确方向。在建设中我们不难发现部分高职院校为了能够尽快地完成建设目标,通过验收,实现预期设想,采取很多违背教育教学规律的非常规手段。比如不顾及自身的专业背景生拉硬扯与企业盲目合作建立实训基地。资料上显示的实训基地较多,但是实际真的在发挥作用的寥寥无几。建设唯目标论很大程度上影响着建设的质量。通过对首批28所示范性高职院校的验收材料分析来看,每所院校与企业合作少则上百家,多则几百家,校企共建实训基地数量更是数不胜数。这种重视建设指标、忽视发展过程的做法不仅与国家示范性高职院校建设计划的初衷相违背,也阻碍了高职院校的可持续发展。这种只关注建设的硬指标,却在建设的过程中忽视内在素质培养的做法,不能够形成较好的建设效果。

2.重视眼前利益,忽视人才长远培养

企业与高职院校之间的合作是高职教育的典型特征,也是这个社会赋予高职教育的重要属性,校企合作、工学结合是我国职业教育模式的重要组成部分,也是职业教育探寻深度发展的重要追求。但是在实际的合作过程中,由于学校与企业是两个独立性质的主体,二者追求的目标是有本质区别的,这导致在实际合作中存在大量问题。在当前已有的校企合作模式中,大多数是学校为求生存,发展自身,主动向企业寻求合作,主动与企业建立联系,站在高职院校角度上思考和制定的策略与企业追求的价值之间存在一定的隔阂。目前多数企业是以相关利益为前提被动地参与合作,这种合作关系也将导致相关问题的出现,特别是校企合作如何探寻企业的价值最大化的问题。校企合作的重要意义不言而喻,但是不能只顾及眼前的合作利益,而失去学校的特色,甚至是学校文化的建设。应该将企业文化中的有益部分融入校企合作的长效机制建设中,关注高职院校人才培养的长远诉求,立足高职院校的本身特点而开展相应的服务。

3.重视制度管理,忽视校企合作经营

可以说,高职院校是承担着相应的社会责任的。这种责任可能是直接的,也可能是间接的。总而言之,高职院校的存在有其必然性,也相应地承担着责任与使命。高职院校要生存、发展就必须依靠社会的支持、社会的理解和内部高度的自律。示范性高职院校作为我国高等教育的一种特殊类型,校企合作、工学结合是其主要特点。这在本质上要求这些职业院校在与企业合作中要大胆创新,突破原有教育体制的束缚,不光要重视管理,更需要有像企业一样的经营理念。

通过对首批示范性高职校企合作的情况进行研究,从中发现多数高职院校比较重视校企合作管理,几乎所有示范性院校都有一套关于校企合作的规章制度。高职院校希望通过制度建设加强对校企合作的管理,但是在这个过程中有着一个极为重要的内涵因素,那就是企业的主体性是不同于高职院校的,学校与企业的合作不光要有利益基础,还要有感情基础,持久、稳定的校企合作关系是需要经营和维护的。示范性院校制定的规章制度往往只是学校的一厢情愿,实际效果并不明显。这也是目前一些院校抱怨企业参与校企合作的积极性不高、缺乏诚意等的主要原因。

三、"后示范"时期高职院校校企合作的创新与引领

(一)校企合作是助推地方经济社会转型发展的重要力量

高等职业教育是经济社会发展的产物,它与周围的经济具有密切的相关度,依托于地方产业的发展,也立足于服务地方产业的发展,并且部分高职院校是地方政府承办的,地域性是高职院校的一个显著标签,因此,坚定不移地继续走校企合作之路,不断创新推进社会办学机制,这也是维系高职院校生存发展的重要保证。在当前社会经济转型的关键时期,高等职业教育的功效更为明显,不仅仅为第三产业的发展提供坚实的人才储备,同时对于解决就业这一基本民生需求也至关重要。校企合作的实践有效地表明,一个地区的经济发展程度与当地的高职院校发展密切相关,特别是在经济发达的城市,相对应高职院校的发展速度与水平要明显高于欠发达地区。首批示范院校经过三年的建设,

校企合作取得了很大的发展,合作企业由原来的 12465 家上升到现在的 24263 家,增长了 94.65％;合作企业接收就业学生数量也由原来的 39341 名上升到现在的 60102 名,增长了 52.77％。这都充分说明了校企合作在推动地方经济发展中的作用,同时也为高职院校下一步的发展指明了方向[王义,2012(2)]。

(二)创新校企合作生态圈,共筑校企合作蓝图

共生态办学模式是基于生态学的理念与原理,依托高职院校平台,同时把高职院校的生态圈向外扩充到整个社会。现如今整个社会都是一个整体,高职院校的校企合作更是贯彻和落实合作、和谐文化理念的重要体现,将高职院校的生态圈外延到整个社会,同时社会的大生态圈可以借助高职院校的平台得到更好的发展,二者是一个相容的整体,更是一个促进体。一个良好的生态圈是校企合作的重要内在基石,这能够满足高职院校发展的目标与现实的需求。因此在后示范建设时期,应该进一步创新校企合作与办学机制。创新不能够离开生态圈的建设。首先是继续深化建设创生型经济生态圈。这种生态圈具有两个重要的属性:第一是平等性。这种特性要求校企合作中双方不能只考虑自身利益,还要重视对方的利益,关注双方的未来发展及可持续发展,只有这样的合作才是持久的合作。第二是生态性。校企合作要立足本地区的经济发展实际,校企合作的出发点是实现共赢,努力构建一个学校、企业、地方政府三方共赢,和谐发展的生态圈。检验校企合作生态圈建设成效不是仅仅依靠一个支点,而是要协同两方利益。更为关键的是能够在彼此共融的基础上形成认同的文化。文化认同是检验校企合作水平和层次的一个重要指标。在创建校企合作生态圈的基础上要形成几方面的利益,兼顾平衡因素,要引进企业文化因素,构建具有职业特性的新型学校文化形态,即传统校园和企业文化相融合的校园文化。此外,在深化校企合作中校友的力量不容忽视。校友是一笔宝贵的财富,因此,要继续将校友文化、企业文化、学校文化相结合,发挥共同的作用。浙江金融职业学院将在原有的"校友、行业、集团共生态"办学模式的基础上不断前行,不断探讨,并且力争将生态办学模式改革创新成为省内、乃至全国高职院校办学模式改革的典范,进一步发挥示范性高等职业院校的引领作用。

(三)培育复合型领导人才是加速校企合作发展的基石

当前高职院校开展校企合作已经是大势所趋,各地区的高职院校正在努力加速发展校企合作以及改进和完善办学机制。在高职教育大发展的背景下,校企合作中暴露的问题也更为显著,突出地表现为:示范性引领与创新机制出现瓶颈问题。示范性高职院校的校企合作虽然取得了一定的成绩,但引领示范的

作用并不明显。示范性高职院校的校企合作与普通的高职院校校企合作未有明显区别,主要特征不够显著,示范性未能突出,也许在十年前这批示范性高职院校的引领与示范作用较为突出,但是现今这种差距不够明显,示范作用未能突破原有的机制。因此,急需培养一批企业家型的大学校长来引领示范建设。大学校长是一所学校的灵魂,校长的特质在一定程度上决定着学校未来发展方向和办学思路,蔡元培予北大、梅贻琦予清华等历史事实都充分证明了一位校长对一所大学的影响。当前我国研究型大学及普通本科学校倡导学术性领导体制,学校校长及主要领导人主要由学术精英来担任,这种体制有利于学校的学术繁荣和学校层次的提高。

(四)平等、互信、共赢、合作的机制建设是校企合作的前提和基础

对于后示范时期的校企合作的出路问题,笔者认为,最为关键的是处理好企业与高职院校之间的关系,只有达到双赢的局面才是校企合作可持续发展的内在动力,由此任何外在的阻力以及环境的考验也都将化解。要站在一定的高度上正确处理好校企之间的利益与责任,不可以偏向任何一方。在校企合作中双方应围绕共同的目标而努力,特别是在面对困境时更应该携手面对,妥善处理好学校与企业之间的分歧,求同存异,扩大彼此之间的共识,增进双方合作的透明度,让校企合作处在一个良性发展中。特别是院校方面,从学校定位出发,立足于学校特色,要努力改变以往单纯要设备、要资金、要场所的狭隘合作目的;要通过调整教学内容,不断创新人才培养模式;创新办学体制,延伸自身的特色,变被动合作为主动,以服务换诚信,加强交流与沟通。同时校企合作离不开相关规定,通过相应的文件明确各自的职责,是正确处理好双方纠纷的重要切入点。这有助于维护校企的利益,推动校企合作有序、平稳地进行。高职院校与企业的良好合作机制的建立能为校企合作正常、有序发展奠定基础。

示范性高职院校校企合作与办学机制的创新既是当前高职院校的教育改革之路,同时也是时代赋予高职院校的新特征。首批示范高职院校已经走在校企合作的路上,在这条路上,唯有不断改革与创新方能承受住各种考验。安于现状,只有倒退。赋予首批示范高职院校的荣誉与责任,在后示范时期中应进一步发扬、光大,不断将校企合作与办学体制创新推向新的高度。不忘初心,方得始终,改革的集结号已经吹响,高职院校校企合作与办学机制创新也将全力前行。

第二章　示范性高职院校专业建设

一、示范性高职院校专业建设总论

(一)示范性高职院校建设背景

2005 年 10 月 28 日,国务院发布了《国务院大力发展职业教育的决定》,明确了今后一个时期我国职业教育改革与发展的指导思想、目标任务和政策措施。2005 年 11 月 7 日至 8 日,国务院召开了全国职业教育工作会议,深入学习贯彻党的十六届五中全会精神,全面落实科学发展观,动员和部署实施该决定。温家宝总理等领导强调,要把发展职业教育作为经济社会发展的重要基础和教育工作的战略重点,大力发展中国特色的职业教育,加快培养高技能人才和高素质劳动者。同时,决定实施"职业教育示范性院校建设计划",重点建设好高水平的培养高素质技能型人才的 100 所示范性高等职业院校。中央财政在"十一五"期间至少安排 20 亿元专项资金,重点支持 100 所国家示范性高职院校建设,改善教学实验实训条件,兼顾专业带头人和骨干教师培养、课程体系改革、共享专业教学资源库建设等。

在高等职业教育可持续发展的战略目标指引下,以及示范性高职院校发展的总体目标规划下,示范院校建设的阶段具体目标体现为:2006 年起为第一阶段,即国家示范性高等职业院校建设计划的申报和启动阶段。院校按照文件中的要求,整理和准备各种要求提供的基础材料以及国家示范性高等职业院校建设方案,同时,做好各个建设项目的申报准备工作,通过地方推荐,教育部评选最终确定示范院校名单。2006—2009 年为第二阶段,也即建设示范期。院校把在项目申报期规划的建设方案作为战略目标,开始进行示范性院校的各方面建设,重点在人才培养模式、专业建设和课程建设等内涵建设方面。建设的主要内容为以下几个方面:学校的整体办学水平达到全国高职院校的领先水平,办学条件进一步改善,自我发展能力明显增强,教学基础设施得到加强,专业建设取得较大突破,管理机制逐步健全、人才培养质量取得明显的提高,社会服务和区域合作等取得新的进展。在此基础上,总结建设过程的经验,汇集成示范成果供其他院校发展学习。同时总结经验以期后续院校有更好更高的发展空间。

国家在100所左右的高职院校中选出500个左右办学理念先进、产学结合紧密、特色鲜明、就业率高的专业进行重点支持。要求这些重点支持的专业能够努力培养和引进一批基础理论扎实、教学实践能力突出的专业带头人和教学骨干,建设一批融教学、培训、职业技能鉴定和技术开发功能于一体的实训基地或车间。合作开发一批体现工学结合特色的课程体系,并且在这个基础上围绕这批重点建设的专业,还要建设一批相关的专业,就是和重点建设专业相关的,内在联系紧密的,资源可以共享的专业,形成以重点专业建设为龙头,相关专业为支撑的重点建设专业群,提高示范院校对经济社会发展的服务能力。

(二)示范性高职专业建设基本情况

1.分布区域

如表2-1所示,若以示范性建设院校的数量来划分,我国高职教育发展水平大致可以分为六级:第一级是经济相对发达的华东地区,第二级是华北地区,第三级是华中和西南地区,第四级是西北地区,第五级是东北地区,第六级为华南地区。

表2-1　100所示范院校省区分布情况

区 域	包含省(区)	示范院校(所)	占比(%)
华东地区	上海市、江苏省、浙江省、安徽省、江西省、山东省	29	29
西北地区	陕西省、甘肃省、青海省、宁夏回族自治区、新疆维吾尔自治区	11	11
西南地区	重庆市、四川省、贵州省、云南省、西藏自治区	13	13
华中地区	河南省、湖北省、湖南省	13	13
东北地区	辽宁省、吉林省、黑龙江省	11	11
华北地区	北京市、天津市、河北省、山西省、内蒙古自治区	16	16
华南地区	广东省、广西壮族自治区、海南省	7	7

2.专业分布情况

综合类高职院校 36 所,单科类院校中,交通类 14 所(含船舶、汽车、航空、铁路),农林牧类 8 所,工程类 8 所,工业类 10 所,财经类 6 所,建筑类 4 所,电子信息类 2 所,石油类 2 所,水利水电类 2 所,医学类 2 所,公安类 2 所,民政、美术、旅游、机电、冶金类各 1 所。

示范性专业建设是示范性高职院校建设的核心。凸显市场性的要求设置专业,是专业建设的基本依据;凸显就业性要求确定培养目标,是专业建设的基本定位;凸显务实性要求建设课程,是专业建设的基本内核;凸显开放性要求确定资源结合方式,是专业建设的基本途径;凸显特色,是专业建设的灵魂。

3.示范院校专业建设基本内容

通过对示范性高职院校建设网站的浏览和研究分析,可以发现师范院校专业建设的基本内容。在院校的建设任务书和建设方案中,都有重点专业和专业群的建设目标,其中包括了改革人才培养模式、课程建设、专业教学团队建设、实践教学条件建设。人才培养模式的改革遵循工学结合原则,影响着课程体系的构建。课程建设涉及专业课程体系的改革,也涉及具体课程的改革,其建设内容应遵循满足职业岗位能力要求,符合工学结合高职教育规律,促进学生全面发展的原则。专业教学团队,既是专业建设的重要内容,也是专业人才培养方案的具体实施者。专业教学团队不仅要考虑团队内的职称、学历、年龄等结构,更要考虑专业教学团队的教学能力、专业实践能力。实践教学条件的建设应关注两点:一是生产与教学结合;二是在校外实训基地的建设中,与企业形成互惠互利机制。可以说,专业建设是示范建设的主要抓手,各个示范院校通过专业的建设,带动了学校的整体发展。

二、高职专业建设研究综述

(一)高等职业教育专业及专业建设的内涵

1.专业的内涵

开展高等职业院校的专业研究,第一个问题便是什么是高等职业院校的专业? 专业既是一个基本概念,也是一个常用的教育术语,然而对专业的解释却是多种多样的。

(1)广义和狭义说。从广义上讲,专业是指某种职业不同于其他职业的一些特定的劳动特点。从狭义上讲,专业主要指某些特定的社会职业。这些职业的从业人员从事着专门化程度较高的脑力或体力劳动。一般人所理解的专业,大多就是指这类特定的专业。所谓特指的专业,即高等学校中的专业。

(2)《教育大辞典》第3卷:专业是中国、苏联等国高校培养学生的各个专门领域。大体相当于《国际教育标准分类》的课程计划或美国学校的主修。这个概念主要区分了中国、美国专业的特点,但不够精练。

(3)厦门大学主编的《高等教育学》中将专业定义为:专业是课程的一种组织形式。"用课程定义专业,揭示了专业与课程之间的本质联系,比较符合美国高等学校中的专业的事实,但作为专业的定义来讲还有进一步讨论的必要。"

(4)"专业"这一概念具有很强的实体意味,其背后有着三大类实体存在:由同一专业学生组成的班集体,教师组织(与专业同名的教研室),与教师组织相连的课程、教室、实训室,等等。

(5)现在我国高等学校中所指的专业,是依据确定的培养目标设置于高等学校(及其相应的教育机构)的教育基本单位或教育基本组织形式,主要通过课程的科学组合实现其培养目标。学生学完所包含的全部课程,可以形成一定的知识与能力结构,获得与该专业相关的证书。我国教育主管部门对高等院校内部设置的管辖对象是专业,而不是系和研究所。而高等职业教育作为高等教育的一个类型和职业教育的一个重要组成部分,有着独特的培养目标和教育模式。高等职业教育按照职业要求组织实施教育,注重应用能力和综合素质的培养,培养面向基层、面向生产、面向服务和管理第一线的高级应用型人才。高职的"职"要求,按照特定职业岗位(群)对从业者知识、能力和素质的要求,培养适应特定职业岗位(群)需要的实用性人才。这一特性决定了高职的专业是职业型专业,即与职业群对口的专业。

2.高等职业教育专业的特殊性

学者们对高等职业教育的专业有着比较一致的看法:高职院校因其人才培养目标的特殊性,专业强调职业性,职业性是高职延续专业的本质特征。它不是对学科体系专业分类的简单复制,而是对真实的社会职业群或岗位群所需的共同知识、技能和能力的科学编码,从本源上与社会职业紧密相关。职业发展是专业设置的基础,是规范专业设置的标准。同时,高职院校的专业也注重基础性和就业的适应性。在教学实际中,专业既是学校制定培养目标、教学计划,进行招生、教学、毕业生就业等各项工作,以及为生活培养、输送人才的依据,同时也是学生选择学习方向、学习内容的依据。

3.高等职业教育专业建设的内涵

目前,学者们对高职教育专业建设的内涵尚未达成统一的结论,典型的观点有两种:

一种是"构成因素说"。持这种观点的学者把专业建设理解成专业内相关因素的组合。詹先明认为"课程建设是专业建设的核心、师资队伍建设是专业建设的关键、实习实训基地建设是专业建设的保障"。与此类似的观点认为,高等职业教育专业建设是一项包括教学团队、课程体系、实验实训条件、教学对象、教学管理等多个要素构成的系统工程,核心要素是课程,第一要素是教学团队,专业建设要素组合的逻辑顺序是否正确,都直接影响专业建设的质量和效果。

另一种是"目标—方式说"。余娟认为:"所谓专业建设是指专业的开发、规划、设置、更新和不断提升质量的活动。高等职业院校的专业建设是一项系统工程,是学校适应人才需求和引导人才消费的一个基本尺度,反映了学校对社会经济发展、科技发展和职业岗位的适应程度。专业建设的好坏直接影响到高职院校的招生、学生的培养及毕业生的就业与创业,事关高等职业院校的生存与发展。专业建设的基本内涵包括专业布局规划、专业设置、培养目标定位、培养模式革新以及作为其后续工作的一系列评估(包括自评和他评)、验收等多方面内容。"

(二)高等职业教育专业建设的原则

高等职业教育专业建设必须遵循一定的原则,研究者在这一问题上形成了比较一致的看法,经过归纳,高等职业教育专业建设需要遵循的原则主要有:第一,市场定向原则。高等职业院校的专业建设要以市场为依托,面向市场,融入市场,服务市场,拓展市场,将当地产业结构和社会人才需求的变化趋势作为确定专业体系主体框架的依据,以市场需求为定向,设置面向区域和地方经济发展需求的专业。这样,高等职业院校的人才培养才能与当地经济发展融合在一起。高等职业教育也只有适应社会发展、定位于地方经济市场才能获得活力,实现其可持续发展的目标。第二,以就业为导向的原则。只有以就业为导向设置专业方向,才能使人才培养与社会需求相吻合,才能提高学生就业率,从而直接影响高等职业教育的生存与发展。第三,前瞻性原则。高等职业教育专业建设的前瞻性原则,要求进行专业规划,在设置时要认真进行市场调研,把握行业的最新发展动态,同时充分考虑到人才培养的周期性,从战略的高度进行专业建设。不要盲目跟风,建设一些目前所谓的"热门专业",造成教育资源的重复浪费。前瞻性原则的确定,有利于专业潜力的开发、资源的合理配置、专业建设的良性发展。第四,相对稳定性原则。任何专业的建设都是一个长期经验积累的过程,教学目标的确立、课程体系的设置与更新、师资队伍的完善、教学条件的改进都需要一个长期较稳定的环境,因而专业建设的质量和规模是与专业建设的相对稳定性不可分割的。没有一定的稳定性,无法进行经验的积累和方式方法上的改进,专业建设不可能实现内涵的加深和层次的提高。因此,高等职业教育的专业建设在面对市场与产业结构变化灵活调整时,必须是在保证相对稳定性的前提下进行。第五,可持续发展原则。专业建设的可持续发展,是指专业建设应当始终适应经济发展要求不断调整自身结构与定位,始终保持生机与活力。那么,专业建设就不是一时的事情,而是始终伴随着高等职业教育的发展。专业建设要不断地在专业结构、课程设置及实践教学等各方面进行。专业建设的可持续发展的原则也给高等职业院校的管理提出了更高的要求:职业教育不是昙花一现,要做好持续发展的规划。第六,创新性原则。高等职业院校要在激烈的市场竞争中生存,只有努力培养学生的创新能力,才能办出特色,才能真正培养适应经济和社会发展所需求的人才。专业建设的创新要依靠改革现有的教育观念、教育内容、教育方法等途径来实现。形成创新性的教育观念,更新教育内容,重视素质教育,改革传统的教学方法。创新性原则的确立,是高等职业教育发展的必然,是学生学会做人、学会做事、学会求知、学会合作的基石,是提高学生综合能力的根本保证。第七,差异性原则。差异性原则是相对普通高等教育及中等职业教育而谈的。高等职业教育培养目标是生产服务一线的高技能专门人才。学生应在掌握必备的基础理论知识和专门知识的基础上,重点掌握从事本专业领域实际工作的基本能力和基本技能,具有良好的职业道德精神,爱岗敬业。由此,职业教育的培养方案就不能与普通高等教育的相同或相似,不能再成为普通高等教育的"压缩饼干",也不能混同为中等职业教育,要体现它的高技能。那么在专业建设过程中,需要更重视技能的培养方案。

(三)关于高等职业教育专业建设中的问题

周建松指出,当前高职教育专业建设中面临着以下难题:一是高职专业的向上延伸和对接问题矛盾突出。由于高职毕业生不仅要就业,而且要升学和发展,这就使得基于社会分工和岗位设置的高职专业与基于学科体系和学术发展为基地的本科、研究生专业之间难以衔接,也使得无数想继续升学的高职毕业生花费大量时间和精力去学习学术知识。二是高职教育专业建设制度没有从根本上建立起来。从目前来看,国家高等职业教育的专业建设制度尚未起步,学校也缺乏相应的规范性制度;从宏观管理看,专业建设制度不规范、不系统、无章可循的情况非常突出,连专业目录都尚在试行之中,更无考核、设置和管理的明确标准,使得高等职业教育可持续发展受到严峻挑战。三是学校和教育行政部门对专业建设不够重视。由于高等职业教育属于高等教育,教育主管部门往往简单化地将评价高校的办学移植到高职院校中去,严重影响了专业建设的开展,也极不利于高职教育办出特色、提高办出水平。四是构筑专业过程中的学术化倾向依然存在。目前,高职教育专业设置的学术化倾向虽然已经从理论上解决了认识问题,但在实践层面上还没有很好地解决这一问题,高职教育基于社会需求和岗位设置的专业建设特色难以体现。五是科学有效的专业建设考评制度尚未建立。学校开什么专业、设多少专业,在相对程度上仍取决于校领导和教务处负责人的偏好,至今没有专业设置科学的办法和政策。

董显辉认为专业建设存在着以下问题:第一,专业名称不够规范。具体表现在:一是专业内涵相同,专业名称却不同;二是专业命名相同,专业内涵却不同;三是命名不科学,内涵不明确。第二,专业结构不合理。集中体现在一产类比例过低。第三,个别专业规模过小。目前,高职院校专业设置的随意性、盲目性较强,有些院校不考虑学生的职业需求及自身的办学条件以及地方经济发展的实际需要,而盲目争办一些"热门专业",导致招生数量不足,难以形成规模效益。第四,专业设置更换频繁。迫于市场经济竞争激烈的重重压力,许多高职院校为了好招生,好分配,频繁更换专业,专业设置周期过短,结果造成教育资源的极大浪费。第五,专业教材不适应当代社会发展水平。目前,高职院校所采用的专业教材大多没有充分体现出现代行业的发展水平,内容陈旧、落后。第六,设置程序缺乏企业参与。这是我国高等职业教育发展的薄弱环节。尽管高职院校实践环节强调"实训",并注重行业、企业参与,但实际上在校企合作方面,往往是学校积极性比较高,而企业态度并不积极,参与力度不大。第七,对实践环节重视程度不够。教育部明确规定,高职课程设置必须突出高等职业学校的特色。教学计划中规定的实验、实训课的开出率在90%;每个专业必须拥有相应的基础技能训练、模拟操作的条件和稳定的实习、实践活动基地。但调查分析显示,目前各高职院校虽然规定了一定量的实验、实训内容,但大都以验证性、演示性为主,实验、实训课的开出率明显不足,影响了学生专业技能和实践能力的发展。第八,"双师型"教师队伍力量薄弱。目前,高职各专业"双师型"教师比例仍很低,专业理论教师不能指导实训教学、实训教师基础理论薄弱不能讲授专业理论课的现象还较普遍,限制了实训课程的有效实施。

三、示范性高职院校专业建设成效

国家示范性高职院校建设成果非常丰富,这从建设成果周年展示会上就可见一斑。我们选取了三周年和五周年的一些资料,从中可发现示范建设中专业建设的成果。

(一)三周年示范校专业建设成果

三周年对于很多示范院校来说,是非常难忘的一年。从 2006 年开始,第一批院校已经完成建设周期,第二批也进入了攻坚阶段,第三批院校吸取经验教训,在正确的道路上继续前行。三周年的主题是"全国高等职业教育专业改革与教学资源建设工作研讨会",与专业建设息息相关。在当年的新闻通稿中,是这样描述的:"三年的示范建设,各高职院校确立了校企合作、工学结合的改革方向,将课堂建到生产车间、田间地头、社会服务场所,聘请行业企业技术骨干和能工巧匠担任兼职教师,做中学、做中教,人才培养模式走出传统学科体系;强化职业道德教育,突出职业能力培养,毕业生就业率和就业质量显著提高,面对今年巨大的就业压力,示范建设院校一次就业率超过了 96%,并带动全国高职院校办学质量明显提高,形成了毕业生就业率逐年提升、生源质量有所改善的可喜局面;专业设置与区域经济社会发展相结合,坚持服务宗旨,强化社会责任,成为当地技能人才培养、新技术推广和先进文化传播的重要基地。"对示范院校的建设进行了高度的肯定。

1.专业人才培养模式改革

在三周年成果展示中,许多示范高职院校展示了其在专业人才培养模式方面的经验,例如天津职业大学的"旺入淡出、工学交替"、长春汽车工业高等专科学校的"车间式教学模式的改革与实践"、新疆农业职业技术学院"两周期、三融合模式下,培养优质毕业生"等坚持工学交替培养人才的专业人才培养的案例。

例如长春汽车工业高等专科学校的"车间式教学模式",是从职业岗位对员工的职业技能和素养要求出发,在学校模拟车间和企业实际车间中,学生担当"准员工",教师担当"工段长"、"车间主任",通过校企合作、学做结合,实现培养学生综合职业能力的教学模式,其特征是职业化复制,开放式教学,班组化管理。

又如浙江机电职业技术学院的机电一体化专业的教学改革与实践,专业与国内外知名企业合作,将新技术、新理念引入教学,共建涵盖自动化主流技术的实训室,开发课程,开展专业建设,满足企业新技术岗位的职业能力要求。

宁波职业技术学院提出"校企共建课程平台,共同实施人才培养",宁职院应用电子技术专业依托行业,催生了五大课程平台,分别为公共基础课程平台、研发助理岗位课程平台、生产岗位课程平台、个性化发展课程平台和职业综合课程平台,这些平台的建设有效地推动了专业建设的发展,提高了学生的就业质量和就业率。

北京电子科技职业学院在示范建设过程中,依托政府、立足开发区,联合国内外知名企业,引入行业职业鉴定标准,"校企行官"四方携手搭建平台,共建汽车技术培训中心,在平台基础上,融合学校教育与企业培训,建立"捆绑"式教学团队,移植跨国公司的员工培训和职业教育项目实行订单教育,专业课程与职业岗位能力、职业资格、生产实际、行业标准"四融通",组织工学交替、顶岗实习,实现了知行合一、学做一体,培养"汽车职业人"。

2.专业教学资源建设

这次会议还集中介绍了数控技术专业、汽车检测与维修专业、应用电子技术专业、道路桥梁工程技术专业以及四个专业的教学资源库建设。

(二)五周年建设成果展示

2012年11月,高等职业教育服务青年成长暨第五届国家示范性高职院校建设成果展示会在山东省潍坊市召开。在会场搭建的"高职数字化专业教学资源库"平台上,集中展示了数控技术等28个高职专业教学资源库。这些资源库为学习者营造了丰富、便捷、灵活、多样的数字化学习环境,"高等职业教育专业建设与职业发展管理平台"的互动交流,探索学校专业建设与学生职业发展的新思路,探索教育教学工作信息化管理的新途径。

会议汇聚全国高职战线的力量,向社会各界全面展示了高等职业教育在12年改革发展艰辛历程中为我国经济社会发展做出的重大贡献,展现了高职教育不可替代的存在价值。在作为主会场的工业中心里,布置的"高等职业教育改革发展成果展",以高等职业教育支撑国家发展、高等职业教育与区域发展相伴相生、2012发现高职等三个专题为核心,分别以2012高职质量年度报告为主体,集中展示高职教育在服务国家转方式、调结构、促升级、保民生四大功能中的重要作用以及做出的突出贡献;以区域内政校行企合作共赢的有益探索和实践为典型,集中展示高职教育主动服务于经济社会基层,面向以往难以为高校所顾及到的服务领域,正在承担着区域经济社会协调发展的重要历史使命;以"我的发现之旅"为线索,集中展示高职院校不一样的办学理念、不一样的校园、不一样的生活、不一样的师生，凸显高职的别样特点，全面展示了十二年来高职教育在逆境中探索生存空间、服务空间和发展空间，以及对社会责任的担当。

会议回顾了以往四届示范建设成果展示会的精彩瞬间，从第一届首批28所示范高职院校高举校企合作、工学结合大旗，集体起步亮相展示，到第二届展示高职战线在专业改革建设核心环节的重大突破，到第三届汇集高职战线的专业人才培养模式改革成果，再到第四届以全面提高质量为核心的校企合作、工学结合教育教学改革的集中展示，以及本次以服务青年成长发展为主题的全国一批优秀高职院校办学成绩的整体展示，令人感慨万千。六年来，100所示范高职院校相继完成项目验收，100所骨干高职院校全面启动建设，以点带面，带动了全国高职教育战线转变教育教学观念，创新办学体制机制，改革人才培养模式，提高人才培养质量和提升服务社会能力，走出了一条不同于普通大学的类型教育发展之路，高职院校显示出空前活力和勃勃生机，高职教育进入全面质量提升的历史新阶段，开创了高职教育改革发展的新纪元。

四、示范性高职院校专业建设的"后示范"思考

示范校的建设，尤其是以专业为抓手的建设，提升了高职教育的社会认可度，产生了重大的意义。同时，坚持以中央财政为引导、地方投入为主的原则、积极吸纳企业和社会资金。在各个地方政府和行业企业的支持下，国家示范高职院校均达到了本地区领导能力领先、综合水平领先、教育教学改革领先、专业建设领先、社会服务领先的建设目标。

在示范建设过程中，各院校办学均明确了依托行业、校企合作、工学结合、优势互补、资源共享、互动共赢的长效机制建立，并坚持以服务为宗旨，就业为导向，走产学研结合发展的这一办学方针。通过人才培养模式改革，来进行专业调整和课程设置。在这一理念的指导下进行了教学内容和教学方式方法的改革。可以说，高职经过近十年的迅猛发展，已成为高等教育的半壁江山，其中"职业教育示范性院校建设计划"功不可没。但同时，这一成果也需要继续巩固发展。示范校建设是高职改革的起步，初步明确了高职发展的方向和目标，很多问题还要继续进行探索和检验。而且就示范校建设本身而言，虽然取得了显著成效，但是研究发现，各院校示范建设期望目标与现实状态仍存在差距，在具体实施过程中还存在一些不可忽视的问题。

对于专业建设而言，有几个问题仍然值得我们进一步思考。比如说专业的人才培养目标定位的问题，在后示范期，高职院校的人才培养定位要结合"高等

性"和"职业性"，结合当地社会经济发展需求，对学生进行针对性、分层次的培养，才能培养出符合劳动力市场需求的高质量人才，提升高职教育的质量，突出高职特色。高职的专业设置应当进一步了解当前产业中的人才需求，只有被产业、企业所需要的，才是真正的人才。要对当地的特色和龙头产业进行科学、深入调研，要比较高职院校自身与企业需求之间的差异，找出适合高职学生的岗位，要根据岗位的工作要求，进行职业能力分析，包括岗位核心技能、岗位群的发展性技能以及通用技能。

在示范建设过程中，有些内容既成为示范建设的成效，也成了示范建设后期研究者为之诟病的内容。后者所说的就是将示范建设内容具体化为时间节点、数量指标，这其中包括精品课程数量、教材数量、基地数量、双师数量等，为了这些数据，示范高职院校基本上采取的是攻坚战术，集中资源，尽快做到数据上的提升。在研究中我们也发现，在示范建设过程中，院校教师都陷入示范建设繁重的事务性工作中，不是为了创示范而建设，而是为了完成任务而建设。其实，就建设示范院校而言，关键不是说要列出多少具体的数量指标，确定在某个时间段达到什么样的业绩水平，而是要从院校自身的建设出发，着力建设一流教育的氛围，完成一流平台的搭建。而示范建设的最终目标，也是为了使学生、教师的综合素质得到全面提升，学校得到长足发展。

在建设过程和后示范期间，也有学校提出了示范建设与人的发展的辩证关系。例如浙江金融职业学院提出"创业建设一流、创新成就示范、创造共享幸福"的建设口号，使示范建设成为集体的、可信任的，而不是个人的、机会主义的。示范建设和后期的建设应该是一项以人为本的事业，只有做到以人为本，学校才能长足发展。

第三章　示范性高职院校课程改革

教育部、财政部联合启动的以专业建设为核心的"国家示范性高等职业院校建设计划"使人们逐步认识到,课程是提高高职教育教学质量的核心,无论是专业建设还是人才培养模式的建立都必须借助"课程"这一平台才能实现。十年的"示范"建设使我国高职课程研究的焦点问题发生了重大转变,即转向了对高职课程与教学模式的深度研究。以实践为导向的课程体系和工作本位的教学模式成为近十年来我国示范性高职院校课程改革的重点。

一、示范性高职院校课程改革基本情况

(一)我国高等职业教育课程改革历程

从世界范围看,职业教育课程改革的发展经历了四个阶段:从"'学科系统化'课程模式"到"'职业分析导向'课程模式"到"'学习理论导向'课程模式"再到"'工作过程导向'课程模式"。而我国职业教育课程改革的实践与这一脉络是一致的。世界职业教育发达国家的实践策略主要包括:一是采用能力本位的职业教育和培训课程;二是增强普适性能力的教学;三是重视为学生的升学目标做准备。职业教育课程改革的趋势:一是进一步完善能力本位的职教课程;二是进一步探索解决职教课程矛盾的策略;三是进一步促进职业教育课程与普通教育课程、职业培训课程的融合。基于此,有研究者认为,现代职教课程呈现出从传统的"教程"向"学程"转变;从传统的"教育专家导向"向"消费者需求导向"转变;从传统的"知识本位"向"能力本位"转变等特点[石伟平、陈霞,2001 (19)]。在学习国外成功经验的基础上,也注重与实际的结合,可以说,我国三十年来的职业教育课程改革也是一个博采众长、借鉴创新的过程。具体而言,三十年来职业教育课程改革可以分为三个阶段:先是对国外经验照搬的"拿来

主义"阶段（1980 年代初至 1990 年代初），然后是在国外经验的基础上本土化探索的阶段（1980 年代末至 1990 年代末），最后是在国外经验的基础上创建中国特色的阶段（1990 年代中期以来）［徐涵，2008（33）］。事实上，我国高等职业院校的课程改革的发展路线并非是"前赴后继"式的承接，它们的出现是有先后顺序的。然而，四种课程模式在我国当前的高等职业教育课程开发中仍然都存在着，我们也不能一味地把一种模式的优越性无限扩大化从而否定了其他模式存在的价值，应该根据课程内容的不同、专业的不同以及人才培养目标的不同来选择不同的课程模式。

从国外职业教育课程模式在中国舞台上演的先后顺序看，它们依次是德国的"双元制"课程模式、加拿大的 CBE 课程模式、国际劳工组织的 MES 课程模式、英国的 BTEC 课程模式以及德国的工作过程导向的"学习领域"课程［赵丹丹，赵志群，2005（25）］。从这些课程理论对中国职业教育课程改革的影响看，首推 MES，其次是 CBE，然后是德国"双元制"职业教育课程［姜大源，2008（12）］。国外职业教育课程理论的引进给我国职业教育课程改革提供了借鉴和参考，也给我们以启示。这些课程模式的意义在于启迪我们：职业教育课程开发工作的起点是工作岗位及其任务、目标是能力培养、主体是企业与学校、结构是工作过程导向、形式是多元开放的。正是在借鉴国外经验的基础上，结合我国职业教育实际情况，形成了有所创新的职业教育课程模式，它们是"宽基础，活模块"课程、"项目课程"和"工作过程系统化"课程。从总体上看，我国高等职业教育课程改革实践实现了以下几个转变：在课程本质方面，实现了从"知识本质观"（"主客两分"）向"活动本质观"（"主客统一"）的转变；在课程价值方面，实现了从"知识传授价值观"向"能力培养价值观"的转变；在教学方法上，实现了从"单向传授"教学观向"互动共建"教学观的转变。

（二）示范性高职院校课程模式

示范性高职院校的课程改革轰轰烈烈。示范性高职院校在探索实践导向课程模式的职业教育课程改革过程中发挥了示范与引领的作用，但职业教育的多样性又决定了其他职业教育课程模式存在的必然性，这些课程模式（见表 3-1）一起为我国示范性高等职业院校人才培养提供了理论基础。

表 3-1 我国高等职业教育课程模式比较

模式名称	基本内涵	特 点	其 他
学科导向课程	强调知识的系统性和完整性,以学科知识的内在逻辑展开的课程	优点:为学生提供系统、扎实的理论基础 缺点:造成学生理论与实践的割裂,不能有效培养学生的动手能力	被认为是"传统的职业教育课程模式"
CBE(Competence-based Education)课程	以职业分析为起点,以从事某一岗位所需的职业能力为职业教育的基础,其结果是 DACUM(Develop A Curriculum)表	优点:打破了职业教育课程的学科体系,有助于改善理论脱离生产实践的问题 缺点:拆分后的单向能力再恢复为复杂工作所需要的整体能力存在困难	CBE 对我国职业教育课程改革的贡献主要在理念上,现实中几乎没有见到运用 DACUM 进行课程和教学设计的成功案例
MES(Modules of Employable Skill)课程	国际劳工组织开发的课程方案,原意是针对职业岗位规范进行就业技能培训的模块课程组合方案	通过相对独立的模块单元的学习使受训者掌握某种特定的实践技能,灵活多样的模块组合满足了学生的多元需要	"模块化"课程思想深入人心,甚至造成了"模块"一词的滥用
"宽基础,活模块"课程	在借鉴了德国"双元制"、MES、CBE 等课程模式经验基础上,结合我国实际开发的、强调为学生发展打基础,以"宽基础"面向职业群,以"活模块"针对工作岗位,以期为学生就业和转岗及继续学习奠定基础的课程模式	优点:某种程度上解决了职业教育专业针对性与未来发展之间的矛盾冲突,体现了"能力本位"向"人格本位"教育理念的转变 缺点:课程开发脱离真实企业环境,混淆了课程开发的过程与结果的关系,具体课程内容主要依学科知识体系构建,仅是对传统课程模式的改良	具有中国职业教育特色的课程模式
工作过程导向课程(包括项目课程、工学一体化课程、学习领域课程等)	强调课程的开发及实施以典型工作活动过程为导向的课程,课程开发步骤:工作过程分析—行动领域归纳—学习领域转换—学习情境设计	优点:对于打破学科知识体系,增加职业教育的职业针对性和实用性具有重要的现实意义 缺点:不能适合所有的职业教育类型,"模拟性"是其重要缺陷,要求高素质的师资、实训条件及学校与企业的紧密合作	目前仅在经济发达地区的职业院校进行试验和推广

(三)对高职课程改革的研究

在我国示范性高职院校建设的十年中,对高职课程的研究,从某种角度反映了我国高职教育课程改革的轨迹,引导并影响了课程改革的发展方向。这一过程中许多争论、质疑,都有效地推动了我国高职课程改革实践和课程改革理论研究的发展。同时,我国高职课程研究具备典型的国际视野、本土行动特征,即既注重吸收职业教育课程改革的国际先进理念,并致力将其本土化;同时更强调利用本土资源,从本土实践出发,探索有中国特色的高等职业教育课程理论与课程模式。从高职课程改革研究与实践的推动力量来看,既有高职院校的内生需求,即提高自身培养质量的诉求;也有来自于教育行政部门的政策与资源分配引导。无论是何种取向的高职课程研究,都将对建构我国特色的高职教育课程理论,推动我国高职课程改革实践产生全方位的影响。从近十年高职课程研究的各种文献资料,包括期刊论文、重要专著和相关研究报告,可以初步梳理出十年高职课程研究的概貌,其主要分为"高职课程基本理论研究"、"高职课程比较研究"、"高职课程典型模式研究"以及"高职课程与教学实施研究"四个方面内容。专著方面,虽然我们暂时没有见到诸如"高职教育课程论"这样论题的专著,但是相关的论著,如《工作过程导向的高职课程开发探索与实践》、《职业教育课程论》、《实践导向职业教育课程研究:技术学范式》、《职业教育课程开发技术》、《职业教育课程教学改革》、《职业与技术教育课程概论》、《项目课程开发指南》、《职业教育与培训——学习领域课程开发手册》、《职业教育工学结合一体化课程开发指南》、《高等职业教育专业设置与课程开发导引》、《职业教育学研究新论》等,在很大程度上代表了我国高职课程研究方面的最高水平和最新成果,对其他研究者也产生了较大影响,引导了高职院校课程改革的实践。博士学位论文方面,以"高职课程"为题名查询,有 1 篇(黄秋明,《高职课程质量保证体系研究》,华东师范大学,2008);以"职业教育课程"为题名查询,则有 4 篇,分别为:徐佳的《论职业教育课程领导》[华东师范大学,2009]、徐国庆的《实践导向职业教育课程研究》[华东师范大学,2004];吕红的《澳大利亚职业教育课程质量保障的研究》[西南大学,2009];任平的《晚清民国时期职业教育课程史论》[湖南师范大学,2010]。此外,还有一些博士论文涉及高职课程的研究,如樊秀娣的《我国高等职业教育基本建设研究》、祝士明的《高职教育专业质量保证体系研究》等。硕士论文方面就比较多了,以"高职课程"为题名查询,一共有 147 条记录,既有理论研究,也有大量的开发实践研究。学术论文方面,以"高职课程"为题名在"中国知网"上查询,有结果 15211 条,其中北大版中文核心期刊为 2133 条,①但是 CSSCI 源刊论文则比较少,这与职业教育学的学科地位和学科水平是明显相关的。相关论文可能还有部分由于查询词的准确性而导致遗漏,但可以肯定的是,高职课程的研究成果数量的确比较丰富。

二、示范性高职院校课程改革的成效与问题

(一)示范性高职院校课程改革的理论基础

1.学科论与实践论

长期以来,职业教育课程始终未能跳出学科体系的藩篱,关键在于职业教育的组织者、实施者以及研究者,基本都是学科体系培养出来的。早在 20 世纪90 年代初,随着"双元制"、CBE(能力本位教育)等在我国的广泛传播,职业教育课程领域学科话语与实践话语的争论就开始了。多数论者所持的观点是CBE 等类似课程都过分强调技能训练,只适合于开发职业培训课程,对职业学校教育来说则是不适合的;有些学者虽然能够接受在中等职业教育应用这一思想的观点,但反对把它应用到高职教育,因为学科课程"体系严密有序,便于教学,能取得较高效益";它"重视基本文化素养和理论素养的提高,为增强学生的适应性打下了基础";"尽管这些课程的效果并不明显,但它们强调的是'后劲',具有'远效'性"[徐国庆,2007(4)]。学科课程在当下的职业教育研究与实践语境中地位显得有些尴尬,"学科课程在当代职业教育课程中的合法性正面临着危机,这主要体现在行动体系对学科体系解构与模块课程对学科课程的拒斥"[李尚群,2003(12)]。

姜大源[2005(8)]认为,职业教育课程内容,应以从业中实际应用的经验和策略的习得为主,以适度够用的概念和原理的理解为辅。课程内容序化的哲学思考在于作为一种知识序列,课程内容序化的最重要的目标指向,在于如何使学习的主体——学生容易地接受这一序列。因此,课程序化的教育学思考强调的是学生对知识的构建过程,应以工作过程为参照系整合陈述性知识与过程性知识。课程不再片面强调建筑在静态学科体系之上的显性理论知识的复制与再现,而是着眼于蕴含在动态行动体系之中的隐性实践知识的生成与构建。实际上,"工作过程导向课程"的开发过程,是一个伴随学科体系的解构而凸显行动体系的重构的过程。这一论文在某种程度上开始了职业教育课程中"学科知

---

① 　查询时间 2015 年 6 月 3 日.

识"与"实践知识"从理论上进行深度探讨。

20世纪90年代以来，我国职业教育课程的学科话语与实践话语的争论经历了从"数量"到"逻辑"两个阶段。尽管在学术领域实践话语占据了主导，在实践领域却是学科话语占据着主体。目前，我国职业教育课程正处于从传统的以学科课程为主体的课程模式，转向以项目课程或任务引领型课程为主体的课程模式阶段。职业教育课程从学科话语到实践话语的转换，实际上意味着思考课程问题的思维方式的转换。职业教育课程设计应当充分考虑学生的学习特点，打破从理论到实践的机械课程设计思路，转向让学生在工作实践的基础上，通过自我反思来建构理论知识。同时他还重构了职业教育课程实践话语的理论基础，从工作体系理论、知识的工作结构表征理论、建构主义理论三个方面探讨了职业教育课程实践特质和课程设计的逻辑起点[徐国庆，2007(1)]。

2."工作"与高职教育课程

"工作"在高职教育课程研究中的地位非同小可，这是由于职业教育本身就是与特定工作紧密相连的；而高职课程改革的一个基本的内容就是"工作任务分析"。从研究内容看主要涉及"工作任务与高职课程"、"工作结构与高职课程"和"工作知识与高职课程"等。

第一，工作任务与高职课程。"工作任务"是职业教育项目课程的中心和关键，通过分析工作任务来选择、组织并学习工作知识，进而得以构建课程模式。工作任务在高职课程中占据中心地位。典型工作任务(professional tasks)是职业行动中的具体工作领域，也称为职业行动领域，它是工作过程结构完整的综合性任务，反映了该职业典型的工作内容和工作方式，完成典型工作任务的过程能够促进从业者的职业能力发展，而且完成该任务的方式方法和结果多数是开放性的。典型工作任务来源于企业实践，是针对职业而言的。典型工作任务需要通过整体化的职业与工作分析获得。其过程分为两步：一是实践专家研讨会；二是分析并描述典型工作任务。典型工作任务具有几个特征：首先是在一个复杂的职业活动情境中具有结构完整的工作过程，包括计划、实施以及工作成果检查评价等步骤；其次，反映该职业的主要工作内容和典型工作形式；第三，在从业人员的职业生涯发展中具有重要的意义，在整个企业的工作(或经营)流程里具有重要的功能；第四，完成该任务的方式和结果有较大的开放性。一个典型工作任务一般可作为职业院校的一门课程，由一个或若干学习任务组成。学习任务是以典型工作任务为基础设计的学习载体，是对典型工作任务进行的"教学化"处理的结果。工学结合课程的载体是综合性的"典型工作任务"。

第二，工作结构与高职课程。课程作为沟通个体与社会的桥梁，其结构不是来自课程本身,而只能是来自外部世界,采取什么课程结构,取决于人们对课程出发点的看法,学术教育和职业教育即对应学科体系和工作体系。工作体系是一个实践体系,是按照工作任务之间的相关性组织的,不同的工作任务按照某种组合方式构成一个完整的工作过程,并把目标指向工作目标的达成,这就是工作结构。不同能力不仅来自不同的知识,而且来自不同的知识结构。工作结构是与学科结构完全不同的一种结构,是职业教育课程结构的来源,是揭示客观存在的工作结构技术上的工作分析。因此,可以从五个层面来阐述基于工作结构的职业教育课程结构:一是课程门类划分应以对工作过程的划分为基本依据;二是课程排列顺利应反映工作过程的展开顺序;三是课时分配应以所对应的工作任务的重要程度和难易程度为基本依据;四是以工作过程的需要为其课程内容的基本选择标准,五是课程内容的组织应以动态的工作过程中的知识关系为基本依据[徐国庆,2005(2)]。高职课程的理论基础在于充分理解知识的工作结构表征,实现高职课程的结构转换,在课程中打破以往仅仅关注"知识点"的观念,引入结构观念,不仅要关注学生获得哪些职业知识,更要关注让学生以什么结构来获得这些知识[徐国庆,2006(6)]。

第三,工作知识与高职课程。知识与课程总是紧密相连,不可分割的。从何种知识角度来实施课程开发将决定课程的性质与特征。高职教育课程是与工作密切相关的,因此围绕工作知识的高职课程研究有深刻的意义。徐国庆[2009(6)]认为,所谓工作知识,就是关于工作原理、工作过程、工作方法、工具材料、工作诀窍的知识,人们用它来表达工作过程中具有实践功能的知识。工作知识具有三个特征:工作过程所使用的知识、工作行动所表征的知识、工作任务所组织的知识,是一种独立存在的、有着特定结构与性质的特殊形态的知识。从工作知识的分析视角,职业教育课程内容的分析依据是工作成果所承载的职业能力,内容分析应采用知识描述形式整体地进行。在此基础上,工作知识开发的关键环节是职业能力描述和工作知识描述。职业能力描述分三个步骤,工作知识的描述则从概括性层面到过程性层面。作为项目课程知识基础的工作知识是在工作实践中"生产"出来的,其产生完全出于工作任务达成的需要,附着于工作过程是其存在的基本形态[蒋庆斌、徐国庆,2005(8)]。

第四,工作过程与高职课程。工作过程导向的课程在当下是高职课程的热门词,职业教育理论研究者和一线人员都对这一问题进行了较多的关注。教育部在《职业院校技能型紧缺人才培养培训指导方案》中提出的职教课程开发"要在一定程度上与工作过程相联系"。让学生获得一种全面、和谐、切实有效和有用的教育要求,是我国技术发展和职业教育发展的必然结果。工作过程导向课程开发不但要求保持课程学习中工作过程的整体性即在完整、综合的行动中进行思考和学习,而且强调以学生为中心,关注学生在行动过程中所产生的学习体验和个性化创造,强调对学习过程的思考、反馈和分析,重视典型工作情境中的案例以及学生自我管理式学习[赵志群等,2005(15)]。以工作过程为导向的职业教育针对传统职业教育与工作世界相脱离的弊端而提出,其指导思想是培养学生参与建构工作世界的能力;其教学内容指向职业的工作任务、工作的内在联系和工作过程知识,并按照初学者到专家的职业能力发展过程归为四个学习范畴;课程开发由注重劳动科学的资格研究转向注重职业科学的劳动研究;以行动导向教学为主要教学形式。这一思想在设计上解构了传统学科体系职教模式,建构了理论、实践一体化的职教模式[徐涵,2007(34)]。基于工作过程的课程设计方法的核心内容是"典型工作任务分析"和"工人专家访谈会"。使用该方法,职业教育课程开发者可以对现代职业实际工作过程中的典型工作任务进行整体化的深入分析,并将分析结果应用到教学设计中,最终准确确定和描述典型工作任务对应的学习领域、职业教育的学习目标和学习内容,开发编制学习领域课程教学大纲,从而开发出工作过程系统化的职业教育课程,实现培养学生综合职业能力,特别是职业竞争力(设计与建构能力)的根本目的[高林等,2008(10)]。

从性质上看,第一是"工作过程"是综合的,主要表现在三个维度:专业能力、方法能力和社会能力;第二是工作过程时刻处于运动状态,包括六个要素:工作的对象、内容、手段、组织、产品、环境。职业不同六大要素所体现出来的工作过程特征也不同[姜大源,2008(28)]。赵志群认为,从世界范围来看,职业教育在经历了"学科系统化"、"学习理论导向"和"职业分析导向"模式后,已经向"工作过程导向"的模式发展。作为新型的综合性信息载体,工作过程导向的综合课程能够让学生获得一种全面、和谐、切实有效和有用的教育。工作过程是企业为完成工作任务并获得工作成果而进行的一个完整的工作程序,是由劳动组织方式、不同的工作内容、工具以及主观工作能力来决定的。在职业教育中,它是分析复杂工作系统的一个结构化工具。工作过程导向的综合性课程开发的过程一般可分为八个步骤:①领会职业与工作过程的关系;②分析该职业的学习条件;③分析和了解该职业的行动领域;④描述各行动领域;⑤选择需要学习也可以用于学习的行动领域;⑥将该行动领域转化成学习领域;⑦描述各学习领域;⑧表述学习领域中的各个学习情境,可能时设计成教学项目[赵志群,2004(6)]。

3.高职课程的其他相关理论

隐性经验的习得与高等职业教育课程改革息息相关,隐性经验的学习应成为高等职业教育课程的重要内容。加强学生在实习与实践中学习隐性经验,是突出高等职业教育课程实践性与应用性,实现高等职业教育目标的有效措施。现代师徒模式和产学研结合模式是有助于学生学习隐性经验的高等职业教育课程模式[肖凤翔,2002(5)]。职业教育课程思想史上,普通论与专业论的论争几乎伴随了整个近代职业教育发展过程,并一直持续到今天,成为当前职业教育课程实践的三大两难问题之一。职业教育课程必须在二者之间做出选择,专业化是现代职业教育的根本目标,但普通化也是不可忽视的目标,解决这一矛盾的关键在于看到二者的延续性,并采取专业化的策略达到普通化目标[徐国庆,2008(6)]。随着信息化时代的来临,网络对高职课程的影响也同样得到了学者的关注,信息化是我国高职课程未来发展的重要战略方向,其行动领域可在网络平台上从课程标准、教学过程、实践教学和课程资源等层面进行规划。成功实施这一战略的关键,是要充分重视作为各行动领域基础的大型数据库建设,并整体地规划与实施这一战略,以及通过增强网站操作的便利性改变师生教与学的习惯[徐国庆,2011(2)]。

(二)示范性高职院校课程体系建设

课程体系建设是专业建设的核心,也是示范性院校建设的重点和难点。在示范校建设过程中,课程体系建设必须厘清"建什么"、"如何建"的问题。

1.高职课程体系"建什么"

高职教育区别于普通高等教育的一个重要方面在其人才培养目标。高职教育人才培养定位于高技能人才,而且是完整的"社会人",而不是片面的"职业人",这是高职课程体系"建什么"的基本依据。能力应该包括直接从事某个技术工种的职业技能和以培养学生个体的社会适应与实践、人际沟通与合作、创业和学习发展等综合职业能力;素质是"社会人"的灵魂,重在塑造学生的思想道德、职业与人文、健康身心、人际沟通合作及创新等个人素养。能力的形成以素质为基础,能力的发展又有助于素质的提高,两者就像一对"双绞线",相互联系,相互融合,相互促进。兼备精湛的职业技能和高尚的职业素质,才能成为真正的高技能人才。因此,高职教育课程体系建设内容应以职业素质为基础,以职业技能为核心,着眼于提高学生的综合职业能力。

2.高职课程体系"如何建"

高职院校如何构建课程体系,培养出高技能人才?张尧学曾强调,高职院校应该系统地设计两个课程体系,即培养学生实践动手能力的专业课程体系和培养学生可持续发展能力的基础知识课程体系。有院校据此设计了文化基础和专业教育"双绞线"式的课程体系框架。框架中"两条线"课程体系的功能和最终目标，都围绕高职人才培养目标来设计。两者呈"双绞线"式，既相对独立，自成系统，承担不同的教育功能，又相互交织渗透，专业体系要以基础体系为基础，基础体系又要在专业体系中得到渗透和深化，从而保证高职教育是一种完整的高技能人才的教育[周学军、鲁钢，2011(12)]。

第一，构建高职文化基础教育课程体系。文化基础教育课程体系是"为学生学习专业技术理论打下扎实的文化基础，满足经济发展和职业岗位变更对人才文化素质的要求，为学生的可持续发展提供文化准备，培养人文素质和科学素质，促进二者和谐发展而进行的文化素质教育"，因而具有基础性、教育性及服务性的功能。从基础性角度说，它有利于提高高技能人才的思想道德、职业与人文、身心健康及创新等素质；从教育性角度说，它涉及知识、技能、能力、情感、意志、人格等多方面内容；从服务性角度说，它为专业课程体系服务，为培养学生良好素质服务，为培养学生可持续发展能力服务。另外，在构建高职文化基础课程体系时，应遵循"必须、够用"原则，尽量做到"精讲、少讲、实用"，尤其要杜绝游离于学生生活之外的学术化的课程，突出课程的实用性和职业性。即课程要突出实际的应用价值，根据工作实际需要来选择课程内容；课程与社会经济发展、职业技术岗位紧密结合，围绕职业活动组织内容。

第二，基于工作过程系统化构建专业课程体系。传统的学科课程体系难以满足高职学生职业技能和综合职业能力的培养。这些能力存在于职业工作过程中，不仅包括专业知识、技术，还包括经验以及与工作过程相关的知识、技能，只有在工作过程系统化课程体系下才能形成这些能力。因此高职教育传授知识应从学科知识向基于工作过程系统化的知识转变。所谓工作过程，就是"在企业里为完成一件工作任务并获得工作成果而进行的一个完整的工作程序"。基于工作过程系统化的课程体系，就是用与工作过程相关的典型工作任务对现代职业活动进行描述，在此基础上开发职业教育的课程。

在构建基于工作过程系统化的课程体系时，必须遵循以下原则：一是适应社会需求，满足学生全面可持续发展需要的原则。课程的设置以市场需求为导向，同时注重符合社会需要的综合素质、能力的培养，充分体现课程设置的全面发展要求。同时，课程设置还要有一定的拓展性，为学生的终身职业生涯发展奠定基础。二是工作过程整体性、相关性原则。基于工作过程，打破学科体系下课程之间的界限，对一些相互之间有内在联系的课程进行有机整合。既要考虑工作过程之间的相互联系和相互作用，避免课程间有太多的重叠，又要注意各种技能应该是递进、包含关系，尽可能少出现同位关系。三是适应学生智能和认知特点的原则。在构建课程体系时,充分考虑高职学生抽象思维弱的认知特点,构建适合主动参与学习的课程。同时,考虑到学生的认知特点由简单到复杂的规律,课程设置应注意体现课程之间的集成性和连贯性。

(三)中高职课程衔接

职业教育为社会培养了数以千万计的应用型人才。但是,职业教育体系建设在中高职教育的培养目标、专业设置、课程体系、招生制度、评价机制等方面存在着一系列问题。由于缺乏科学的课程顶层设计,课程体系的衔接是问题的关键。中高职衔接问题并非今天才有,自高职大规模发展以来便受到了关注,且采取过不少行动,如举办五年制专科,实施中高职"3+2"模式等,只有从课程论的角度对这一问题进行深入分析,才可能真正抓住中高职衔接问题的本质,并找到解决这一问题的有效技术路径。

1.中高职课程衔接的机制保障

第一,统一的中高职专业目录编制机制。中高职课程衔接是以专业为单位进行的,如果专业设置不一致,中高职课程衔接便无法进行。前十年,由于主管部门不同,中高职各自规划自己的专业设置,以至于目前的中高职专业设置错位已经很严重。大量中职教育有的专业高职教育没有,高职教育有的专业中职教育没有。当然,我们并不能要求中高职的所有专业都相一致,有些中职教育设置的专业并不适合在高职教育中设置;反之也是如此。但大多数专业不对应现象是因为专业规划不统一所致。因此要实现中高职课程衔接,首先要建立统一的中高职专业目录编制机制。

第二,高职学院与中职学校共同开发课程的机制。尽管笔者不同意简单地在办学实体层面理解中高职衔接,但中高职衔接最终必须在办学实体层面进行,而且还必须在统一的课程标准的基础上对课程进行二度开发,形成可执行的人才培养方案。因为,中高职有着不同的管理系统,倘若不把管理层面的差异充分体现到人才培养方案中去,人才培养方案将无法实施,而所开发的课程标准也将束之高阁。为了实现这一点,需要建立高职学院与中职学校共同开发课程的机制。

2.中高职课程衔接的技术路径

从课程开发技术的角度看,要实现中高职课程衔接,是否首先要实现中高职课程内容的层次化描述?如何才能实现这一点?通常的职业教育课程开发包括三个核心环节,即职业岗位分析、工作任务分析与职业能力分析。首先是确定专业所面向的职业岗位，然后分析这些职业岗位中的工作任务，最后分析完成这些工作任务所需要的职业能力。当我们获得了职业能力，便可据此获得职业教育的课程内容。在这三个环节上，均可能存在中高职课程的区分点，因此中高职课程区分应从这三个层面逐层进行分析。对有些专业而言，其所面向的职业岗位便可区分中高职课程，如在数控技术专业中，中职教育面向的是操作岗位，而高职教育要面向工艺岗位和维修岗位。但在许多专业中，仅仅在职业岗位层面难以区分中高职课程，因为有许多岗位是中高职所共有的，这时就需要进一步分析职业岗位中的工作任务。分析的结果可能是，在同一岗位中我们会发现有些任务是中职学生可以学习的，有些则只有高职学生才可以学习。但是也可能有许多任务是中高职学生都可以学习的。这时就需要继续推进到职业能力层面，即区分所能达到的职业能力水平。比如汽车发动机维修，复杂故障的维修技能显然只有高职学生才能学习。这种从职业岗位到工作任务再到职业能力，通过逐层分析最终获得中高职课程内容区分度的分析路径，就是逐层推进技术路径。

需要注意以下几点。首先，中高职衔接能大大减少课程重复现象，教学时间能得到更为有效地利用。在高职教育阶段，课程标准总体上应有更高的目标定位，尤其在理论知识学习方面应较原来有所提升。这是中高职衔接的最大优势所在，也是建立现代职业教育体系的根本目的所在。其次，在课程设置中，除少量课程只适合中职教育或高职教育外，大多数课程设置是中高职所共有的，其区别只在能达到的职业能力水平的不同，以及所要求的知识、技能学习水平的不同。对通常所采取的"3+2"中高职衔接形式来说更是如此，因为必须保证中职教育在与高职教育衔接的同时还拥有完整、独立的人才培养目标。

3.中高职课程衔接的开发路径

第一，分层化。从中高职衔接课程的能力目标角度确定不同层级的能力标准。根据哲学和社会学对能力的理解，能力是运用知识和经验在实际工作中的一种应用水平，是以知识、智力、技能为基础改造世界的能力。中高职衔接的能力概念与哲学和社会学的能力概念在逻辑上是一致的。在社会职业中，人的职业能力结构包括四个不同的层面。基础层为核心能力，是面对所有职业所必备的能力，是职业特定能力的基础，也是后续教育和持续发展的基础。如：认真负责、团队合作、交流表达、问题处理、自我学习、运算与信息处理能力等；定向的行业通用能力，即某类职业领域一般应有的、具有共性的普通职业能力；若干个行业共同需要的跨行业能力，如营销服务、客户服务、质量管理等，是很多行业都需要的能力；职业能力形成的塔尖是专门的职业特定能力，即形成在专门职业岗位上,在专业范围内,符合专门工作要求的职业能力,它是职业岗位的最终表现。四个层面的能力总体上呈现金字塔形式。需要说明的是,从四个层面讨论能力问题,并不是要辨别能力的层级或者高低,而是提供一个中高职衔接课程选取内容体系时的思维角度。围绕中高等职业教育人才培养目标,在考虑学生面向第一岗位的职业特定能力的同时,制定不同的能力标准,统筹考虑行业通用能力和跨行业能力的培养,核心能力贯穿中职和高职的教育过程,培养全面发展、可持续发展、有丰富精神世界的职业人或社会人。

第二,分类型。从相关职业资格标准与课程标准融通的角度看,总体上我国的国家职业资格标准很不完善,在制约行业企业的同时,也制约了职业院校的教育教学改革。分类推进中高职衔接的课程顶层设计工作主要包括以下四点。第一,对于国家职业资格标准完善的行业,认真研究国家职业资格标准,将此融入课程标准,要求学生毕业时能够同时取得双证;第二,对于学校不能直接取证的国家考试,要求把相关的国家职业资格标准融入课程体系中,确保课程标准与国家职业资格证书的一致性;第三,对于国家职业资格标准滞后的行业,通过校企合作、产学结合的途径,掌握来自先进企业生产一线、具有国际水准的新知识、新技术、新工艺、新装备、新标准,将其融入课程标准;第四,根据经济社会的发展和生产一线的实际需求,主动把一些与现代主流技术相适应的职业资格培训与认证标准引入课程体系。

第三,分级别,即以相关职业资格标准为衔接参照制定能力层级的课程标准。中高职课程衔接,不是简单的"中职+高职",而是明确分段培养目标:中职课程重基础和岗位操作技能,让学生具有初步的职业概念;高职课程重实践和解决复杂问题能力。分级别也就是制定不同能力要求的课程标准。从学校层面讲,课程标准主要涉及专业人才培养方案中课程门类的设置、单门课程(科目)标准,是课程组织的重要文件,是学校层面依据国家相关标准编制的规范性教学指导文件。

第四,模块化与学分制。根据中职、高职等不同培养目标和不同级别的要求,将分层化的职业能力课程,按照不同级别,由教师、行业企业深度参与课程开发而组建成相应的模块。不同层级的能力转换为课程,从职业特定能力纵向延伸向行业通用能力、跨行业能力横向拓展,核心能力培养贯穿中职和高职的教育过程。学分制,这是为课程实施搭建柔性化管理平台,推行学分制的管理模式,为学生提供方便的、可持续发展的终身学习服务。具体来讲,就是参照相关职业资格标准开发初、中、高、准技师不同级别的模块课程,规定相应的最低学分,学生可以根据不同的学习时段,选择不同能力的模块课程。

4.中高职课程衔接的实践策略

中高职课程衔接实践还涉及"系统化"这一重大策略问题。我国职业教育课程建设现状尽管存在许多不尽如人意之处，但相关行动却不少。其中，既有教育部发起的，如示范高职建设、精品课程建设等，也有地方教育行政部门发起的，如上海市、江苏省的课程改革。这些课程建设行动尽管轰轰烈烈，但对实践的影响比较有限，其中重要的一个原因就是覆盖的专业有限，没有体系化。"局部试点"是我国职业教育课程改革一贯采取的策略，这种策略对于避免课程改革中的重大失误是有作用的，然而如果我们每次都只是"局部试点"，以至于始终不能建立起覆盖绝大多数专业的职业教育课程标准体系，这种策略的局限性就非常明显了。如上所述，中高职课程衔接的目标是建立现代职业教育体系。既然其目标所指就是"体系"，那么，中高职课程衔接就必须进行整体的宏大规划，至少要涵盖90％以上的专业。唯有如此，才能发挥出体系效应，实现这项行动的战略目标。

(四)以就业为导向的示范性高职课程设计策略

1.逆向设计法

传统学术型大学的课程设置是遵循以学科体系为基础的"公共基础—专业基础—专业"三段式的逻辑思路设计的，可以称之为"顺向设计法"。高等职业技术教育重在培养第一线的应用型技术人才，其课程设置就应该以职业技能为核心，把职业技能的掌握放在第一位，同时关注学生全面素质的提高。高等职业技术教育的这种课程设计所遵循的路径与学术型大学的课程形成路径是相反的，可以称之为课程的"逆向设计法"。

逆向设计法以职业岗位的要求为起点。首先，根据行业或领域职业岗位要求(人才市场需要)，分析确定人才所应具有的关键职业技术、技能、职业素质，据此设置出所需的核心技术课程和职业技能课；其次，确定核心技术课之外的、专业必需的专业技能课，然后根据核心技术课、职业技能课的需要，并从高职教育对学生的政治思想素质、身体心理素质、人文素质、科学素质的全面要求出发，设计基础课和特色课程。以"逆向设计法"构建高职课程体系，始终坚持了就业这一导向，体现了高职课程理念紧紧瞄准人才市场的需求变化，为高技能人才的培养奠定了重要的基础。

明确构建课程体系的逻辑思路。"逆向设计法"所依据的人才培养的目标是通过对就业市场进行综合分析来确定的。通过对就业市场的综合分析，紧密跟踪人才市场需求的变化,调查、预测用人单位的需求和家长、学生的就业期望,从而奠定了技能型人才培养的现实基础。逆向设计法从方法上保证了课程体系是以就业为导向的,为学科性课程体系"破除"后"创新"高职课程体系提供了一种解决策略。

"逆向设计法"使社会需求作为高技能人才培养的推动力得以实现。社会需求是推动学校发展的根本力量,以培养高技能人才为己任的高职教育发展的推动力来自于岗位需求。

通过逆向设计课程体系的策略把这一推动力有效传导到人才培养活动中,推动了高职教育的发展。在此推动下,高职课程体系将会不断发展,成为动态、开放、更加合理的课程体系。"逆向设计法"构建课程体系为提高学生就业和创业能力奠定了基础。就业是高职教育与社会经济的结合点,就业和创业都必须通过毕业生适应人才市场的需求来实现,利用"逆向设计法"构建课程体系,为提高学生就业和创业能力提供了机制保障。

2."层次—模块"课程

高技能人才培养的核心问题是课程的设置与体系的建构问题。基于此种认识,有高职院校以高职课程改革为突破口,依据高职课程体系构建的原则,采用"逆向制订法",构建了以职业技能为核心的"层次—模块"结构的高职课程体系。这一课程体系由核心层、支持层、基础层、特色层四个层次和十四个模块的课程组成[俞瑞钊、高振强,2007(5)]。

第一,核心层。核心层设置"核心技术课"和"职业技能课"两大模块,其内容是按照职业群共有的基础技术和基本技能整合而成,作为教学和实训的中心内容,并在时间上、师资上予以优先保证。核心技术课模块:这类课程覆盖该专业对应职业岗位群需要的最基本、最主要的知识和技术,教学上侧重于技术原理、技术方法的讲授。每个专业设立5～6门核心技术课,保证学生有足够的时间和条件学好这些课程,掌握本专业必备的知识和技术,确保学生有一技之长。职业技能课模块:这是强化培养学生的动手能力、操作技能的课程,重在职业基本技能,如各专业的计算机应用课程即属于此类课程。这一模块的课程强调职训、实训、实验、上机等实用性操作训练,以满足第一线应用技术人才的实际需要。

第二,支持层。针对职业所需,在对专业技术知识课堂教学的基础上,开设职业考证、职业培训、专业实践等课程,以强化操作能力训练。为此,围绕着核心层,我们设计了"专业技术(包括实验)""职业考证"及"职业方向"三大模块的支持层。专业技术模块:是指各专业除了核心层以外需要开设的专业技术课。

这是对核心技术课程所需专业知识的强化、拓宽和补充,以使学生进一步深入理解本专业的核心技术课,强化技术操作,以熟练和丰富技术操作经验。职业考证模块:旨在保证职业资格的获取,落实双证制度。这一模块重视职业技能的考核,将职业考证的相关课程尽可能融入培养计划之中,由经验丰富的教师指导,从而有利于学生取得相应的职业资格证书。职业方向模块:职业方向课模块以当前职业岗位的需求为依据,每个专业设立多个专业方向,在第四学期按照学生的学习兴趣和基础对他们进行分流。此模块侧重对学生进行有针对性的专项培训,以适应多层次岗位的需要。

第三,基础层。基础层课程主要为大学生提供必备的科学、人文、身心等方面的基础知识,重视培育学生的人文素养和科学素养,是职业高校区别职业中专的重要标志之一。基础层课程主要包括高等数学、大学语文、英语、思想政治理论课、体育等课程。基础层的课程设置以"必须、够用"为原则的。

第四,特色层。包括过程性课程、心理健康和职业指导课、选修课三大模块。过程性课程模块是在"以学生为主体"的理念指导下,为给学生提供更多的"自学的机会、动手的机会、表达的机会、创作的机会"而开设的过程性特色课程。职业指导和心理健康教育模块包括"职业生涯规划"、"心理与情商"、"礼仪与公关"三门课程。主要目的是提升学生综合职业竞争力,提高生活品味。选修课模块以人文课程为主,兼有科技、管理、文体类等课程,为学生多方面的个性发展提供帮助。

"层次—模块"结构的课程体系特点是:各层各模块均紧紧围绕职业技能这个核心,突出这个核心,再按核心课程的需要逐层服务于核心,形成了一个围绕核心环环相扣的课程总体结构。这种结构由内到外依次体现出:"职业技术核心"、"动手能力优先"和"注重人文和科技素养"的高职课程的设计原则,贯彻了从高职学生发展实际出发,"以学生为主体"的教育理念。这一课程体系结合"2+1"教学模式和分流培养措施,构成一个比较完整的高职人才培养体系。

(五)我国示范性高职院校课程改革问题

可以说,示范性高职院校建设的十年,也是我国高等职业教育以工作过程为导向的课程改革轰轰烈烈开展的十年。十年间,我国职业教育课程改革不断得到推进。工作过程导向的高职课程对于广大高职院校打破学科知识体系,增加职业教育的职业针对性和实用性,培养学生的初次就业能力具有重要的现实意义,也发挥了积极的作用。但职业教育专业的多样性,我国高等职业教育发展的不均衡性,以及高等职业教育就业导向的局限性等都促使我们对工作过程导向课程模式的反思。

从课程管理的角度看,十年来高职课程改革既有政府统一组织的,如上海市和江苏省的课程改革,也有学校自发组织的,还有教师自己进行的。这次面临的最为关键的问题包括:自上而下的课程改革如何调动一线教师的积极性,如何面对学生学习准备不足的状况,如何克服学分制所面临的困境,如何解决教师在课程改革中的主体地位与其超负荷的工作量之间的矛盾,如何在满足学生一次就业的同时促进学生的可持续发展,以及一种课程模式如何满足不同专业、不同性质课程的需求等。徐涵[2005(31)]从课程改革的微观层面研究认为:价值取向模糊、内容不明确、课程开发方法不科学、缺乏合理的运行机制等已经成为深化职教课程改革的瓶颈。应从理论上明晰职业教育的价值取向,准确定位职教课程改革目标,把技术知识、工作过程知识作为职业教育课程的主体,并以职业工作任务为核心,按照职业能力发展规律建构职业教育课程内容,同时建立合理的课程改革运行机制,确保课程改革的质量。鲍洁[2004(6)]认为,当前我国高职课程改革主要问题包括:学科本位的思想在课程中的表现仍根深蒂固、课程改革尚未与时俱进、学习外国经验与结合国情关系未处理好。基于这些问题,论者从职业教育课程观、课程开发的途径与方法、课程目标、课程内容、课程结构、科目课程形式、课程实施、课程质量与评价等方面提出了相应的策略。徐国庆(2008)认为,课程改革是目前高职发展的重要主题,但在课程改革取得巨大进展的同时,也产生了令人极为困惑的现象,改革成果与预先设想之间落差很大。形成这一现象的原因可归结为五个方面:课程目标定位过于宏观、工作任务分析笼统粗糙、课程设置未能突破学科框架、课程内容与任务的相关度低、项目训练价值有待提高。问题解决的策略则涉及四个方面:确立课程开发的研究意识、提高对开发成果的精细化要求、加强对课程开发过程的控制和建立深度的校企合作机制。对困境的分析表明,我国高职课程改革正处于深化的重要阶段,要深化课程改革以达到真正提升高职院校办学内涵的目的,必须把课程开发与课程研究结合起来。

三、示范性高职院校课程改革展望

(一)我国高等职业教育课程改革面临的新问题

随着第三次工业革命的到来,在产业转型发展的关键期,在构建现代职业教育体系的大背景下,我国职业教育发展面临着种种机遇,现有的课程管理模式也越来越难以满足新的历史条件下的各种需求。

1.自上而下的管理模式无法满足学校独立面向市场发展的要求

自上而下的课程管理是一种计划管理的课程改革模式，这种模式的课程改革一般由国家或地方教育机构发起，主要采用"研究—开发—推广"(research-development-diffusion)路径，通过行政命令方式自上而下地推行。在越来越开放、越来越民主的社会中，纯粹自上而下的科层制课程管理已经不能适应学校课程实践的需要。格蓝迪(Grundy)指出，在自上而下的课程管理模式下，政府关注的重点是短期间内的业绩表现，出于政治上的需要，政府重视课程的采用胜过于课程的完全实施，课程可能在表面上都被学校所接纳采用，而实施的具体效果则应另当别论。我国职业教育管理的体制特点与自上而下的职业教育课程管理模式有着内在一致性，近几十年来多地所开展的课程改革大都属于这种"管理"模式。由于自上而下的职业教育课程管理模式的计划性、封闭性、统一性以及稳定性等基本特征与职业教育自身的多样性、复杂性、开放性的属性是相互矛盾的，职业教育要适应市场的需要，职业学校要走上特色发展之路必须改变这种主体属性太过单一、专业属性薄弱、行政属性过强的课程管理模式。

2."导向型"的课程理念不能适应学生多元发展的需要

长期以来，我们习惯用"二元对立"的观点来审视职业教育的本体价值和工具价值，似乎职业教育满足了人的发展就必然会影响到产业的发展和经济的增长。这种观点是短视的，也是功利的，因为学生的选择是多元的，学生的发展将最终促进经济社会的全面进步，随着现代职业体系的建立，不同层次职业院校的毕业生将满足区域经济发展对不同层次技术技能人才的需要。职业教育作为一种类型，以就业为导向也是没有问题的，但作为职业教育的一个层次，高等职业教育如果主要以就业为导向，就会忽略部分学生继续在校学习的发展要求，区域及学校特色、专业、生源等方面的多样性是职业教育的基本特征，任何由教育者"一刀切"决定的"导向型"教育模式都可能造成对学生个体和个性的压制。随着少子老龄化时代的来临，人民生活水平的提升以及人的个性的解放，发达地区亟须建立起满足学生职业生涯发展需要的终身职业教育体系。

3.各种类型知识的价值需要得到重新定位

"什么知识最有价值"一直是教育理论中的一个基本问题。不同的哲学观，不同的课程理念，对不同类型知识的价值判断，对哪些知识可以进入课堂、它们之间的比例以及课程组织的先后顺序等回答都是不同的。在今天这个个人价值得到不断彰显以及社会发展的不确定性不断增加的"大时代"中，与岗位对接的地方性知识(local knowledge)、强调身体操作娴熟程度的技能型知识在高等职业教育课程中的重要程度将随着未来新职业变迁、消亡速度的加快,劳动者个人工作岗位变更频率的不断增加以及第三次工业革命条件下劳动性质的改变而不断下降,而与劳动者核心能力(core skills)密切相关的方法能力和社会能力的培养应该在未来职业教育过程中受到越来越多的重视。职业教育课程开发应当结合区域经济发展定位以及不同学生的发展需求重新思考"什么知识最有价值"的内涵并试着做出新的回答,不管是对职业教育知识的分类,还是对各种知识在学生终身职业发展中的地位、作用和价值,都应给予新的考量。

4.职业学校的教学管理制度面临重构风险

校企合作育人是职业教育人才培养的必然要求,同普通高等教育相比,职业教育需要一个更加灵活、弹性、高效的教学管理制度。这是适应学生在学校、企业之间学习转换的需要,也是发挥行业企业积极性、参与职业教育人才培养工作的需要。但多年来在职业教育的教学管理中行业企业始终处于被动地位,满足学生在行业企业以及不同职业院校之间流动学习的完全学分制也没有真正建立起来。随着现代教育技术的发展,MOOC背景下,职业教育课程市场的形成,将"倒逼"学校与有实力的行业企业合作开发课程,甚至搭建 MOOC 平台,这有助于打破"校"、"企"壁垒,形成天然的"大职业教育观"下的教学对象;线上教学与线下教学的结合,将"再造教学流程";教学方法及学习方式的多样化为教学管理带来更大的挑战;不同背景学习者先前学业的认定、学分互换及职业资格的认定需要在教学评价制度上进行系统设计。仅从教学过程管理和控制的传统职业教育教学管理制度将越来越难以适应以学习者为中心的现代教学模式的需要。

(二)示范性高职课程改革展望

1.树立职业生涯发展的课程理念

随着生产力水平的提升,物质财富增加,少子化与老龄化时代的来临,以及移动互联网时代带来的个人价值的凸显,时代发展内在地要求课程管理走向"民主化",逐步实现向课程领导的过渡。笔者认为,在现在历史条件下,在构建现代职业教育体系的大背景下,以学生自主选择为基础的"职业发展导向"应该成为高职课改复合型课程领导的基本理念。职业发展导向的职业教育是以学生职业生涯发展为目标的职业教育,以可持续发展理念为指导,以学生个人意愿为前提,以现代职业教育体系建设为保障,以提升学生职业能力发展为根本目标,不仅满足了学生多元化发展的内在需要,也从外部满足了市场经济条件下职业学校服务区域经济社会发展的特色需求,很好地解决了职业教育工具理性与价值理性冲突的问题,应该成为我国高等职业教育复合型课程领导的基本理念。

2.构建多方参与的课程改革专业共同体

课程改革“专业共同体”的概念来自于“学术共同体”,高职课改复合型课程领导的实施要在学校层面构建以课程利益主体为主要参与者的专业共同体。专业共同体中来自学校的课程领导者包括学校课程的各级管理者、专业主任以及处于各种专业发展阶段的教师等。职业教育产教融合的“跨界”属性决定,复合型课程领导的专业共同体中来自行业企业专家的不可或缺。这一“专业性”(professional)共同体是以专业为基础而发展起来的具有多中心、多权力主体的场域,而不是传统自上而下的线性课程管理机构。在这一共同体中,权力的实施不是通过管理者的法定权力,而是主要依靠课程领导者的个人权威。高效率的专业共同体中,非正式的领导由于其较高的专业性而受到同伴的重视和尊重,法定的管理者往往会采取积极的方式,运用自己的权力以共同的课程改革愿景,不断激发不同的课程利益主体形成更加广泛的课程领导“同盟”。毫无疑问,高职课改的这一专业共同体的边界是模糊的,它的形成是法定管理者策划的结果,各种课程领导者的参与却是自愿的。共同体的专业性越强、内部氛围越融洽、处于核心地位的领导者的魅力越大,共同体的结构就越紧凑,对课程问题的解决就越有效,课程实施的效果就越好。

3.推动多种课程模式共同繁荣

从以上对我国高等职业教育大发展的十年在高职课程与教学论方面的研究成果的回顾,我们可以看出,在高等职业课程与教学论的研究方面,我国已经形成了较为丰富的、有一定影响力的成果。更为重要的是,高职课程论的研究,很好地与高等职业教育课程改革与教学改革结合起来,研究成果很好地应用到了高职课程改革的实践当中,指导并引领了实践的发展。十年的研究成果丰富,尤其是课程研究,随着高职教育课程改革的不断深入,相应的理论研究得到了前所未有的发展,研究者们从多个角度、利用多种方法,对高职教育课程问题进行了探讨。一些重要的理论问题得到了深入的讨论,一些关键的实践难题通过理论研究得以回答,一些先进的职业教育课程理念得到承认并推广,一些成熟的职业教育课程开发方法在高职院校中得到应用与实践。一方面,高职课程研究受到了高职教育大发展的影响,体现了高职教育发展的特点与趋势;另一方面,高职课程研究从多方面影响了高职教育的实践与发展。未来高职课程改革方面的研究应在对工作过程导向课程模式反思的基础上,满足多种专业课程的需要,推动包括学科课程在内的多种课程模式的共同繁荣,让每一种课程模式都找到"用武之地",不断促进高等职业教育人才培养质量的提升。

第四章　示范性高职院校师资队伍建设

一、师资队伍建设总体情况

师资是教育的第一资源，是示范性高职院校建设最重要的发展因素，但同时，也是不少示范性高职院校的发展瓶颈。不同于本科教育，高职教育培养的是面向生产、管理、服务一线需要的应用型专门人才，在教育过程中，更需要以职业能力和职业素养为导向。高职教师是一种复合型人才，其知识储备应更为全面，专业技术应用和实践能力应更高，相关常识和知识面更广。因此，加强高职师资队伍建设，一要提高教师的知识与技能，拓宽教师的知识领域，提高其工作能力；二要提高教师的实践能力，使其成为技术能手；三要提高教师终身学习的能力，发扬教师的革新精神和创造性。国家推行示范性高等职业院校建设之前，我国高职院校师资队伍普遍存在一些较为明显的问题：

第一，年龄结构、职称结构、学历结构不合理。从年龄结构看，老教师和新教师较多，中年骨干教师缺口比较大。从职称结构看，高级职称较少，中级职称居多。以学历结构来看，40周岁以上教师，本科居多；青年教师，硕士居多；高学历教师占比很少。

第二，生师比勉强达标。尽管大部分高职院校，生师比达到了教育部规定的基本办学条件的合格标准，即18：1，但是，这其中教师数量是包含了折合后的兼职教师人数。事实上，作为业务骨干的行业兼职教师真正投入多少时间到学校教学，无从考证。在高职院校，50人左右的为小班，100人左右的合班上课，比比皆是。高职教师人均周课时十五六节，教学工作量大，无法开展继续学习和产学合作等工作。

第三，"双师"素质教师偏少。在高职，从行业网企业调入的教师所占比例较低，大部分专业基础课和专业课的教师毕业自普通高校，对于高职教育不够熟悉,缺乏工作经验,往往容易按照普通高校的教学方式开展教学。因而,现有教师队伍中"双师"素质亟待提升。

这种状况,从 2006 年教育部和财政部正式启动了"国家示范性高等职业院校建设计划"后,逐渐得到改善。经过历时十年的建设,首批国家示范高职院校在师资队伍建设方面取得明显的成绩。例如天津职业大学,截至 2013 年末,共有教职工 698 人,专任教师 481 人,其中高级职称教师占 46%,硕士研究生以上学历教师占 76.2%,双师素质教师占 86%。有 1 名教师被评为国家级教学名师,4 名教师被评为天津市教学名师。现有国家级教学团队 2 个,天津市级教学团队 1 个,国家级教学名师 1 人。根据深圳职业技术学院官网 2014 年 9 月显示,该校在编在岗教职员工 1611 人,正高 185 人,副高 602 人;博士 255 人;国家教学名师 2 人,省级教学名师 5 人,珠江学者 2 人,特聘鹏城学者 4 人。教职工中有专任教师 1165 人,校外兼职(课)教师共 1444 人。专任教师中"双师"素质教师比例达到 82%,该校有国家级优秀教学团队 2 个。截至 2015 年 1 月,浙江金融职业学院共有教职员工 500 余人,其中正高职称 47 人,副高职称 130 余人,浙江省"151 人才"23 人,浙江省高职(高专)专业带头人 19 人,省级教学名师 3 人,省级教坛新秀 3 人,国家级优秀教学团队 1 个,浙江省优秀教学团队 2 个。

可见,各示范性院校自确立为建设单位以来,一直着力于各级各人才项目建设和双师队伍建设等方面,并取得了显著成效。总体上,各示范性高职院校现有 45 周岁以下中青年教师具有研究生学历或硕士学位占比、高级职称的教师占比、专业课教师具有双师素质或双师结构的比例、兼职教师人数以及兼职教师占比等,都大大提高。

二、十年间师资队伍建设取得的成绩

2006—2015 年的十年间,示范性高职院通过实施各种人才项目,不断提高师资整体素质,师资队伍内部结构日渐合理,主要表现在以下几个方面。

(一)高层次人才培养初显成效

通过自主培养和大力引进,高级专业技术职务的教师人数上升很快,在教师总数中占比也有明显提高。以浙江金融职业学院为例,仅 2006—2009 年的三年内正高职称教师增加 10 名。同时,在具有高级职称人员或具有博士学位且成果突出者中,遴选一批师德教风良好,专业理论功底扎实,科研成果丰富,教学效果突出,并能坚持教育教学改革的高层次人才进行重点培育,努力使之成为本专业领域的领军人物，促使高层次人才早出成果，出好成果，向更高层次努力和发展，更好地发挥高层次人才在学校、全省乃至全国教学、科研方面的辐射、引领作用。

(二)双师结构的师资队伍初步建成

示范性高职院校通过社会调研和实践、专业实验室建设、产学合作、社会服务、项目化教学改革以及培训取得职业资格证书等途径，积极鼓励教师取得与本专业相关的中级以上职业资格(含持有行业特许的资格证书及具有专业资格或专业技能考评员资格者)，积极创造条件使其主持或主要参与校内实践教学设施建设或提升技术水平的设计安装工作。鼓励教师充分利用业余时间参加实践，深入行业企业第一线，积极参与企业、行业应用型技术研究，既为企业提供全方位多角度的服务和支持，又能全面指导学生专业实践实训活动。校内专业课教师的实践教学能力、社会服务能力都得到大幅提升。

在管理上，进一步规范专业教师社会实践、挂职锻炼制度，建立专业教师实践的长效机制，要求教师根据专业课程建设需要，制订长期实习计划，并利用假期开展实习调研工作，要求专业教师每年参加至少不少于 1 个月的企业顶岗实践，要求系部加强计划指导、强化要求，进行过程监督、效果考核，切实提升专业教师的实践教学能力。

同时，根据人才培养模式改革的要求，聘请了一批来自行业、企业一线具有丰富实践经验的兼职教师，行业兼职教师与专业课教师比基本达到了 1∶1，逐步构建专兼结合的教学团队，初步形成双师结构的师资队伍。另外，兼职教师的管理日趋规范，逐步建立兼职教师档案库，加强了对兼职教师教育教学理论和教学能力的培训，密切了与兼职教师的沟通与联系。

(三)青年教师快速成长

大部分示范性高职院校通过专项支持、组建团队、合作研究、研修访问、出国培训等形式多样、内容丰富、富有成效的系列活动，提升青年教师的职业能力、实践动手能力、教书育人能力和社会服务能力。许多青年教师在过去十年间素质和能力都得到快速提升，并在学校示范性建设工作中发挥了重要作用，同时也实现了个体成长成才。从 2006—2009 年期间，以浙江金融职业学院为例，青年教师的学历、职称、教育教学水平得到较大的提升，40 周岁以下青年教师中硕士及以上学位占比达到了 60%，比 2006 年增长 16 个百分点，一些青年教师脱颖而出，很快成长为教学、科研骨干。

(四)教师业务水平得到提升

过去十年,教师的职业教育能力、教育教学水平、教学创新能力得到提升。在教师的努力下,高职课程均进行了项目教学、案例教学、情境教学、课证融合等教学改革。在大刀阔斧的教学改革中,教师不断优化教学手段,提升教学技能,提升业务水平。高职院校教师在各级各类业务水平比赛中,成绩越来越显著。

(五)团队建设初具规模

各高职院校非常注重发挥各年龄层次教师的优势,组建一些由高层次人才领军,青年教师为主力,兼职教师为补充高水平教学、课程、科研等团队,推动学科交融和集成发展,形成一个开放、互动、和谐的教学团队,提升团队凝聚力,实现教学资源共享,提高人才培养质量。目前教师团队建设已初具规模,很多示范性院校都建成国家级核心课程教学团队以及数个省级核心课程教学团队;同时,还拥有数个国家级精品课程教学团队、省级精品课程教学团队、教指委重点建设课程教学团队以及校级优秀教学团队。通过团队建设,加强专任教师间的沟通与联系,深化教研活动制,集体备课制,相互听课制,促进专任教师间的取长补短,教师在工作中分工合作更为默契,对团队目标认同更统一明确,完成团队工作更为高效快捷,从而促进教学创新,提升师资队伍整体水平。

(六)学术研究取得一定成绩

十年间,高职教师在教学研究、管理研究及专业领域都取得了一定成绩。在课题研究方面,很多院校实现省部级课题零的突破,厅局级课题数量每年呈增长趋势。在公开发表学术论文方面,论文的数量明显上升,刊物级别也有所提高。

总的来说,十年间,示范性建设院校紧紧围绕经济社会发展目标,充分发挥人才资源的优势,以改革创新精神进一步加强和改进师资队伍建设,在结构优化、教师职业教育能力、实践教学能力、改革创新能力提升、青年教师培养、兼职教师队伍建设和管理等方面都初有成效,为学校发展提供坚强有力的人才支持。

三、示范院校师资队伍建设思路

综观各示范性高职院校师资队伍建设状况以及取得的显著成绩,总体上师资队伍建设思路基本如下。

(一)明确目标,规范制度,尽快建立适应示范学院建设的师资队伍管理体制和运行机制

示范性高职院校主动依据《教育法》、《教师法》、《高等教育法》、《国务院关于大力发展职业教育的决定》、《教育部关于高职高专院校示范性遴选评估方案》、教育部《关于全面提高高等职业教育教学质量的若干意见》以及各省教关于高等职业院校师资队伍建设的有关文件精神,纷纷制定相应的校本管理制度与规划,规范和引导学校整体师资队伍建设。以浙江金融职业学院为例,学院出台了《"十一五"师资队伍建设规划》,明确提出了师资队伍建设要围绕示范性高职院校建设目标,坚持以人为本,坚持培养和提高为主线,坚持培养和引进为重点,按照"增博士、增教授、增优质双师、优专职、活兼职"的要求,优化师资结构,全面提高师资队伍素质,同时明确了"十一五"期间师资队伍建设的总量与效益目标、结构与素质目标以及高层次人才培养目标。为了实现这一目标,同时围绕示范性院校建设的需要,学院前后制定和完善了师资队伍管理的各项制度和规定,出台了《浙江金融职业学院教师教学业绩考核实施意见》《浙江金融职业学院示范性建设师资队伍管理细则》,修订了《浙江金融职业学院教师工作规范》,出台了《"三合一教学团队实施办法"》等制度,完善了"教授工程"、"博士工程"、"学术带头人培养工程"、"专业带头人培养工程"、"优质双师培养工程"、"青蓝工程"、"师德教风提升工程"和"兼职教师规范化工程"等各类人才培养工程的考核办法,完善了双师素质教师的认证制度。总之,各院校十年间不断制定和完善师资队伍建设与管理制度及人才引进、聘用方面的优惠措施,逐步建立起适应国家示范性高等职业院校建设的师资队伍管理体制和运行机制,推进师资队伍建设和管理科学化、法制化、规范化。

(二)以高学历、高职称、高素质、高水平为标志的高层次人才为核心,抓好师资队伍建设的龙头建设

人才是学校事业发展的核心竞争力,高层次人才集中代表了一个学校人才队伍的整体水平和综合实力,是高职院校改革与发展的重要战略资源。省级项目支持的人才,高素质的专业带头人,教授、博士等都是高层次人才的培养对象,他们是示范性院校建设的积极参与者和实践者。他们积极面向市场,深入行业、企业了解需求,能够创造性地开展专业人才培养模式改革,主持精品课程建设和实验室建设,身先士卒地开展项目化课程改革,取得了非常好的成效,所在专业在同类院校中具有较高知名度。

　　过去的十年,高职院校牢牢抓住了师资队伍的龙头。一方面,通过科研项目、国内外培训交流、学术探讨、合作社会服务等途径为高层次人才的发展搭建产学合作、学习交流、能力提升、成名成家的平台,造就一批站在专业前沿、掌握行业企业最新技术动态的领军人物,促进高层次人才面向国际,拓展思路,及时掌握专业发展动态,更有成效地开展人才培养模式的改革。在示范性建设工作中,充分发挥高层次人才的辐射和引领作用,积极鼓励高层次人才开展产学合作、社会服务、科技创新等活动;加强创新平台建设,鼓励高层次人才以示范性建设、精品课程建设、实验室建设或重大科研项目为载体,牵头建立一批结构合理、优势互补、团结协作、具有凝聚力和战斗力的教学团队。另一方面,积极拓展引进渠道,引进行业的各类高技能人才,重点从行业、企业一线调入既具有丰富的行业从业经历、实践能力强,又具有扎实的专业理论基础的人才来担任专业教师。同时对引进的人才进行一定的高等教育学、教育心理学、教育法规及高职教育理论等方法的培训,使他们能更好地推动学校示范性建设工作。

(三)以青年教师培养为后备,重点培养一大批骨干教师,注重师资队伍的可持续性建设

　　青年教师是学院建设发展的中坚力量,是学校可持续发展的动力所在,我院一贯重视青年教师的培养。在示范性高职院校中,随着学校迅速发展,师资队伍人数增长很快,其中增长的主要是40周岁以下青年教师,他们在师资队伍中占比普遍达70%以上。青年教师一般具有学历层次高,接受知识快,具有开拓创新精神的优势,但也存在对职业教育理解不深,教学实践经验不足等劣势。因此,学校每年都对新引进的青年教师做好生涯规划,开展青蓝工程或者导师制,配备指导教师,发挥老教师传帮带作用,推进青年教师快速成长,同时,开展青年教师专项培训和基本功考核活动,让学习、研究、实践成为青年教师的工作习惯和专业追求,促使青年尽快转变角色适应岗位,提升职业教育能力、教书育人能力、实践动手能力、社会服务能力等。

　　在青年教师中遴选中适当比例略有成绩的教师,重点支持,使之成为骨干教师。示范院校建设中,每个专业都会根据专业办学规模和教学改革需要,构建合理的教师梯队,分别是专业带头人、骨干教师、青年教师。一般情况下,骨干教师都是从青年教师队伍中培养出来的。他们具有良好的职业道德、较强教育教学能力、突出的工程实践能力、清晰的课程开发思路、优秀的课程建设团队感召力,是示范性院校建设的中坚力量。

(四)采取外引、内培和聘用的方式,着力建立一支高水平的双师素质教师队伍

"双师型"教师队伍一直是高职院师资队伍建设的重点。高职院校将教师产学合作与教师实践水平的提高紧密结合,将教师教学能力的提升与实践能力的提升相结合,将教师的内在需求与学校的发展要求相结合,具体措施如下。

1. 开展与企业行业的深层次产学合作

一方面,鼓励教师积极参与产学合作,并积极推荐教师参与行业的产学合作,并对教师参与产学合作给予时间和经费上的支持。同时,加强学校与合作企业的经常性沟通与联系,为"产学"合作搭建桥梁。另一方面,积极倡导专业教师开展各种服务社会、服务企业的活动,主持参与行业、企业的横向课题研究,为行业、企业编写培训教材,提高社会服务能力。

2. 提高教师专业实验室建设的参与度

通过教师全程参与专业实验室的设计、设施安装等,提高教师的实践操作及开发能力。许多专业实验室的建设都由相关专业的老师和兼职教师组成项目组负责方案的设计和实施,由教师和行业专家一起设计、布置和调试,打破了传统教学中的"实践教学围绕理论教学内容"的模式,实行新的"以实际行业和科研背景来组织实践教学内容"的创新模式。专业教师在参与专业实验室、实训基地的建设过程中,拓宽了专业知识面,搜集了大量专业前沿发展的信息资料,使教师既在专业教学中及时更新了知识,又加深了对实践教学环节的了解;同时也在项目设备的选择、设计过程中,提高了对实践教学各个环节和实验实训器材的使用原理、系统、性能、维护、使用等的了解,提高了学生实际动手能力及综合应用能力,使专业课程的教学效果明显提高。

3. 继续做好教师的培训和考证工作

在要求高职院校师资队伍"双师化"的大背景下,各高职院校教师参加与社会接轨的考试、考证和各类有利于提高实践教学能力的培训蔚然成风。当然,各院校要为教师提供更多的培训和考证信息,做好服务和奖励,引导教师通过取得中级以上的国家技能等级证书或本行业、领域具有权威的相关等级或水平认证证书,提升自身的职业能力。以浙江金融职业学院为例,教师所具有的行业中级及以上职称资格证书或行业执业资格证书目前主要有会计师资格证,注册会计师资格证,注册税务师资格证,高级工程师、律师资格证,中高级经济师、统计师、高级秘书证书,剑桥商务英语证书,外贸业务员培训师等证书。

4.深入实施专业教师社会实践制度

首先,通过制度规定促使专业教师参加社会实践。许多高职院校将专业教师是否参加社会实践作为职称晋升的一项重要条件,规定专业教师在晋升讲师、副教授前的近三年内必须参加实习或挂职锻炼不少于一学期,迫使专业骨干教师既具备扎实的理论知识,又能及时了解行业动态,具有较强的实践教学能力。对不能达到以上要求的教师将要求其限期改正。还规定新教师第一年要到学院实验实训场所或企业实习基地进行实习锻炼,并将此作为教师上岗的一个重要条件。其次,通过任务驱动社会实践更有成效。一些学校对教师参加社会实践除了时间上要求外,还对参加社会实践的教师规定了一定的任务,提出一定的要求,提高了社会实践的有效性,使老师在实践后真正有收获,有长进。学校还要求各系部要根据专业建设和提高教师实践能力需要,有计划、分期分批安排专业教师到企业进行实践锻炼,同时要求参加实践锻炼的教师结合自己的专业、课程教学和专业人才培养目标做一份详尽的调研报告和一份科研课题。对参加实践的教师进行全程监督检查,并对实践情况进行评定,对优秀者给予奖励,提高社会实践的有效性。

5.激励教师主动提升双师素质

通过一定的激励机制,使教师参加社会实践为"要我去"变为"我要去"。如对脱产参加挂职锻炼的教师全额发放相关津贴,并对教师利用假期参加社会实践也给予相应的补贴。对积极到行业、企业生产、管理、服务一线参加实践并取得较好效果的教师和经过自己努力取得与行业接轨的中级及以上资格证书的教师,在给予一定的物质奖励的同时,在这些教师申报课题、晋升职称、评优等各方面均给予优先考虑,以形成良好的舆论导向,激励更多的教师自觉、有效地参与企业实践,参与各类考证。这些措施激励了更多的专业教师参加社会实践,提高实践教学能力,把具备双师素质变成了自己内在的要求。

(五)不断加大兼职教师队伍建设力度,进一步优化教师队伍的双师结构

兼职教师队伍建设一直是高职师资队伍建设的重要内容。示范性建设以来,高职院校逐步将兼职教师队伍建设纳入学校教师队伍建设的整体规划中,在原有兼职教师聘用的基础上,进一步加大了兼职教师的管理和聘用力度,吸纳企业有经验的管理人员和能工巧匠担任兼职教师,建立一支相对稳定的高技能的兼职教师队伍。许多学校出台了兼职教师聘用、使用管理办法,规范了兼职教师的聘用与管理,建立了兼职教师聘用档案,签订了聘用合同,明确了双方的责任和义务,并加强了与兼职教师的沟通和交流,积极聘请了解行业发展趋势、熟练掌握最新技术的企业行业一线的专家和技术骨干参与学院人才培养模式的改革,参与专业课程标准的开发,参与课程建设,参与专业课程教学,参与工学交替实践,参与学生毕业论文指导等教学活动,各专业所聘兼职教师与专任教师比已进一步加大,目前各专业所聘兼职教师与专任教师的比已达到了1：1,逐步形成实践技能课程主要由具有相应高技能水平的兼职教师讲授的机制,兼职教师聘用、使用、管理的良性运行机制基本形成。同时,所聘兼职教师积极参与学校的教学活动,带来了行业发展的最新动态,使高职人才培养模式改革和专业建设能紧扣时代的发展、产业结构的调整,使高职所培养的人才更符合经济社会发展的需要,为学生实现毕业与上岗零过渡创造了条件,打好了基础。

四、示范院校师资队伍建设重点的变化

近年来,国家示范性高职院校在完成验收后,师资队伍建设的重点逐渐发生变化,主要呈现出以下几种趋势。

(一)从重视队伍指标建设转向突出队伍内涵建设

在示范验收之前,很多院校尽管非常重视队伍实力提升,但是毕竟完成验收需要达到一定指标,因此,在师资队伍建设上,非常关注硬性指标的完成情况,例如高学历高职称师资的人数和占比,双师素质教师人数及占比以及兼职教师人数等等。在验收完成之后,师资的软实力建设进一步被提上日程,教师的专业水平和教学能力的提升等显得尤为重要。国家通过实施"国培"、"省培"等各类培训计划,进一步引导各高职院校开展队伍内涵建设。示范验收后,浙江金融职业学院出台《"十二五"期间师资队伍建设规划》,明确"十二五"期间师资队伍建设的总体思路、发展目标与推进战略,全面提升教师队伍的信息化、国际化水平,提升和优化教师的教育教学能力、研究能力、社会服务能力、职业能力和职业素养。

(二)从建设国内一流队伍转向建设具有国际竞争力的队伍

近年来,师资队伍的国际化建设也逐步受到重视。为进一步跟踪国际学术前沿,感受先进教育理念,开拓教师国际视野,许多国家示范性高职院校根据各校实际制定师资国际化建设的长期目标与近期目标,在政策引导、措施激励、经费支持上下工夫,积极鼓励教师提升外语水平,有计划地选派优秀教师出国(境)进行短期学习、访学研修、合作研究和参加高水平国际学术会议,促进学校与世界各国高校或科研机构间的合作与交流,不断丰富教师的国际阅历。有的高职院校甚至与国外高校、企业及其专家、学者、技能大师共同开展课程建设、人才培养方案制定、职业教育研讨会等活动,让教师们能及时了解和掌握国际前沿情况和先进的职业教育理念,及时创新教育教学方法,逐步加强师资队伍的国际竞争力建设。

2006年,在国家示范性高等职业院校建设计划启动之时,就提出力争到2020年中国大陆出现20所文化底蕴丰厚、办学功底扎实、具有核心发展力且被国外高等职业教育界广泛认可的世界著名高职院校;重点建设100所办学特色鲜明、教学质量优良在全国起引领示范作用的高职院校;重点建设1000个技术含量高,社会适应性强,有地方特色和行业优势的品牌专业。显然,教育部希望在重点支持100所高职示范院校的过程中,出现一些具有国际水平的高职院校,因此,示范院校在完成验收后,逐渐把师资建设的目标放在培养国际竞争力上。

(三)从重视个体双师素质转向重视整体队伍的双师结构

一直以来,职业院校师资的双师素质受到高度重视,但14号文件首次将双师结构教师队伍与高水平双师素质并列,将培养和引进高素质双师型专业带头人和骨干教师,聘请企业行业技术骨干与能工巧匠,专兼结合的专业教师队伍建设取得明显成效作为示范院校建设的具体目标之一。这使得高职院校在师资队伍建设中,把兼职教师作为教师的重要组成部分。不仅要重视专任教师双师素质的提升,而且要重视兼职教师的聘任、管理与使用,让师资队伍双师结构更加合理化。例如2012年,浙江省教育厅出台《关于加强高等职业院校"双师"教师队伍建设的若干意见》,提出加强"双师"教师队伍建设,不仅涉及教师个体,更涉及学校整体。各高职院校必须把其作为最重要最基础的教育资源来规划建设,筹划更多教育资源用于教师尤其是"双师"队伍建设。特别强调,学校在加强师资队伍内涵建设的同时,要有计划地聘用一些既有丰富工作实践经验,又有较为扎实专业理论基础的高级技术人员和管理人员担任兼职教师,充实教师队伍。近日，安徽省为进一步加强双师队伍建设，出台了高等职业院校"双师型"教师认定办法与标准。在《安徽省高等职业院校"双师型"教师认定标准（试行）》中，明确指出，安徽省高等职业院校"双师型"教师认定按校内专任教师和校外兼职教师两种类型，依据不同条件分别设置：高级"双师型"教师、中级"双师型"教师和初级"双师型"教师。这一认定标准清楚地包括了校外兼职教师，以及认定等级，为兼职教师队伍建设提供制度保障。

第五章　示范性高职院校
实习实训基地建设

实习实训基地建设是实施实践教学的基础和首要条件,是提升高职人才培养质量和就业竞争力的有效途径。2006年,教育部、财政部共同启动了以专业建设为主要内涵的国家示范性高职院校建设计划,其中示范性高职院校实习实训基地建设是中央财政支持的重点项目。高职院校紧紧抓住机遇,勇于创新,将校内实习实训基地建设与校园形态相融合,营造出仿真的企业环境;以拓展教学功能为主题,校企合作共建校外实习实训基地,建设了具有真实职业氛围融专业教育、职业培训、技能鉴定、技术服务为一体的校外实习实训基地群,有效推动了示范性高职院校实习实训基地建设向纵深发展;创新实习实训基地建设体系和实践教学实施体系,使实习实训基地运行规范化、科学化,对保证人才培养质量做出了有特色的探索,充分发挥了国家示范性高等职业院校的示范、带动与辐射作用。

一、示范性高职院校实习实训基地建设概况

(一)示范性高职院校实习实训基地建设背景与意义

加强国家示范性高职院校实习实训基地建设是提高职业教育人才培养质量、解决技能人才培养"瓶颈"的关键措施;是体现职业教育培养质量和办学水平的重要标志;是提高学生实践能力和创新能力的重要支撑,也是工学结合、校企合作的重要纽带(黄尧,2009)。

第一,实习实训基地建设是提高示范性高职院校学生质量的关键环节。职业教育是一种以职业能力培养为基础的教育,实习实训是职业教育的关键环节。高职院校一方面要加强理论教学与实践教学的结合,在课堂教学中反映经

济社会发展的需要和成果;另一方面要加强实习和实训。职业能力来自于实习实训,职业道德和职业素质更需要在实习实训中养成。职业教育的教育教学改革,也离不开实习实训条件的支持,加强示范性高职院校学生实践能力和职业技能的培养,是提高技能型人才培养质量的关键环节。

第二,实习实训基地建设是彰显示范性高职院校办学特色的客观要求。职业教育是培养生产一线具有较强动手操作能力人员的一种教育,这就需要加强实践教学,加强对学生操作技能的训练,而实习实训基地是实践技能的训练场所,有了实习实训基地,才能加强对学生操作技能的训练,增强学生的动手能力,当毕业生走到工作岗位时才能减少企业的培训成本,毕业生才能受到企业的欢迎。职业教育的重点在实践教学,职业教育发展的难点也在实践教学,而示范性院校也不例外,只有建立满足实践教学需要的实习实训基地才能凸显职业教育的办学特色,才能彰显示范性高职院校的办学水平。

第三,实习实训基地建设是实现示范性高职院校校企融合的重要桥梁。职业技能的形成是一个由浅入深、由简单到复杂、由单项技能到综合技能的发展过程。要想形成在工作岗位所需的综合职业能力,就必须在实习实训基地逐项地训练。只有经过较长时间的训练,学生才能掌握一定的操作能力,才能到企业有效地开展顶岗实习。目前许多企业不愿意接收职业院校学生到企业实习实训,就是因为学校缺乏必要的实训条件,学生缺乏基本的动手操作能力,到企业实习实训时需要从头开始。因此,高职院校必须具有一定规模、先进的校内实训基地,才能有效、充分、全面地实现工学结合、校企合作。

第四,实习实训基地建设是落实示范性高职院校办学方针的根本保障。职业教育"以就业为导向",就是面向就业市场培养人才,如果缺乏必要的实习实训条件,就不可能培养出企业所需的技能型人才。"以服务为宗旨"就是职业院校不仅能培养人才,而且能有效地服务区域社会经济发展。近年来,下岗职工再就业培训、农村实用技术培训、劳动力转移培训、企业职工岗位培训增多,但职业院校由于缺乏必要的实习实训条件,而难以有效地开展这些社会培训。因此,要想实现"以服务为宗旨,以就业为导向"的办学方针,必须加强高职院校实习实训基地的建设。

(二)国家示范性高职院校实习实训基地的内涵与类型

1.国家示范性高职院校实习实训基地的内涵

实习实训是指在高职院校控制的状态下,按照人才培养规律与目标,让学生在真实或仿真的环境中进行掌握某种技术或技能训练活动的教学过程。实习实训突出职业能力的训练,具有实验中"学校能控"、实习中"着重培养学生职业技术性"的显著特征。实习实训基地是针对行业或岗位群的技能培养而设立的真实或仿真的实施实训教学过程的场所,它可使学生接触受训所需要的各种软、硬件要素,即技术、人员与设备支持。作为职业教育的实训教学与职业素质训导、职业技能训练与鉴定及技术推广应用的主要场所,实习实训基地成为职业教育人才培养过程不可或缺的一环。由于实习实训基地在运行形式上强调工位性,在运作上讲求职业性,在教学上强调系统性和可控性,因此它不同于一般的学校实验室和原生态的校外实习环境(张家祥、钱景昉,2001)。实习实训基地具有巩固理论知识、促进知识转化、熟悉工艺流程、练就操作技能、增强实践能力、培养职业素质、内化职业道德等功能。

2.示范性高职院校实习实训基地的类型

第一,按产权的归属和施教的位置,实习实训基地可分为校内实习实训基地和校外实习实训基地。校内实习实训基地是按照专业实践教学的需要,针对行业或岗位群的技能培养而在学校内部设立的真实或仿真的实施实训教学的训练场所,其主要功能是完成基本技能训练和专业技能训练。校内实习实训基地建设要尽可能与生产、建设、管理、服务相一致,形成真实或仿真的职业环境。校外实习实训基地是主要依托一些规模较大、生产管理规范、技术先进的企业,借助企业的生产技术设备和操作人员,让学生在真实的职业环境下进行岗位技能训练或顶岗实习,来提高其职业技能和综合素养的训练场所。校外实习实训基地可使学生进入真实的职业环境和实际的生产领域,获得真正的职业训练和工作体验,它应以综合职业技能、职业规范的训练为主。

第二,按功能,实习实训基地可分为专业性实习实训基地和综合性实习实训基地。专业性实习实训基地是针对某一专业实践教学需要而建立的训练基地。要求有满足实习实训需要的设施场所、数量充足和技术先进的实习实训设备、专兼职结合和结构合理的实习实训师资。专业性实习实训基地的项目相对单一,便于管理,但可能存在实习实训设备利用率低的现象。综合性实习实训基地是能够满足多个专业实践教学需要的训练基地。综合性实习实训基地可实现资源共享,能满足多个专业或多个职业院校(机构)学生实习实训、企业职工培训和社会各种培训等,在一定程度上可提高实习实训设备的利用效率。但综合性实训基地由于实训项目多,尤其是多个学校共建的职教园区可能存在着多种产权和多个管理机构,管理难度较大,需要建立有效的运行机制和核算体系,加强统一领导和协调,才能健康有序地运行。

第三,按投资主体可分为公共实习实训基地、合作联办实习实训基地和独有实习实训基地。公共实习实训基地是为了满足区域经济发展和产业结构调整对技能型人才的需求,依托某一教育或培训机构,由政府作为投资主体兴建的实习实训基地。公共实习实训基地兼有学生实习实训、企业培训、师资培训、技能鉴定等多种功能,对社会开放,具有公益性,能满足多方面的需求,可以实行资源共享。合作联办实习实训基地是通过校企、校所(研究所)、校校共建联办的方式来建设的实习实训基地。共建联办实习实训基地,可以节省投资,避免重复建设,使其在资金有限的条件下实现高起点建设、低成本管理和高效率运营。独有实习实训基地主要是由某一投资主体独立投资建立的实训基地,可以是职业学校自身,可以是社会个人、团体或机构,独有实训基地具有产权明确、利益直接等特点。

第四,按实习实训基地的示范功能范围可分为国家级、省级和校级实习实训基地。国家级实习实训基地是在全国某行业或某一区域处于建设水平高、服务能力大、示范功能强、辐射范围广、发展潜力大,符合国家评审条件的实习实训基地。作为国家级实习实训基地,国家应增加投入来进一步支持基地的建设,以保持其先进性、示范性。省级实习实训基地是在全省某行业或某区域处于建设水平较高、服务能力较强、示范功能较大、辐射范围较广、发展潜力较大,符合省级实训基地评审条件的实习基地,作为省级实习实训基地,省级政府应加大对实习实训基地建设和投资力度。校级实习实训基地主要是满足学校自身教学和人才培养以及为学校所在地社会经济服务的实习实训基地。

(三)示范性高职院校实习实训基地原则与内容

1.国家示范性高职院校实习实训基地建设的原则

第一,先进性原则。由于教育的周期性和技术的时效性,投资的一次性和使用的长期性,决定了示范性高职院校的实习实训基地建设必须具有一定的先进性。教学场地的构建、设施设备的配备、管理模式的选择等都应具有一定的前瞻性,能够代表本行业技术应用发展趋势,尽可能体现专业领域的新技术、新工艺、新方法,使学生在实习实训过程中,学到和掌握本专业领域较先进的技术路线、工艺路线,达到较高的技术水准。

第二,开放性原则。学生的能力和水平是有差异的,对于那些接受能力、动手能力较差的学生,要为他们提供时间和空间,使他们有反复实践和提高的机会;而对那些学有余力的学生,在完成规定基本项目之外,要增加一些设计型、开发创新型的项目供他们进一步发展、提高,使其个性、能力充分发挥。开放性原则要求进一步挖掘潜力,积极寻求与社会的合作,提高设备的利用率,探索

"以训养训"的路子。

第三，系统性原则。职业技能训练既包括基本技能训练，也包括专业技能训练；既包括单项技能训练，也包括综合技能训练。因此，实习实训基地的构建要坚持从简单到复杂，从低级到高级，从单项到综合，从技能演练到技术开发，逐步累积和深化，形成一个循序渐进的实践过程，确保学生在实习实训中的实际需要。

第四，仿真性原则。为了培养出更多符合社会需要的高素质劳动者和技能型人才，就要尽可能贴近生产、技术、管理、服务的一线。因此，示范性高职院校实习实训基地需要营造或体现真实的职业环境与职业氛围，从设备、技术、管理水准以及要求标准化、质量安全等方面模拟或接近职业环境，并突出职业素质训练，让学生在一个真实的职业环境下按照未来专业岗位的基本技术、技能的要求，得到实际操作训练和培养综合素质。

第五，创新性原则。不同地域、不同学校要充分结合自身的实际情况，因地制宜地采取措施创造性地解决建设过程中存在的问题，即示范性实习实训基地必须在管理模式、运行机制上大胆创新，积极探索校企合作、校际共建、产学研结合的新路子，保障实习实训基地持续良性发展，变"消耗型"实习实训为"经营型"实习实训。

第六，示范性原则。示范性主要是指实习实训基地建设过程中要有示范意识，自觉地将其建设成在同类职业学校或一定地域范围内具有引领、示范、辐射作用的实习实训基地，为其他职业院校树立榜样。示范性实习实训基地建设是一项综合工程，需要政府、社会与学校的协同作业，只有切实做好实习实训基地建设工作，才能真正起到应有的示范作用。

2.国家示范性高职院校实习实训基地建设的内容

实习实训基地建设包括设施设备、管理机构、规章制度、运行机制、实训经费、实训方案、实训教材、实训方法、师资队伍、实训学生、实训教学评估等内容。就国家示范性高职院校而言，实训设备、实训经费、实训教材和实训师资是评估其建设水平的关键内容，所以对其进行着重介绍。

第一，设备建设。本着技术先进、经济合理、满足需求的原则进行购置，同时考虑行业技术进步的要求，要切实保证设备的先进性和实用性。另外，要做好设备的配套工作，切实提高设备的利用效率，注意设备的保养和更新，确保设备的正常运行。

第二，经费保障。职业教育是一种投资比较大的教育，要有效开展实习实训，还需要必要的经费做保证。一些示范性高职院校特别是中西部地区的示范性高职院校因办学经费紧张,实习实训所需材料采取替代的办法来解决,影响了实习实训效果。因此,政府要继续加大对职业院校经费投入的力度特别是经济发展落后地区,高职院校要依托实习实训基地积极开展社会服务,广辟财源。同时,通过来料加工、兴办车间、产品开发等途径,变消耗性实习实训为生产性实习实训。

第三,教材建设。职业院校培养的是实践能力强的高素质劳动者和技能型人才,因此在制定实训方案、编写实习实训教材时,除了学科专家以外,还应聘请行业、企业等相关工作领域的技术专家或高技能人才参与培训方案和教材的开发,以提高新知识、新技术、新方法的含量,真正体现实习实训方案和教材的科学性、职业性、实用性。

第四,师资建设。提高实习实训教学质量,不仅要有创新的思想,先进的仪器设备,更需要配备技术娴熟、素质较高的实习实训指导教师。要加强实习实训师资队伍的建设,充分认识和重视实习实训指导教师在高素质劳动者和技能型人才培养中的重要性,提高实习实训教师在教师队伍中的比例和地位,建立有效的政策保障机制,有计划分期分批地开展师资培训,大量聘请工程技术人员、高技能人才和能工巧匠,建立专兼职结合的实习实训师资队伍。

国家示范性高职院校实习实训基地建设是一项系统工程,每一个要素均不可或缺,不同时期应有不同的重点,但绝不可偏废。实习实训基地建设既是一个循序渐进的过程,同时也是一个发展变化的过程,是一个动态的过程,应随着社会经济条件的发展变化而不断完善、改进和提高。

二、示范性高职院校实习实训基地建设

随着社会经济条件的改善、国家和地方财力的增强和企业对高素质劳动者和技能型人才的大量需求,无论是各级政府还是职业院校,已经充分认识到实习实训基地建设在职业教育发展中的重要性,逐步加大了对实习实训基地投资建设的力度,国家示范性高职院校从基础的实习实训基地建设到高水平实习实训基地建设是一个不断发展的过程,为培养高素质劳动者和技能型人才提供了保障。由于实习实训基地建设投资大,需要长期地进行投入,近年来招生人数又快速增长,建设水平仍需不断提高,实习实训基地建设在区域之间和院校之间发展存在不平衡,特别是中西部地区,基础比较薄弱。在看到国家示范性高职院校实习实训基地取得可喜成绩的同时,也应该看到问题和不足,对国家示范性高职院校实习实训基地有一个客观、理性的认识。

（一）国家示范性高职院校实习实训基地建设取得成绩

1.实践成效

近年来,高职院校实习实训基地建设得到党和国家的日益重视,对实习实训基地的建设无论是在规模还是层次上都有提升。首先,在政策上,国家先后发布了关于加强职业院校实习实训基地的建设方面的决议,扩建了大批实习实训基地,巩固和完善了现有实习实训基地,这些决议有《国家中长期教育改革和发展规划纲要(2010—2020 年)》《国务院关于大力发展职业教育的决定》(国发〔2005〕35 号)和《国务院关于加强职业培训促进就业的意见》(国发〔2010〕36号)等。其次,在基地建设规模上,2000 个实习实训基地已在职业教育重点专业领域建成并实施,引导了全国 1.5 万多所职业院校在办学模式改革上取得成功,其中国家示范性高职院校成为中坚力量。同时,中央财政重点支持了 8 个技能型紧缺人才专业,投入了 8.5 亿元专项资金,全国范围内职业教育实习实训基地的覆盖范围达到了 442 个。这些都给国家示范性高职院校实习实训条件的改善和学生操作技能的增强方面提供了契机,使教学效益和人才质量在整体上进一步提升[刘晓、吴陈洁,2014(35)],通过对示范性高职院校的建设,结合自身办学条件在实践中逐步形成了订单型、生产型、研发型等典型的实习实训模式。

（1）订单型。订单式人才培养模式是指用人单位(企业)与培养单位(学校)签订协议,充分发挥双方教育资源优势,共同制订人才培养计划并参与人才培养过程及管理,用人单位按照协议约定组织学生就业的教育方式。而订单培养型实习实训基地,即企业将自身作为高职校外基地的同时,免去进入企业后的培训教育,在实习实训基地中直接进行人才培养并直接录用。企业按照需求确定生源、课程和考核等。因国家示范性高职院校的人才培养水平在同类院校中处于较高水平,在社会上拥有良好的声誉和校友资源,在与行业企业进行订单式人才培养中有一定的优势,所以国家示范性高职院校进行的订单式的实习实训基地建设成为一种典型。这些高职院校进行理论培养,充分压缩人才的成熟期,让人才能够在最有效的环境下成长并走上工作岗位。订单式实习实训基地具有一定的特殊性,人才是直接流入对应企业,在教学过程中直接导入订单企业的文化、信息与结构等内容[戴军、沈婧,2013(7)]。

（2）生产型。各学校因地制宜,结合学校专业情况,把企业的生产设备、生产环境和生产任务搬到校内实训室,做到课堂和实习实训地点一体化,在教师的指导下学生完成相应的实习实训任务,并生产出一定的产品,实习实训过程与实际工作操作过程完全一致。生产性实习实训实现生产车间与实习车间合一,教师与师傅合一,学习与生产合一,作品与产品合一。国家示范性高职院校实习实训基地的主要运行模式可以归结为学校自建型、企业建设型和校企共建型三种模式,在 100 所全国示范院校中,采取学校自建模式的比例最高,校企共建模式的比例次之,企业建设模式的比例最低[高俊文、邹心遥,2011(4)]。

一是学校自建型。学校自建模式是指以学校为主体,通过自己建设,组织实习实训和生产的一种模式。学校利用现有设备,承接产品加工业务,管理方面主要依托学校的师资力量,产品的生产过程由学校控制使生产和实习实训融为一体,这种类型是高职院校内部生产性实习实训基地建设较为常见的一种模式。

二是企业建设型。企业建设模式是指以企业为主体,通过企业建设,组织生产和学生参与实习实训的一种模式。例如天津职业大学的机械制造与自动化基地建设由企业投入 380 多万元建设数控加工实习实训中心就是这种模式,做到企业生产赢利,学校"以产养学",让学生在真实环境实习实训。企业建设模式中,学校主要是将土地、实训室及生产所需的条件出租给企业,校企双方签订长期协作合同,吸引企业到学校投资,创办校内工厂或生产车间等,组织学生参与开展生产、加工、经营、服务等项目。这种模式企业自主能力强,可以做到独立管理和经营。

三是校企共建。校企共建模式是指以学校和企业互利为原则,通过校企共同建设,完成生产和实习实训的一种模式。由企业提供设备、技术和师资支持,学校提供场地,校企合作联合设计实训教学,企业按照生产规律组织学生实习实训,教师参与企业的生产技术和管理工作。

(3)研发型。研发中心式实习实训基地的特点是把研究开发与实习实训教学融为一体,把教学与科技创新结合起来,通过学生直接参与教学设备开发项目,参与创新研究和项目实验,从而使学生的职业技能和创新意识都有所提高。在这些实践中,实习实训课程项目内容丰富,设计开发从浅到深、从简单到复杂、从基础到综合、从对材料的认识到学会看懂原理图和故障排除等不同层次的学习,加快学生对职业技能的掌握。由于实习实训基地建设内容结合职业岗位技能考核培训标准,还有利于培养学生的职业素养及工程安全意识。"创新实验室"或"创新工作室",是把科研机构的体制和机制引入学生科研组织中,形成具有科研机构雏形的、具有创新活力的新型组织。这类组织与科研机构最主要的区别是:它主要是一个教学组织或学习组织,其中的科研活动是以教学计划和教学目标为轴心、以预定的学习任务为载体的。这类组织又不是一般的学习组织,而是具有新的学习特征的学习组织。例如,教师在科研团队中的参与和引导、学生以科研任务为载体的学习、巨大的创新空间、一定的经济效益,使这类组织充满活力(郭苏华、隋明,2009)。

经过十年的不懈努力,国家示范性高职院校实习实训基地建设初步形成了以国家投入为引导,以地方政府和职业院校自身投入为主体,以国家和省级公共职教实习实训基地为示范,以职业院校实训基地建设为基础,以校外实训基地建设作为新的增长点,优先重点专业实习实训基地建设,各专业共同发展,实习实训基地建设的规模、质量和效益不断提高,满足实践性和技能性教学的要求不断增强的格局。

2.理论成绩

实践既是理论的出发点,也是理论的落脚点,所谓"好理论,最实际"。理论源于实践而又指导实践,国家示范性高职院校实习实训基地建设的理论研究是其健康发展的保障,也是其理论自信的基础。基于此,笔者通过中国知网平台对 100 所示范性高职院校教师公开发表的有关"实习"或"实训"为主题的文章进行文献检索,时间范围是 2005 年 1 月 1 日至 2015 年 4 月 30 日。

以时间为维度,文章篇数分布为 2005 年 149 篇,2006 年 210 篇,2007 年 377 篇,2008 年 532 篇,2009 年 680 篇,2010 年 773 篇,2011 年 833 篇,2012 年 878 篇,2013 年 920 篇,2014 年 853 篇,2015 年 212 篇(截至 2015 年 4 月 30 日),合计为 6417 篇(见图 5-1)。

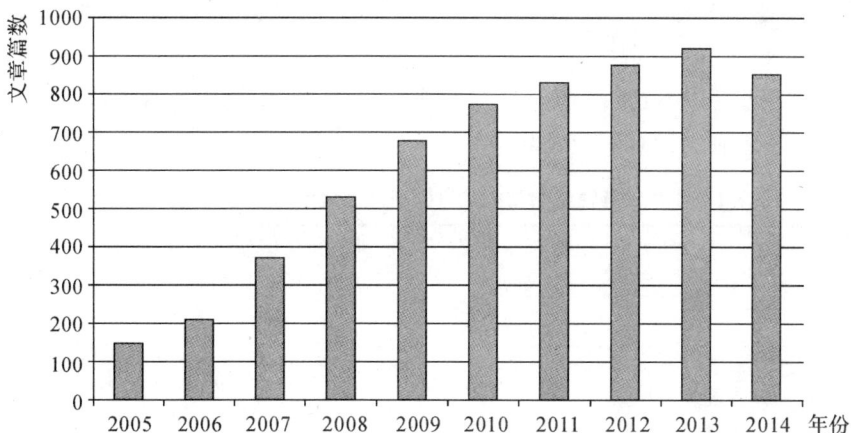

图 5-1　国家示范性高职院校发表有关实习实训基地文章篇数统计

通过对数据进行统计,发现国家示范性高职院校有关实习实训基地理论研究的文章数量整体为上升趋势,其中 2013 年达到一个峰值,篇数为 920 篇,平均到每一所国家示范性高职院校的数量为 9.2 篇,数量规模可观,之后的 2014

年有关的理论研究的文章数量有所下降但是就整体而言仍然处于较高水平。文章篇数的稳步增高说明实习实训基地建设在各示范性高职院校建设过程中的关注度程度持续上升,反映了实习实训基地建设在职业院校人才培养过程中的重要性。

以学校为维度,发表相关文章数量排在前15位的分别是深圳职业技术学院共236篇,陕西工业职业技术学院共193篇,金华职业技术学院共189篇,武汉职业技术学院共138篇,黄河水利职业技术学院共135篇,广东轻工职业技术学院共132篇,长春职业技术学院共127篇,大连职业技术学院共127篇,柳州职业技术学院共126篇,无锡职业技术学院共126篇,番禺职业技术学院共124篇,南京工业职业技术学院共123篇,西安航空职业技术学院共119篇,西安航空职业技术学院共113篇,黑龙江农业经济职业学院共113篇,合计为2121篇,占总数的33.05%。

以主要学术文章为维度,在中国知网检索到30余篇有关示范性高职院校实习实训基地建设的文章,有代表性的诸如《示范性高职校内实训基地建设的实践》[郝文星,2003(14)],《示范性高职院校实训基地建设与实践教学体系改革的探索》[徐文苑,2009(8)],《借鉴发达国家职业技术教育经验,全面建设示范性高职院校实训基地》[胡惠君等,2007(3)],《国家示范性高职院校生产性实训基地建设探析》[刁瑜,2010(29)],《示范性高职院校实训基地建设与运行探索》[张春满,2010(3)]等,其中发表的期刊主要为职业教育类核心期刊,诸如《中国职业技术教育》、《职教论坛》、《职业与教育》等(见表5-1)。其中郝文星于2003年发表的《示范性高职校内实训基地建设的实践》一文有较强的学术前瞻性,即在国家进行示范性高职院校建设前进行了学术的探讨,对示范性高职院校实习实训基地建设有一定的影响。

表 5-1　国家示范性高职院校实习实训基地建设的学术文章的影响力

序号	文章名称	作　者	期刊来源	发表时间	被引次数	下载次数
1	示范性高职校内实训基地建设的实践	郝文星	中国职业技术教育	2003-05	38	270
2	示范性高职院校实训基地建设与实践教学体系改革的探索	徐文苑	中国职业技术教育	2009-03	30	444
3	借鉴发达国家职业技术教育经验,全面建设示范性高职院校实训基地	胡惠君等	实验技术与管理	2007-03	23	231
4	国家示范性高职院校生产性实训基地建设探析	刁瑜	教育与职业	2010-10	20	282

续表

序号	文章名称	作　者	期刊来源	发表时间	被引次数	下载次数
5	示范性高职院校实训基地建设与运行探索	张春满	职教论坛	2010-01	11	278
6	示范性高职院校校内实训基地建设和发展	颜谦和 颜珍平	时代教育	2008-10	9	117
7	示范性高职院校实训室科学化管理的探究	李胜明	中国成人教育	2010-12	8	233
8	示范性高职院校校内生产性实训基地的跟踪研究	高俊文 邹心遥	教育导刊	2011-04	7	237
9	关于国家示范性高职实训基地建设与管理的研究	陈顺立	职教论坛	2011-04	7	258
10	示范性高职院校实训师资队伍建设探析	李胜明	继续教育研究	2011-09	6	107

（注：数据来源为中国知网，文献检索时间为 2015-5-30）

3.典型案例

高职院校财经类专业生产性实习实训基地建设成效
——以浙江金融职业学院保险实务专业为例

（1）基本概况。由于照搬工科类专业的生产性实习实训模式与方法，无法满足财经类专业高职学生提升职业技能的需要，浙江金融职业学院保险实务专业重新对生产性实习实训基地进行建设，先后在 2006 年建立了 3 个设施先进、实训技术含量高、职业氛围浓、工学结合紧密的校内现代生产性实习实训基地。浙江金融职业学院保险实务专业采用了校企共建生产实训基地的运行模式。保险实务专业采用与对口企业共建共享校内生产性实训基地模式，以中国人保财险杭州分公司下沙大学城营销部和中国人寿杭州分公司下沙大学城营销部（以下简称寿险营销部）为保险业务的前台，同时，以建立的保险综合技能实训中心作为后援中心，配置了保险公司与保险中介机构模拟经营的基本软硬件设备。即学校完成基础设施，企业增添设备与技术支持；学校负责运行管理，企业组织实训教学；既是学校教学的工作场景，又是企业员工培训的教育场所。这样充分发挥了校内生产性实训地的理论和实践一体化教学、生产服务、校企合作双赢、示范辐射等功能。

（2）基地建设主动融入保险企业文化。在三个生产实训基地的建设和动作过程中，特别注重运用优秀的保险企业文化来充分调动学生即"准员工"的积极性，增强企业凝聚力，从而充分发挥保险企业文化对生产性实训基地发展战略目标的支持和推动作用。如建立科学、规范的保险企业制度文化，导入 ES（Employee Satisfaction，即"以员工满意为核心"）战略，树立"以人为本的"的管理思想，为学生寻求能充分发挥自身聪明才智和职业生涯的最佳位置；导入 CS（Customer Satisfaction，即为"客户满意"）战略，为学生树立"以市场为导向、以客户为中心"的经营理念；导入 CIS 战略（即企业识别系统，也称形象战略），塑造良好的基地形象，使企业文化达成共识并成为持续的激发"准员工"工作动力。

（3）人才培养模式改革有了实质性的突破。保险实务专业始终以就业为导向，以职业岗位能力为主线，探索和实践了基于生产性实训的教室、行业和社会相结合的"保险大课堂"人才培养模式改革，充分开展行业授课、生产性实训、顶岗实习、学生参加与实战型经营，实践教学过程的开放性，突出学生职业能力的培养。学生在一年级学完基础课程以后，二、三年级根据保险行业和社会需要，以专题培训为主，不设固定教室，让学生真正掌握终身受用的学习方法。在校内通过着力建设三个融工学结合、生产性实训、行业培训、顶岗培训、毕业就业、双师结构师资队伍的打造和教育教学改革等于一体的生产性实习实训基地，把工学结合的教学模式真正落到实处，切实从根本上提高学生的学生动手能力和就业素质，真正实现"毕业与上岗的零过渡"。

（4）形成稳定长效的校企合作机制。依托生产性基地，按照保险业务经营流程，对保险实务专业进行系统设计并实行了"工学交替、灵活多样"的订单人才培养，使保险机构能全方位、全过程地参与人才培养，从而形成了稳定、长效的校企合作机制。在内容上，通过制定符合保险职业标准的训练内容，开展行业授课、学生参与实战型经营的生产性实训和顶岗实习，实现教学过程的开放性，突出保险职业意识、职业道德和职业能力的培养。在形式上，根据不同保险企业对高素质、高技能人才结构和数量需求的实际状况，开展全程、中途和最后一年或半年订单培养等灵活的实体和虚拟"订单培养"模式。如"33"模式即前三个学期的专业教学和后三个学期的企业培训。通过订单培养，真正实现了学生学习和就业的"无缝对接"。

（5）"保险职业人"的绩效分析。以"朝阳班"订单人才培养为例，2007 年，我院与中国人寿杭州分公司采取"33"订单模式在三年级学生中设立了"朝阳班"，尝试共同保险职业人并取得较大的成功。首先，较好地实现了学校和保险行业资源的共享。学院主要提供场地、设备、提供的管理人员和可供挑选的生源等，保险公司则提供优秀的培训讲师、培训资料和工作岗位等资源。其次，深化了课程教学改革。着力推进"项目和双证制"等教育教学改革，根据工党结合和订单培养的需要重构课程建设和课程考核评价体系。在课程设置上突出职业化、专业化，强调"做中学"，确保学生市场实做。教学方法手段打破常规，在行业兼职教师通过"魔鬼一分钟"、"激情三分钟"、"20分钟情景模拟"等职业化、高强度的训练，使学生迅速成长为名副其实的"保险公司员工"。再次，让学生能终身受益。"朝阳班"自开班授课以来，采取了保险公司新人培训方法，从各方面对学生进行职业人的塑造，使学生的保险意识明显加强，并坚定了从业的信念。特别是在市场实作过程中，学生领会到了价值创造快乐，学生的职业性明显提升，学生的职业技能有了新的拓展。"朝阳班"的学生100%获得了保险代理人等职业资格证书，在校期间就完全可以持证上岗。同时，锤炼了一支高素质的"双师型"结构教学团队。

(二)国家示范性高职院校实习实训基地建设存在的问题

1.实践教学体系改革力度不够

高职院校教学体系分为理论教学体系和实践教学体系。近几年来，由于国家对高等职业教育发展的高度重视，使得我国的高等职业教育越来越规范化，各高职院校为社会各行业输送高素质劳动者和技能型人才的培养目标也越来越明确。国家示范性高职院校作为职业教育的"排头兵"，多数学校进行了不同程度教学体系的改革，压缩或减少了理论教学内容，扩充或增加了实践教学内容。但由于受旧的办学思想惯性的影响，部分学校实践教学和理论教学所占的比例还未达到4∶6的标准，造成了学生理论课堂上不愿学、不想学，而实践教学则是想学没得学的尴尬局面。目前，不少示范性高职院校在课程设置、教学内容和教学方法进行了大胆尝试，但仍局限在某些领域，缺乏足够的突破和创新，难以适应我国经济新常态下，经济高速发展、产业转型升级、创新要素成为发展关键要素等新的时代要求。

2.缺乏系统规划

实习实训基地作为国家示范性高职院校建设任务书中的重要内容，是验收过程中的重要指标。由于很多学校在建设之初的功利性，缺乏系统长远的规划，在示范性高职院校验收之后，一方面，部分高职院校没有随着社会发展、专业调整、学生规模等的变化进行调整，出现了数量不足、项目不全、实习内容不完整，指导实习实训的教师与学生比不达标等问题；另一方面，从国家示范性建设到现在已经十年过去了，我国经济社会发展发生了深刻的变化，当初实习实训相对单一的功能已经无法满足当下社会经济发展对示范性高职院校实习实训基地的新要求。这些都影响了实践教学的效果和专业的建设,尤其是影响高职院校培养高素质劳动者和技能型人才目标的实现。

3.企业参与不足

企业参与职业教育的积极性不高是我国职业教育当前的普遍问题,示范性高职院校也无法幸免。由于学校和企业是不同性质的利益者,从而难免出现利益不一致、不协调的问题,尤其校企合作时学校和企业之间利益不对称,有时甚至会产生利益冲突,从而校企之间建立互惠互利的利益机制和相互沟通、彼此协调的运作机制就成为至关重要的问题。目前以生产任务和经济效益为目的的企业难以做到以学生为主的专业技能训练。一方面对校企合作缺乏整体推进,没有从系统的观点,通盘考虑,统筹运作,使企业运行与办学诸要素之间有机结合、相互作用,构成一个具有特定功能的整体,最优化地实现办学目标和预期效果。另一方面微观的运行制度不够成熟和完善,特别是当与学校现行制度发生碰撞时,显得无能为力。学校运作机制和企业运作机制、校园文化与企业文化存在较大差异,还没有真正融合,使校企之间的深度合作以及受教育者从"学员、职业人到社会人"的角色转化,受到一定的制约(李建,2008)。

4.共享程度不高

国家示范性实习实训基地建设的目的之一就是要支持建设一批能够实现资源共享,集教学、培训、职业技能鉴定和技术服务为一体的职业教育实习实训基地。鼓励各院校的实习实训基地应在区域范围内,向高等职业教育、劳动力培训、企业技术改造和技术创新开放,最大限度地实现资源共享,使之成为技能型紧缺人才的培养培训基地、农村劳动力转移培训的桥梁、社区教育和服务的窗口、校企合作的载体、产学研结合的平台。但从目前示范性实习实训基地建设情况看,各实习实训基地几乎是各自为政,缺乏开放共享运作,面向区域内各高职院校、社会企业开放共享程度不高。在开发实训项目和课程、营造企业文化与职业环境、面向社会对外开放服务等方面比较薄弱。一方面,这些实习实训基地建在各个高职院校校园内,各个学校又分散在不同的地方,无形中也为开放共享带来了障碍;另一方面,各个实习实训基地还尚未建立面向其他学校、社会企业共享的管理机制[邱福明、陈清,2012(1)]。

5.师资队伍不佳

随着经济、科技的快速发展,新技术、新工艺、新产品不断涌现,一些实习实训教师未能及时掌握最新、最先进设备的原理和操作,致使其不能适应实训教学的要求,也就很难教出掌握先进技术的学生,所培养的学生不能适应生产的要求。学生规模的扩大导致的实习实训指导教师不足主要包括几个方面。从师资队伍的数量来看,目前,为满足社会对职业岗位实用型人才的需要,各高职院校办学的规模在逐年扩大。但是一些国家示范性高职院校实习实训师资队伍建设的步伐却没有跟上学校发展的节奏,实习实训教师工作量大、任务重,实习实训师资数量不足等问题的存在使得高职教育教学质量难以保证。从师资队伍的质量来说,实习实训教师的来源主要有早期由企业生产一线转岗过来的工程技术人员及从高校刚毕业的大学生,其中前者技术好而理论较弱,而后者是理论好而技术较弱。既懂理论又会技术的教师很少,知识技能结构不合理,不能满足培养技术应用性人才必须具备的"双师型"教师的要求[李胜明,2011(9)]。

三、示范性高职院校实习实训基地未来展望

高等职业教育肩负高素质劳动者和技能型人才培养的重任,而实习实训基地的建设、发展是高素质劳动者和技能型人才培养的重要条件,也是高等职业教育区别于普通高等教育的重要特征。因此,对于国家示范性高职院校来说,实习实训基地建设的水平将很大程度上影响其培养目标的实现。随着国家示范性高等职业院校建设计划的继续推进,高等职业教育改革也正在逐步进入"深水区"。转变实习实训基地建设方式、创新实习实训教学模式,形成以社会需求为导向、以能力为本位、促进学生个性发展的实训体系,将成为今后一段时间高职院校改革的重点。本文试从以下五个方面对国家示范性高职院校实习实训基地的建设发展趋势进行展望[杨毅,2011(6)]。

(一)改革创新,从传统教学向实践教学演进

改革现有实践教学体系,首先需要从提高认识开始,这就要求示范性高职院校认真学习和领会教育部关于职业技术教育工作的质量标准和指标,充分认识到学生的素质和技能的获得依赖于实习实训基地建设的水平。现在改革实习实训基地确保可以让学生反复进行实习实训,从而使学生能够有切身的岗位经验,学生在此基础上才有可能提出新的见解和观点,进行技术的变革和创新。在实践教学中,教师可采取新的实习实训方法,增加实习实训课程的数量,增设学生感兴趣的试验项目,把基本技能训练纳入到实习实训课的教学之中,真正让学生掌握知识,增加才干,特别是让学生参与仿真实训,教会学生识别风险,处理突发事件,排除障碍,迅速恢复正常运作的能力。有的示范性高职院校在

实习实训基地开设模拟汽车驾驶室、有的院校举办模拟银行、模拟证券交易所、模拟法庭、经济谈判、现场促销、签订合同等形式,使学生如临其境,亲身感受,从被动接受知识转化为主动获取知识,学会本领,逐步成为企业所需的合格人才。为了确保实践教学在整个职业教育体系中的地位和作用,同时应制定相应的配套措施,特别是课程数量和经费投入上,教育行政管理部门在专业建设调整优化上,要从教育资源整体布局和院校办学实际出发,科学而又有规划地考虑学科和专业设置,这样才能从客观层面上保证高职院校形成自己的办学特色,才能做到特色、规模、效益、创新的有机统一[靳生,2007(2)]。

(二)协同发展,从单一功能向多元功能的转变

作为高职院校的重要教学资源,实习实训基地自产生以来,就对学生技能的培养和社会发展起着重要的推动作用。随着社会的发展,实习实训基地的功能得到了不断地拓展。实习实训基地功能由单一功能向多元功能转变,这既是示范性高职院校发展的要求,也是实习实训基地自身发展的趋势。当前示范性高职院校实习实训基地的多元功能主要表现为:教学实训功能的凸现、科研功能的强化、社会服务功能的拓展等。以实习实训教学功能的凸现为例,教育部高等学校高职高专专业类教学指导委员会指出,在当前和今后一段时期内,高等职业教育的主要任务,可归纳为六项,即院校建设、专业建设、课程建设、团队建设、实训条件建设和技能大赛。其中,对高职技能大赛提出了"三结合"的要求,即"高等职业技能大赛赛项与专业教学改革相结合""高等职业技能大赛赛项组织与行业企业相结合""高等职业技能大赛赛项注重个人能力与团队协作能力培养相结合",强调要充分发挥技能大赛对专业建设、课程改革的引领作用,通过技能大赛提高学生的技能水平。在技能比赛训练中,实习实训基地的实习实训教学功能将大有可为。示范性高职院校应充分发掘实习实训基地在技术服务、培训、职业技能鉴定等方面的潜能,使社会有关方面共同使用,以发挥最大效益,做好引领示范作用。

(三)校企融合,从基础协作向深入合作迈进

随着国家示范性高职院校内涵建设的深入,高职教育产业化、办学体制多元化的发展,国家示范性高职院校实习实训基地建设要求的不断提高,就传统的校企合作之间的基础协作持久性低、企业参与度低,已经无法满足新时期实习实训基地提出的越来越高的要求。在实习实训基地建设的初期阶段,基础协作型建设方式是必要、适切的,它为实习实训基地建设奠定了基本框架,探索了运行途径。但是在深入强化实习实训基地内涵建设之时,从建设方式上看,基

础协作型已不能作为主要的方式了,而应向"深入合作型"方式转变。一是深入合作型方式的合作范围更加广泛,不仅包括实习实训安排,还包括科技转化和职工培训等方面的内容,在这种合作方式中,企业与学校一样起到更为重要甚至主导的作用。二是深入合作型方式面向广泛,包括高新技术企业、合资独资企业、国营私营企业等;合作层次丰富,根据合作项目的性质可以灵活采用校企合作、院企合作、室企合作等各种形式的合作;合作内涵多样,包括合作办学、技术开发、联合培养、人员交流、基地共建、课程开发等;社会影响较大,人才培养效率较高,校企互动互惠,容易实现双赢目标,学生研究性学习能力和实践动手能力提高显著,就业率明显提高。三是采取深入合作型方式,教师与企业人员经过在基地企业的实践锻炼,一起开展社会调查与掌握技术前沿信息,共同开发设计课程,一起指导学生实习实训,他们的理论水平和解决实际问题的能力得到加强。

(四)共享互利,从部分共享向区域共享切换

随着各地高等职业教育综合改革以及高职教育大学城、职业教育园区的陆续建设,实习实训基地的建设将会从资源部分共享向资源区域共享转变,特别是地方政府对区域内职业教育资源的统筹管理力度不断加大。国家示范性高职院校因其办学水平好,实习实训基地建设完善,更应该发挥其优势,实现学校、企业、社会的生态互动。一方面,为促进实习实训资源共享,发挥平台的作用,提高实习实训基地的使用效率,更好地为中小企事业单位创新创业服务,地方政府可以制定激励资源共享的政策,鼓励职业院校、企业共享。对企业在实习实训基地开展的研究开发项目进行补贴。通过实习实训基地设备使用经费补助办法的实施,推动区域内的大型实训仪器设备资源共享,鼓励企业到实训基地开展自主研发、技术创新,促进区域科技创新创业。另一方面,可以优化配置,丰富实训资源。围绕区域战略性新兴产业、支柱产业等优势产业领域,鼓励区域内高职院校、工程技术研究中心、公共服务平台、检验检测培训机构及大中型企业共享实训基地,逐步扩充区域共享型实训基地的整体规模。积极推进区域内实习实训基地资源共享,充分发挥资源共享平台的作用,将会取得显著成效,同时也将受到高职院校、企业用户、社会的广泛好评。

(五)优化组合,从师资需求向师资培养推进

实习实训指导教师作为实践教学的重要力量,其数量、质量将直接影响学生实习实训的效果,为了推进实习实训教师队伍的不断优化,保障国家示范性高职院校实习实训基地建设的稳步推进,高职院校需要从原来的需要理论与实

践皆优秀的人才状态调整为培养理论与实践全面发展的师资队伍。一方面,拓宽师资来源渠道,改善实习实训教师队伍结构。为保证国家示范性高职院校新增实习实训教师能够满足对实习实训教师能力的要求,拓宽实训师资来源渠道,通过改变实习实训教师的来源结构改善实习实训师资队伍的知识结构,提高整体效能,优化资源配置。另一方面,提升现有实习实训师资队伍水平。大力培养现有实习实训教师,提升其实习实训教学水平。积极鼓励实习实训教师到企业接受培训,了解企业先进的技术,并在真实的环境之中提高自身的实践能力;鼓励实习实训教师参加应用性科研项目,充分发挥其的才能;为缺乏专业技能和实践能力的教师进行培训,提升教学指导实习实训水平,为此,高职院校应该在全国范围内依托现有普通高等学校和办学条件好、教学质量高、高等职业教育特色鲜明的高职院校设立若干区域性高职院校师资培养培训基地,进而形成一个布局合理、功能完备、与国家示范性高职院校发展相适应的实习实训师资培训基地网络[李胜明,2011(9)]。

第六章　示范性高职院校管理水平提升

一、示范性高职院校管理的现状

(一)院校管理

宏观上院校管理包括教育行政部门对高职学校的管理和高职院校内部管理。其中高职院校内部管理分为两级，一级是学院职能部门管理，一级是系部管理或者二级学院内部管理。高职院校院系二级管理模式是指高职院校在院系两级机构建制的基础上，赋予系部一定的职责，并根据职责的需要将人权、物权、财权下放，将原有的以职能部门为主体的管理模式转变为以系部为主体的管理模式。本书将院校管理概念界定为高职院校的内部管理。

(二)高职院校内部管理的组织结构形式

高职院校组织结构根据其规模、层次等不同而各有差异，其中常见的组织结构形式主要有直线职能式、事业部式、矩阵式。

1.直线职能式组织结构

所谓直线就是指高职院校中自上而下的垂直领导，每个上级部门对下级可以直接指挥，下级的全部工作只对它的上级负责，且不对其他部门负责。所谓职能是指高职院校内部从事相同或相似工作的人组建的承担某一职能的部门，这些部门受本级领导委托，可以向下发送指令，下级部门履行、服从指令安排，相当于领导的参谋。直线职能式组织结构形式是将直线式和职能式两者相结合，既有直线领导的指挥，又设立了具体职能部门，综合了两者统一领导指挥、分工明确、专业化强、管理高效的优点。其不足之处在于：各职能部门工作内容交叉、以致推诿扯皮；无决策指挥权，事事要汇报；沟通协调难，工作效率低。

2.事业部式组织结构

事业部式组织结构最早出现于企业，是一种分级管理、分级核算的组织结构形式。高职院校可以按照某一标准将某一活动划分为若干相对独立的组织，对其进行单独核算，独立经营，学校只对其人事、预算、监督进行决策、控制。多校区管理的高职院校多采用这种组织结构形式，由学校委派一人对学校内部事务进行管理，让校领导能从日常事务中抽离出来，集中更多的精力于学校全局管理中。事业部式组织结构优点是：由于分权决策，致使各部门能顺应环境变化，灵活地处理各项工作。其不足之处在于：职能机构重叠，造成资源浪费；各事业部只考虑本部门利益，忽略了全局协作。

3.矩阵式组织结构

矩阵式组织结构是高职院校纵向职能部门、系部与横向按项目或课题划分的研究小组相结合组成的矩阵。矩阵中的成员接受原职能部门领导和项目或课题小组负责人双重领导，要同时兼顾两边的工作。矩阵式组织结构优点是：最大限度地利用有限的资源，充分发挥高职院校多学科、综合性强的优势；纵横联系不但加强了部门间的协作，更加快了信息的流通。其不足之处在于：当双重领导产生矛盾时，需要校领导出面协调、解决；相关部门人员不稳定，影响工作效率。

(三)我国高职院校管理机构的设置

我国高等教育法规定，国家举办的高等学校实行中国共产党高等学校基层委员会领导下的校长负责制。高职院校党委统一领导学校工作，讨论决定学校内部组织机构的设置和内部组织机构负责人的人选，讨论决定学校的改革、发展和基本管理制度等重大事项；高职院校校长为学校的法定代表人，全面负责本学校的教学、科学研究和其他行政管理工作。

目前，我国高职院校的组织架构在横向上大体由以下三部分组成：一是党委系统，包括学校党委员会、党委常委会、纪律检查委员会以及其他群众组织(如工会、共青团等)，下设学校党委办公室、组织部、宣传部、统战部、团委、工会、纪律检查委员会等部门。二是行政系统，包括校务委员会(或校长办公会)以及各种专门委员会，主要职能机构有校长办公室、教务处、学生处、科技处、社科处、人事处、财务处、实验设备管理处、后勤与产业管理处、外事处、招生与就业指导处、保卫处、基建处、离退休工作处、审计处(室)等部门。在纵向管理上，按照学科（或学科群）设置院（或中心、系）。一般高职院校还含有数量不等的直属机构及附属机构。三是学术系统，主要是学校学术委员会、学位委员会、教学指导委员会等。

我国高职院校内部管理纵向上为院系（部）二级管理体制，学校职能部门与系、部二级管理机构共同承担学校的教学、科研、后勤以及学生工作。高职院校的各职能部门按不同业务可分为党群、校务、教学、科研、人事、学生、财务、后勤等职能管理部门。因其业务不同，工作职责也各不相同。高职院校系部行政管理机构主要是由系部主任、副主任以及教辅人员组成的行政机构，主要负责系部教学、科研以及其他方面的行政工作。

在众多院校管理研究中，站在宏观层面研究的比较多，以政策性研究为主，主要研究管理体制、结构治理、制度建设等；微观研究则主要针对学校师资队伍建设、学生管理、绩效考核等，旨在找出存在的问题，提出解决方案。

（四）示范性高职院校管理十年发展的总体布局

1. 从中职或者本科管理模式到自成高职教育管理的生态系统

1996年出台的《职业教育法》中规定："职业学校教育分为初等、中等、高等职业学校教育。"这是我国首次将高职教育以法律的形式固定下来，是我国教育结构中第一次确定了高等职业教育和高等职业学校的法律地位。高职教育作为一个独立的实体和概念出现，是我国教育体系中的一个新生事物，至今只有二十年的发展历程，比现代初等教育、中等教育、高等教育甚至是学前教育都晚了一百多年。

我国高职院校大部分是从中等职业院校升格为高等职业院校，在发展之初，高职院校的管理模式遗留着中职学校管理的痕迹，无法做到迅速地转变管理定位及方向。同时，高职院校缺少培育的土壤，短、平、快的生长历史没有足够时间与空间去培育、滋养，所以在高职院校建立初期模仿、借鉴本科院校管理模式是在所难免的，但也取得了一定的成绩。随着信息化时代的到来，职业教育改革步入深水区，高职院校的管理理念进一步的创新，管理手段和技术进一步完善，高职院校特别是示范性院校的内部管理开始内生化发展，形成院校自身的管理特色，高职院校的管理生态系统逐步形成与完善，且这种教育生态系统充满了生机与活力。

全国高职院校在示范校建设十年中，通过引进职业教育发达国家的管理理念，学习现代高职教育管理体制，注重高职教育的职业性，贴近高职教育的市场性，符合高职院校管理的本土化，促进高职院校管理生态系统"落地生根、萌芽成长"。示范性高职院校注重内涵建设，逐渐从中专院校管理模式转变到高职教育管理模式，管理理念不断向国际职教理念靠近，在坚持高职教育的本土实践创新基础上，铸就示范性高职院校品牌建设。高职院校管理的生态系统在专业品牌的基础上，遵循"教育性"与"职业性"的统一，探索高职院校管理的特色之路，院校管理的质量奠定了示范性品牌的基础，院校管理体系建设也具有了持续性与系统性。

浙江金融职业学院建校后历经中专升高职，成功入选首批国家示范性高职院校，建设高品质幸福金院等一系列重大事件不断强化学校内涵建设，努力打造金融类高职高专第一品牌，学校品牌建设赢得了同类院校以及外界行业领域的认可。学院下设的院系(部)是承担教学、科研、学生管理的主要部门，对学校的发展起着决定性的作用，浙江金融学院根据系部专业特点，提出建设以系部为依托的"七彩金院"目标，即根据学院下设的七个系部的专业建设目标，提出各自的发展理念与发展方向。

2. 由经验管理转变到科学管理

科学管理之父——弗雷德里克·温斯洛·泰勒在其主要著作《科学管理原理》中提出，科学管理并不仅是简单地将科学化、标准化引入办公室管理，而是要坚持泰勒所倡导的精神革命，切实提高效率，实施科学管理。科学管理是在传统的管理方法基础上演变发展起来的。传统的办公室管理基本上是"管理事务多于参政议政；被动应付多于主动服务；独立工作多于综合协调"，属于典型的经验管理，这种模式的管理已经远远不能满足高职院校综合管理的需求。只有不断地提高对科学管理的认知，坚持在科学管理思想的指导下，努力探求现阶段高职院校综合管理的内在规律，自觉运用科学的管理理论、科学的管理方法以及现代化的手段来加强高职院校管理，才能使高职院校综合管理行之有效、工作有条不紊。充分发挥高职院校综合管理机构的功能，有利于逐步实现管理体制合理化、管理机构高效化、管理人员专业化、管理方法科学化。

现代科学管理追求简化工作流程，规划工作程序，明确各部门职责与关系，有效整合人力、物力、财力资源，保证学校各方面工作的正常运行，发挥内部系统各因素的合力，最大限度发挥员工的潜能，实现最优化的工作效率。在示范性高职院校发展的十年中，高职院校在现代科层制的指引下，权力不断下移，行政与学术分离，不断减少行政力量对教学、科研以及学生管理的干预，有效整合人力、物力、财力资源，保证了学校各方面工作的正常运行。

3.由传统科层制管理逐步向现代科层制管理发展

现代经营管理之父——亨利·法约尔指出:"管理,就是实行计划、组织、指挥、协调和控制;计划,就是探索未来、制订行动计划;组织,就是建立企业的物质和社会的双重结构;指挥,就是使其人员发挥作用;协调,就是连接、联合、调和所有的活动及力量;控制,就是注意是否一切都按已制定的规章和下达的命令进行。"

传统科层制下的院校管理,是一种权力依职能和职位进行分工和分层,以规则为管理主体的组织体系和管理方式,也就是说,它既是一种组织结构,又是一种管理方式。传统科层制管理更多强调的是"控制",各种因素与力量在控制下按部就班、有条不紊地运行。韦伯认为科层制不是指一种政府类型而是指一种由训练有素的专业人员依照既定规则持续运作的行政(管理)体制。一方面,在科层制组织中,成员受到了严格遵守成文的规则和程序的训练,并养成了机械地照章办事的习惯,科层制不鼓励根据自己的判断进行决策或寻求创造性解决问题的办法,而要求按照一系列客观标准来处理问题,这种僵化将导致所谓的"科层制仪式主义"。也就是说,可能不管是否还有更好的更适合的解决问题的办法,仍然不惜一切代价地固守规则。另一方面,遵守科层制的规则,可能导致程序优先于实现组织目标。过于强调正确的程序,可能失去解决问题的最佳时机,失去对"大局"的把握。在这种情况下,可能产生公众与科层制之间的紧张关系。

随着经济社会形势的快速变化,各种新观念和新理论也应运而生,在这种大背景下,传统科层制的控制管理慢慢显示出其疲软与无力的一面,强调"民主、高效、科学"的现代科层制管理逐渐取代控制管理成为高职院校内部管理的主流方向,这种管理方式在组织目标的牵引下,遵循组织的制度,按照组织运行秩序,同时又兼顾组织内部成员的感受,糅合人性化管理理念,激发组织内部成员的创造力,形成高效、优质、节约的工作运行态势,最终实现集体利益与个人利益的完美结合。现代科层制是在内部机制改良的情况下,继续发挥科层制的效率,并没有完全推翻科层制的管理模式,也没有否认科层制的作用,只是在管理方式与技术手段上进行修缮,通过内部因素的改良,使得管理上更加柔性,灵敏度更高,能够寻找到实现组织目标的最优化路径,实现科层制管理效果的最大化。

二、示范性高职院校管理取得的成就

(一)管理理念不断地创新

管理思想理念创新是整个高职院校人力资源管理改革的先导,是高职院校其他改革的前提。理念创新是建设示范性高职院校的灵魂。理念创新利用先进管理理念引领学校的管理行为,使院校管理科学化、制度化、民主化,进而达到理念治校与和谐管理。

1.强化服务意识

高等职业院校功能的发挥不仅与学校的师资力量有关,更重要的还取决于该校行政管理水平和管理队伍素质。行政管理影响着学校办学模式、人才培养方式以及全校师生的利益等各个方面,科学化、高水平的行政管理工作能够促进师生共同发展,从而促进高职院校功能的实现;反之,则会严重阻碍师生的发展,阻碍高职院校各项功能的发挥。我国高等职业教育发展起步较晚,从20世纪90年代中期至今,不足二十年,并且高职院校大都由原来的中专、中职技校升级过来,因此在管理模式上多沿用传统的"行政命令式"管理方式,教师与学生处于被管理者的地位,行政权力则集中在少数管理者的手中,违背了民主、自由的大学精神。这种情况严重影响了高职院校师生员工的工作、学习与个人发展,进而对高职院校功能的实现造成了更为突出的负面影响。

近年来,"服务行政"研究逐渐成为学术界的热点问题之一。尤其自2004年2月21日温家宝总理在省部级主要领导干部"树立和落实科学发展观"专题研究班结业仪式上正式提出"建设服务型政府"以来,在全国范围内更是掀起了一场对构建"服务型政府"或"服务型行政管理体系"进行理论研究和实践探索的浪潮。这一理念的提出,也为高职院校内部行政体制改革提供了新的思路。

高职院校管理服务对象主要指存在于高职院校内部的教职员工和学生,高职院校管理是通过对内服务于师生,为师生的工作、学习和科研创造优质条件而促进高职院校对外服务于社会的职能发挥。示范性高职院校管理水平发展的历史证明,管理不再是控制,而是要为师生发展提供资源支持和优质服务。我国示范性高职院校建设十年来,机构运转依靠的是既定科层制管理方式,显得比较机械、呆板,不论是在行政管理还是学生管理上都缺乏服务意识和服务精神。

示范校建设十年中,根据高职教育的特点,结合自身发展历史和优势,通过创新教育理念推动管理理念适应高职办学要求,积极探索管理理念的创新,深度挖掘服务理念的内涵和外延,结合高职教育特点大胆创新,以服务理念创新推动管理理念创新。同时,积极转变单纯的育人管理理念,不断地向服务转变,转变以往高职院校僵化的管理理念。通过探索与实践,总结和凝练高职教育管理理念,并努力将服务理念内化为师生行为,真正发挥教育理念、管理理念的引领作用。

无锡职业技术学院着力推进作风建设工作,以"服务行政"理论为指导,构建"高职院校服务型行政管理体系",取代原有的"行政管制型"管理体系。通过多种途径加强与师生的交流沟通,及时了解师生情况,倾听师生反映,帮助师生解决实际问题和困难。在学校两级领导班子成员中开展"五走进、五联系"活动。"五走进"即走进教室、走进宿舍、走进食堂、走进教研室、走进企业,"五联系"即联系一个院系、联系一个班级、联系一个困难教职工、联系一名高级人才、联系一家企业。通过深入开展"五走进、五联系"活动,听取服务对象的意见建议,了解工作对象的真实诉求,及时帮助解决问题,增强工作的针对性和有效性,进一步提升工作效率。

2.构建"以人为本"管理理念

在当今知识经济时代,人是知识的拥有者,同时也是价值的创造者,只有实施"人本管理"充分发掘人的价值,才能利用人的价值以创造更好的实际效益。高职院校职工多以知识工作者为主,他们最大的追求往往是自身价值的实现。在这种情况下,传统的"将人当做一种成本和工具"、"忽视人的个性发展"的人力资源管理思想观念已经不能适应时代发展的需要。在高职院校以学生就业为目标的前提下,人力资源管理思想应是以"人本管理"为基础,以"以事为中心"为准则,充分理解人、尊重人,积极发挥人的主动性和积极性。

作为学校的客体,人在学校的运转中又发挥着主体的作用,支撑着学校的发展,所以如何处理作为"人"的主体与学校"客体"以及"个人"与"集体"之间微妙的关系,是院校管理要解决的关键问题。只有将"人"的问题解决了,一切问题便迎刃而解。个人利益与学校利益在以往的院校管理中,往往会顾此失彼,无法做到两者间的兼容。学校利益应放在个人利益前面是毋庸置疑的,但忽视个人利益、忽视个性发展,也不利于学校的各项工作的开展。随着社会对人才的尊重观念得到普遍认可,学校要保护个体利益,学会人性关怀,发挥个体的价值。基于高职教师和学生的现状,示范性高职院校不断强化人本理念,围绕激发和调动师生间的积极性、主动性、创造性来推动学校的和谐发展。

高职院校中"以人为本"的管理,指在管理过程中以人为出发点和中心,围绕着激发和调动人的主动性、积极性、创造性展开的，以实现人与学校共同发展的一系列管理活动。其具有下列几个特点：一是以人为本的管理主要是指在院校管理过程中以人为出发点和中心的指导思想；二是以人为本的管理活动围绕着激发和调动人的主动性、积极性和创造性来展开；三是以人为本的管理致力于人与学校的共同发展。

示范性高职校将"以人为本"理念融入到学校管理中，一方面不断提高教师待遇，建立激励机制，给予教师人性关怀，成立教师兴趣协会，培养教师的业余爱好，发挥工会以及党团组织的作用，提高教师工作的积极性。另一方面，作为学校教育的受教育对象，学生要从学校中得到关怀，学生是学校一切活动围绕的中心，是衡量学校办学质量高低的根本依据。社会对学校的评价，都是基于对毕业生质量以及持续发展情况的评价，只有坚持"以人为本"，才能培养出高素养、懂感恩的优秀学子。

浙江金融职业学院将学生放在一切学校工作的中心，其"以生为本"育人理念是"以人为本"的具体化概念，理念的延伸体现了该校时刻将学生的利益放在第一位。"以生为本"育人理念是学生工作的指导思想，学校各项学生活动在"以生为本"理念指引下开展得极富特色，在"以生为本"理念的指导下，2008年学院党委提出在全院范围内实施学生"千日成长工程"，2011年提出构建发展服务型学生工作体系，真正将学生摆在学校工作的重心，努力让学生学有所成、学有所获。

3.形成市场机制的管理理念

人们对高等教育市场化改革问题存在诸多认识误区，要么把高等教育市场化改革视为不能触碰的敏感话题，似乎一提起引入市场机制就意味着违背高等教育公平，定性到社会主义与资本主义之分；要么把市场化改革肤浅地理解为"创收"，把办学校完全等同于办企业。作为一种经济运行方式，市场机制是由供求机制、价格机制、竞争机制构成的，各个机制相互联系、相互影响，使市场机制发挥出总体功能。伴随着知识经济时代的来临，高等职业教育已不再是一项纯粹的消费性活动，而是具有持久回报效应的投资性活动。高职院校要在管理中引入市场机制，借鉴产业化运作的理念发展高等职业教育，借鉴企业经营的理念经营高职院校。

"市场机制是人类的最大发明。"从世界范围看，实行市场化改革是世界各国高等教育改革的主要趋势之一。教育既是一项事业，也是一项产业，高等职业教育更是如此。所谓教育的事业性和产业性，不是教育的固有属性，而是对教育活动在某一历史阶段运行特征的规定。与本科院校相比，大专层次的高等职业教育与经济社会发展的关联更为紧密,更容易受到市场的影响。高等职业教育更强调较强的实践技术和专门的技能,并具有高教性和职教性双重特征。不管是从应对全球化的挑战、顺应公共事业管理改革潮流还是从高等职业教育发展来分析,将市场机制引入高职院校管理中,实行高等职业教育市场化改革,都是推动高职院校发展的必然选择。

高职院校管理的特色应建立在高等职业教育科学定位的平台上,也就是说,以服务为宗旨、以就业为导向、走工学结合的发展道路,是高职院校管理应当坚持的基本理念和应该达到的基本目标。在市场经济发展的今天,高等职业教育要遵循市场经济发展规律,将市场运行机制引入到院校管理的内部市场与外部市场。内部市场是指高职院校之间以及高职院校内部各市场元素间交换关系的总和,主要包括学校市场、教师市场和学生市场;外部市场是指高职院校外部各市场元素与高职院校之间交换关系的总和,主要包括消费者市场、劳动力市场、行业企业专家市场、资金市场、技术服务市场。高职院校后勤管理普遍社会化经营,后勤机构企业化法人运营模式,引进外部力量管理学校后勤工作,将市场机制引入到院校管理的制度环境中去。高职院校继续教育与培训机构,承担着职业资格证书考核与鉴定工作,在与外部力量合作的同时,也给学校带来了创收。同时,许多示范性高职院校依托整个学校力量办企业,协调其他职能部门以及各系部提供人才、科研保障支持,整合全校力量、依托职教集团、依靠学术战略指引,将校办企业办得有声有色。校办企业贯彻党的教育方针,实施劳动技术教育,组织开展科技开发项目,是实现教育与生产劳动相结合的重要途径。既培养人又出产品,这是校办企业与社会企业的根本区别,也是校办企业的主要任务。

上海电子信息职业技术学院做大、做强、做优职教集团,全面开展校企、校协、校际合作。在上海市教育部门支持下,学院于 2008 年组建的上海电子信息职业教育集团,为校企、校协、校际搭建了深度合作的平台,2010 年国家骨干校建设以来,学院对职教集团确定了在原来的基础上进一步"做大、做强、做优"的发展战略,不断聚集集团内的优质资源,发挥集团规模效应,在专业建设、课程改革、师资培养等众多领域深入开展校企、校协、校际合作,骨干校建设期间职教集团成员单位由原来的 39 家增加到 61 家,其中企业由 18 家增加到 31 家,行业协会由 5 家增加到 6 家,职业院校由 16 所增加到 24 所。

(二)管理机制不断地完善

管理机制,是指管理系统的结构及其运行机理。管理机制本质上是管理系统的内在联系、功能及运行原理,是决定管理功效的核心问题。管理机制是从属于制度的,它通过制度系统内部组成要素按照一定方式的相互作用实现其特定的功能。管理机制具有内在性、可调性、系统性、客观性、自动性等特点。中国高职院校的发展经历了由计划经济到市场经济的历史演变,院校管理机制也在不断地嬗变。

1. 管理体制的完善

院校管理体制是院校管理存在与发展的根本内动力,涉及制度设计、组织设置、运行方式、内部互动之间的联系,影响着院校管理的方向与目标。高职院校管理体制是内部管理的顶层设计,体制的完善需要内部管理各种力量在一起的协同发展,包括人事管理制度、组织运行规定、机构框架设置、管理文化形成、员工素质能力等诸多因素。"小行政、大教学"的管理体制成为院校管理的发展方向,也是管理机制创新之举。高职院校的行政权力是执行政策、服务协调、追求高效。为了学校功能的充分发挥和教育目标的实现,应从根本上、整体上改革内部管理体制,确立学术权力的地位,行政权力不能凌驾于学术权力之上。同时,示范性高职院校应改进管理运行机制存在着的问题,摒弃"官本位"、"铁饭碗"和"大锅饭"等根深蒂固的思想,建立竞争机制,实行优胜劣汰的用人机制,实现人力资源的优化配置,最大限度地发挥人才的潜力和积极性。在学院内实行全员聘任制,公开岗位,竞争上岗,加强岗位意识,明确职责,实行合约管理,强调依法办事。如果说设岗是关键,聘任是核心,那么考核就是保障。切实建立健全考核制度,依据合约及工作量标准进行全面综合考核。打破分配体制中的"平均主义",承认差别,树立多劳多得、责权利统一的分配观念。在分配政策的制定上向教学科研第一线、高层次人才和工作业绩突出的人才倾斜,尤其注重对某一领域内有突出成果人员的奖励。

在骨干校建设期间,上海电子信息职业技术学院着力改革创新内部管理运行机制,按照"适时完善制度、科学规划流程、细化实施方案、严格实施过程"的原则,修订完善了教育教学、师队建设、行政管理、科研服务和人事分配等制度共计 413 项,增长 161％。学院在人事管理制度方面实现了身份管理向岗位管理转变,建立了分类培养培训制度、分层分级岗位聘任制度、分层分级全员考核评价制度、多元化绩效模块分配制度。管理机制的改革,极大激发了广大教职工主动参与学院内涵发展的积极性、主动性。三年来,学院双师素质教师数量递增 34％,技术服务项目收益递增 1622％,教师参与教改比例递增 200％,市级质量工程成效递增 340％。

2.管理机构的精简、高效

高职院校处于高等教育系列中的最底层,大多由地方政府所办,地方财政一般只下拨"人头"经费,办学经费严重不足。加之筹资渠道单一,学杂费收入成了支撑学院正常运转的主流财源。目前,大多高职院校的非教学人员比例达60%～70%,庞大的行政系统开支和管理人员经费造成沉重的经济负担。因此,精简行政机构、减少管理人员、提高管理效能、降低运行成本,应成为提升内涵、适应市场竞争的当务之急。示范性高职院校建设十年里,许多骨干校在新公共管理理论指导下,精简管理机构,全面"消肿",采取撤销、合并、合署办公等形式压缩机构。这并不是机构的简单合并,而是真正实现机构的精简高效,真正实现职能的转变,是把工作重点真正转变到教学、教研工作中。学校内部的两种权力机构,不论强弱大小,均加以区分,要营建良好的教研环境。专门从事教学、科研等学术工作的机构应视为学术机构,专门从事人、财、物等行政工作的机构应视为行政机构。让这些机构拥有各自的学术权力和行政权力,各司其职,明确和坚持学术的主体原则与行政的服务原则。而学校基层的各种学术组织,可配备人数不等的专兼职秘书,不再设任何行政机构。学术工作管理机构,主要负责各种教学、科研、学生工作、教师工作等,它们的主要职能是制定学校各项政策、规定、条例、并监督、检查具体方案的实施,全心全意为基层教学、科研服务,解决实际困难。

体制机制改革是高职院校面临的难点问题,高职院校的管理工作需要把普通本科教育和中职教育的优秀成果高职化,创造出既不同于本科教育,亦不同于中职教育的,独具高职特色,适宜高职教育的体制机制,这也是提升管理水平的关键所在。高职院校管理机制的发展过程一般需要经历四个阶段,即自身摸索阶段;学习本科高职院校经验阶段;结合自身实际和高职院校经验尝试高职化阶段;创新阶段,即基于实践的总结和创造模式。高职教育管理体制日臻完善,在党委领导下的院长负责制,实行二级管理体制,后勤管理引入社会力量,高职院校后勤企业化和社会化管理。机制体制建立后,如何创新运行机制便成为高职院校管理的重点工作,示范性高职校纷纷在各项常规管理、绩效管理、目标管理等方面,以及党代会、教代会、学代会、校务公开等民主管理方面进行探索。制度是保障一个组织正常运行的行动准则,在行政管理、教学管理、学生管理、后勤管理、安全保卫等各个方面分别进行探索创新,完善和大胆创新实体性制度、程序性制度、监督检查制度、考核制度等,通过管理制度的创新,提高效率,实现学校的可持续发展。

(三)管理手段的现代化

1.引入信息化管理手段

信息已经成为一种重要的资源,高职院校的经营管理与决策要充分地利用信息资源,对信息资源的掌握是高职院校现代化、网络化的关键手段,学校管理水平的高低在很大程度上取决于信息的获取、加工和利用的效能。

教育信息化是高职院校发展的必然趋势,而高职院校管理信息系统的建设则是高职院校教育信息化的核心内容之一。教育管理信息的标准化是整个国家教育管理信息化建设的基础,是将来实现全国范围内教育信息资源交流与共享的必要条件。高职院校正在朝着"信息化大学"的目标迈进,高职院校管理信息系统的建设是高职院校教育信息化的一项重要组成部分。高职院校管理信息化就是应用现代信息技术和通信技术,将管理和服务通过网络技术集成,以及对高职院校需要的和拥有的信息资源进行开发和管理,来提高高职院校的工作效率、决策水平和调控能力,节约开支,改进组织结构、业务流程和工作方式,全方位地为学校师生和社会提供优质、高效、规范、透明的管理和服务。一句话,信息技术为管理服务,能实现学校管理的高效运行,让信息技术发挥更大的潜能,从真正意义上把人力解放出来,降低学院的运营成本,提高办事效率。

教育部对高等学校管理信息的建立促进了学校的发展,可以说决策早,行政驱动积极。原国家教委在 1986 年就组建了教育管理信息规划领导小组;1987 年 1 月经国务院批准建立了国家教育信息管理中心,即以计算机为手段,利用现代信息技术和科学管理方法,对教育信息和与教育密切相关的社会、经济信息进行收集、处理、分析和传播的国家教育管理信息系统;1989 年 10 月《国家教育管理信息系统总体发展纲要》颁布,明确提出在各级行政、高校及各类学校建立教育信息系统,并在它们之间完成数据传输与交换,最终形成全国性的教育管理信息系统;1991 年印发了《关于国家教育管理及信息系统建设十年设想和八五计划》;1992 年 8 月《高等学校学生管理基本信息集》和《高等学校教职工管理基本信息集》信息标准颁布;1993 年召开了全国教育管理信息系统及校园网建设研讨会;1999 年 8 月中共中央、国务院公布的《关于深化教育改革全面推进素质教育的决定》也明确提出,要大力提高教育技术手段现代化水平和教育信息化程度。有关资料表明,一个全新的高职院校信息化时代正在形成。自 1991 年原国家教委就开始组织教育管理信息的标准化研究,并颁布了普通高等学校的一系列管理基本信息集(包括"高校教职工管理基本信息集"、"高校学生管理基本信息集"、"高校食品设备管理基本信息集"),对推动高校的管理信息化工作起了积极的作用。1999年开始,教育部专门成立了专家组、顾问组和课题组,历时三年,于2002年9月正式颁布了《教育管理信息化标准》(以下简称《标准》)。教育部负责国家教育管理信息化工作的组织领导,由教育部发展规划司负责组织领导和协调全国的《标准》贯彻实施和监督工作,委托教育部教育管理信息中心对《标准》的贯彻实施情况进行监督。[①]

高职院校建立基于校园网的高职院校管理信息系统,成立信息化教学与管理系统,成立网络信息中心,加强学校内部信息管理水平。高职院校管理以信息化工具为载体,许多传统的沟通载体、传统的管理方式都被信息资源所取代,信息化可以使得高职院校信息传递更加迅捷,沟通更加顺畅,管理工作更加便利,管理体系更加科学、有效。同时,高职院校管理不能仅仅将信息作为管理手段,还应倡导信息化理念的渗透,信息化意识的形成,这也是高职教育信息的发展方向。

2. 大数据时代下的数据库管理系统建设

信息应用系统在处理学院日常事务中发挥了巨大的作用,同时也累积了非常多的数据,形成了非常宝贵的信息资源,但系统只提供了简单的查询和固定的统计报表,缺少从现有的海量数据中提取出有用信息的方法和手段。传统的信息系统的报表和格式通常是固定不变的,无法根据需要灵活修改,而系统的业务需求有可能经常发生变化,而传统的信息系统需要花费大量的人力和物力修改报表,因此数据处理的效率很低,难以将数据转化为信息。数据库手段的运用,解决了日常管理信息资料的庞杂与混乱状态。联机事务处理(OLTP,On－Line Transaction Processing)也叫面向交易的处理系统,其基本特征是可以将原始数据快速传送到计算中心进行处理,并在很短的时间内完成处理给出处理结果。这种做法的最大优点是可以即时对输入数据进行处理并及时地给出回应。OLTP数据库旨在仅仅将所需的数据写入事务应用程序,这样做可以尽快处理单个事务。联机事务处理通常具有以下特点:有一个复杂的结构;可以优化和响应交易活动;支持大量并发用户经常添加和修改数据;有一个支持事务的日常操作,包含大量的交易数据,但一般不保存历史记录。联机分析处理技术(OLAP, Online Analytical Processing)是近年来数据库领域研究的重点和热点。OLAP是针对特定问题的联机数据访问与分析,它通过多维的方式对数据进行分析、查询和报表。[②] 联机分析处理专门设计用于支持复杂的决策分

①　袁慧,孙志茹.网络环境下企业管理信息系统的发展方向[J].情报科学,2001(3):25.

②　梅伟恒,康晓东,江玉彬.基于数据仓库的OLAP技术的研究综述.中国科技信息,2006(14):134－135.

析,根据分析的要求,可以快速、灵活地从大量数据中得到复杂的查询处理,以非常直观的图表形式将结果提供给决策人员。OLAP 具有灵活的多维分析、数据全方位的透视、各种各样图形显示的分析结果可视化表现等突出优点,使得从大量数据源中海里数据的高效、复杂的分析工作变得十分轻松。

三、示范性高职院校管理的发展方向

(一)完善院校管理的法律法规体系

当前,我国的高职教育乃至整个职业教育,都不同程度地存在着行政管理不够规范的问题,都存在着院校管理法制法规建设滞后的情况。高等职业教育法制建设极为薄弱,高等职业教育法律供给严重不足,已经成为制约高职院校管理规范化的一道屏障。在过去几年,尽管颁布了多部教育法规,尤其是 1996年的《职业教育法》,确立了我国高等职业教育的地位,指出了高职教育的发展方向,国务院、教育部以及各地政府也都制定了不少的教育行政性法规,但这仍然远不能适应我国高职教育发展的需要。我国当前高职教育所面临的一些亟待解决的问题之所以产生,在很大程度上正是由于相关的法律以及有关的操作性实施细则的缺乏。未来我国对高职教育的管理,应在立法方面下功夫,要在《职业教育法》的基础上,制定《高等职业教育法》以及相关的管理条例,建立司法、行政、审议和社会监督相结合的监督机制。唯有健全的法律体系,才能使我国的高职院校管理在实践中有法可依。

从发达国家发展职业教育的实践经验看,其成功的一个重要因素就是建立了较为完善的有关职业教育的法律体系,为职业教育的发展提供了较好的制度保障。如美国,自 1990 年起先后颁布了《帕金斯职业和应用技术法案》、《职业技术教育法案》等多部关于职业教育的法律规范。美国的职业教育之所以能取得今日的成就,正是借助了职业教育法规的保障作用。其他如德国、加拿大、日本、新加坡、法国等职业教育办得较为成功的国家,莫不有较为完备的职业教育法规。制定规范高职院校市场行为的法律法规,是高职教育生态系统一项重要的基础性工程,是高职院校管理体系完善的重要组成部分,只有法律法规健全了,高职院校管理的科学性才会更高。示范性高职院校建设十年来,示范校越来越注重部门规章制度建设,逐渐认识到规章制度对部门运转的重要性,人们的现代性意识愈发强烈,追逐法治、制度的脚步加速前进,一个现代化的人不再盲目信从经验,不再盲目听从上级的任务安排,不再盲目顺从冷冰冰的数据指令,而更加崇尚理智、理性、制度、规约。在这种现代化背景下,高职院校管理科学化成为必然的发展趋势,管理制度化、法制化是高职院校管理的必然方向。

(二)实现集权与分权的协同与平衡

高等教育的大众化、国际化以及教育需求的多样化,使得高职院校之间的竞争逐渐形成并不断加剧。高职院校想要在竞争日趋激烈的环境下取胜,就必须加强学校的各方建设。当前,高职院校普遍存在着学校层面与各部门管理的脱节,使得学校管理决策出现执行偏差,"上有政策、下有对策"屡见不鲜。同时职能部门与系部单位之间的冲突也时有发生,高职院校管理权力容易悬置在职能部门,权力的上位现象给二级教学单位造成工作困难。行政管理与教学管理又各自为营,没有做到相互依托、通力协作,出现管理上的切割,育人上的分离。总之,高职院校管理既存在管理部门的纵向冲突,又存在管理部门横向上的离心。

针对上述情况,高职院校要整合全校所有资源,打通工作壁垒,做到集权与分权的统一。针对出现部门之间的离心,高职院校要科学规划、统一部署、整体牵引,在学校权力的集中下,团结内部组织,强调合作与沟通,在学校整体目标的指引下,各部门互相协调配合。要实现科学的集权,有赖于领导的决策水平与指挥能力,高职院校领导一定要具备深谋远虑的意识,具有开阔的视野与胸襟,掌握科学管理的技巧,同时又兼备合作、民主的优秀品质。在顶层制度设计层面,要从最高决策层明确大学治理的目标,制定大学章程,然后基于大学章程构建合理的权力结构、组织结构、职责权限,并对子系统的具体制度分类研究、分层设计、由上而下,逐步推进;在子系统制度设计层面,在目标导向、程序设计以及进程安排上实现协同一致,这样才能使协同性改革有章可循、协同有据。

相比较集权,高职院校的分权才是当务之急。科层制是导致出现权力集中的根源,过分的集权是科层制无法摒除的弊端之一。过于集权容易窒息教师的创造性,部门之间发展得不均衡,不利于学校整体的发展。高职院校在权力之间要保持适当的平衡,适当分权是管理结构的发展趋势。权力的进一步下放要求高职院校在教学、科研、行政管理等方面权力要下放,激活各组织的活力,充分发挥子部门的创造力。实行分权,一方面学校的重大事项可由学术权力与行政权力共同做出决策;另一方面,各个层次的决策机构可以分别履行各自的职责。在学校与系、部的权力划分上,应注重向系、部分权,激发广大教师教学科研的积极性和创造性。同时,在集权与分权的时候,关键要处理好两级管理之间的关系。一方面加强院系自主权,突破审批权、分配权、人事权等,责权利同时对等下放,调动教学骨干和一线工作者的积极性与创造性。学校的重大事项可由学术权力与行政权力共同做出决策,在学校与系、部的权力划分上,应注重向系、部分权。另一方面,要保证学校整体发展思路的贯彻落实,各个层次的决策机构可以分别履行各自的职责,但必须要紧紧围绕学院的建设目标,确立目标责任制,明确奖罚制度,将学校整体建设目标的完成情况作为领导个人考核和部门考核的重要依据之一。

总之,高职院校在权力配置上,行政权力与学术权力要实现动态协同与平衡。在行政权力领域,构建党委集体领导、校长独立行使职权、职能部门执行、纪检部门监督的行政权力运行机制;在学术权力领域,建立学术委员会集体决策、校长执行、教职工代表大会监督的学术权力运转机制。当前,应着重通过健全决策程序和议事规则来构建起行政权力与学术权力相互制衡、相互协同的权力运行机制。

(三)加强管理队伍的专业化建设

一切的管理都是依靠人的力量,人是组织管理的主体,管理的质量也依赖于人的智慧。高职院校管理者的管理水平影响着学校的决策水平,对院校管理的运行质量起着决定性的作用。由于高职院校发展的历史原因,导致高职院校管理者专业化程度偏低,高职院校的自身特色定位模糊,需要管理者拥有卓越非凡的领导能力以及灵活实用的管理艺术,高职院校的社会地位,又需要管理者具有勇于改革的勇气。所以,高职院校管理在内涵建设要想有质的提升,必须要加强管理队伍的专业化建设,才能缩小与本科院校管理水平之间的差距。

当前高职院校管理队伍存在着不少问题。从客观上讲,学校对管理队伍建设的重视程度不够,普遍存在着管理队伍建设滞后于师资队伍建设的问题;从主观上,管理人员的工作作风、服务意识也存在有待改善的问题。管理工作在高职院校一直未受到应有的重视。由于受传统观念的影响,在个别人的意识里,片面地把管理工作理解为听听电话、发发文件和通知等"简单劳动"和"轻松活儿";也有不少人认为,管理工作不需要"专业知识",本科学历做得了,高中学历也难不倒。同时,在高职院校里,人们崇尚的是教师,以教师为主。在晋级、职称评定中,管理人员也低人一等。在有些高职院校,管理人员要评职称就必须兼课,否则就无职称系列可供评聘。所有这些,都是因为忽视了管理队伍在高职院校发展中的重要作用,没有给管理队伍应有的地位。

针对这些问题,高职院校在打造示范性品牌的时候,必须要做到:第一,高职院校在推进人事制度改革,制定绩效工资、津贴补助、职工福利分配政策时,要有鼓励教职工积极向上的竞争激励机制,这是有效预防分配政策"吃大锅饭"回潮的有效举措。第二,呼吁各级政府人事部门根据高职院校各管理岗位的性质和特点,尽快建立和完善行政职员职务系列正常晋升评审机制。第三,加强教育培训,提高管理人员文化程度和管理队伍整体素质。对管理人员要分层次、分类别、分岗位,按照各自的岗位职责和需求进行针对性较强的系统教育培训势在必行。只有牢固树立起高职院校管理人员必须终身学习,必须不断接受岗位教育培训的观念和机制,加强高职院校管理队伍建设才真正有希望。

第七章　示范性高职院校服务能力提升

　　职业教育服务体系是职业教育体系的一个不可分割的组成部分,建立健全职业教育服务体系是完善中国特色职业教育体系的重要任务。研究职业教育服务体系的内涵、结构与功能、运行和发展规律及特点,已成为中国特色职业教育基本理论研究中不可或缺的一个有机组成部分。《教育部财政部关于进一步推进"国家示范性高等职业院校建设计划"实施工作的通知》(教高〔2010〕8 号文件)明确要求,国家骨干高职院校必须注重自身社会服务能力建设,培养区域产业发展急需的技能型人才,全面拓展社会服务功能,面向企业开展技术服务,面向区域产业开展高技能和新技术培训,参与企业技术创新和研发,为企业在职职工和社会成员提供多样化继续教育,为中职毕业生在职接受继续教育创造条件,增强服务国家区域发展战略的能力。归纳起来,国家骨干高职院校社会服务能力建设包含三个方面的内容:一是面向区域、行业、企业进行人力资源开发,面向企业和社会人员开展各类岗前、职后、转岗培训服务。具体目标是:骨干高职院校的年平均培训量不得低于在校生人数的 1/2。二是面向区域、行业、企业开展各类应用技术服务,参与他们的技术创新和技术开发。具体目标是:骨干高职院每年各类技术服务项目到款额不低于 200 万元。三是满足周边院校和国家中西部院校的发展需求,以自身优势资源开展交流和服务,达到资源共享。具体目标是:每年对口支援国家西部 2 所高职院校,为支援院校提供师资和学生培训。

一、职业教育服务体系的构建与发展

　　当今社会任何一种事业或产业通常需要纳入社会分工协作,以提高其整体效益,往往将其主业之外的辅助、支持性工作独立出来,委托社会化服务组织完成。这样一来其主业工作的质量效益更有保障,辅助、支持性工作的专业化程度也更高。这种情况在现代生产中的服务体系、现代战争中的后勤保障体系中得到充分的体现,当然在现代教育中也不例外。教育服务体系是一个与教育事业相伴相生的客观存在。职业教育服务体系的内涵需要从改革发展的角度去认识(黄尧,2009)。

(一)职业教育服务体系的概念

"服务"一词在《新世界企业家百科全书》解释为"为满足顾客需要,服务组织(供方)与顾客接触的活动和服务组织内部活动的结果"。《组织间营销管理》一书认为:服务概念是指服务公司销售给客户产品和服务时,所提供的总体利益。这一概念的界定,更加突出了服务的客户需求导向。"与服务概念紧密联系的是服务提供。服务提供更详细描述了那些将要提供的服务,何时、何地、向谁提供,怎么提供。"服务体系可认为是为满足某一顾客群的多种需要,由多个服务组织系统构成的一个整体。

张伟江等在研究教育产业时,涉及以教育为对象的服务,用了教育延伸服务的说法。按照教育延伸服务的解释,可以分为四大类十四种教育服务产业。第一大类为教育咨询服务:人事代理、教育评估、教育法律、学校办学与管弹咨询;第二类为教育金融服务:教育贷款、教育保险、教育理财咨询服务;第三类为教育学术服务:教育出版、教育学术会议、教育交流服务;第四类为学生服务:招生考试服务、就业指导服务、家庭教育、出国留学服务。以上观点反映了教育服务的总体轮廓,然而,由于各类教育有自身的特点与其他教育相区别而存在,从而构成共性的服务要求之外的特殊要求,为某一类教育的服务体系的形成、发展提供了依据,职业教育就是一个比较典型的类型。职业教育的招生对象类型具有多样性,既包括初高中毕业生,又覆盖社会青年以及所有一线劳动者和技能人才;培养培训目标与过程都具有鲜明的实践性、职业性,与行业企业具有紧密的关联性;职业教育受教育者获得相应的资质也具有多样性,不仅有学历证书,还有资格证书和培训证书;在校期间受教育者不仅接受教育培训还要得到职业指导与服务,以便能够顺利走上就业岗位。职业教育自身的特征和对服务体系的特殊要求,需要一套与之相适应的专业化的服务体系,即职业教育服务体系。职业教育服务体系是为职业教育机构、管理部门及各方办学权益者群体服务的,这种服务是多对象群体、多方位、多种类的。针对服务对象的每一类服务需求都有可能形成一个子服务系统,如科研、教材、设备、师资、传媒、学术交流等;这些子系统都是为满足服务对象不断增长的需求而逐步发展起来的。这些子系统具有各自的运行特点,又相互紧密联系,共同面对外部的大环境。

因此,本研究将职业教育服务体系界定为:为满足职业教育相关机构和个人的多种专门需要，由多个社会化服务系统组成的整体。其内涵是通过政府提供的公共服务、非盈利组织提供的社会服务和企业提供的商业服务等各种形式，为服务对象提供专业化的服务活动和服务产品。在此需要说明的是，对职业教育起支撑服务作用的社会系统是多方面的，还应包括法律、政策、经费等，可以看做是广义的服务体系，本研究的服务体系是狭义的服务体系，不包括法律、政策、经费等支撑保障服务。同时，本研究的服务体系属于带有职业教育特色的专业化服务，普通社会服务如学生餐饮、校园保洁等自然无需纳入。

（二）发展职业教育服务体系任务的提出

职业教育服务体系一词作为权威文件用语最早出现于 1991 年《国务院关于大力发展职业技术教育的决定》（以下简称《决定》）。当时，各类职业学校已经发展到 1.6 万所，在校学生超过 600 万人，高中阶段职业学校与普通高中的招生数之比已接近 1∶1。然而，适应职业学校需要的教育科研、师资培训、教材出版等专业化的服务十分匮乏，严重制约了职业教育的健康发展。国务院做出的《决定》提出了未来 10 年职业教育发展的目标任务，并提出了一系列强有力的政策措施，其中建立健全职业教育的服务体系就是既务实又富有远见的一条重要措施。《决定》对职业教育服务体系的框架进行了清晰地描绘，其第三部分"采取有效政策支持职业教育的发展"中的第五条，比较全面、明确地提出了职业教育服务体系的基本内涵和发展目标："要在充分利用现有相应机构的基础上，逐步建立健全职业技术教育的研究、教材出版、信息交流、师资和干部培训等服务体系。"这一条接着提出："中央和各地的报刊、广播电台、电视台等应加强对职业技术教育的宣传报道工作。"此条的结尾进一步提出："要充分发挥中国职业技术教育学会、中华职业教育社等有关社会团体的作用，要加强与世界各国和地区及有关国际组织的交流与合作。"

职业教育服务体系的法律地位的确立是随着 1996 年《职业教育法》的颁布实施而实现的。《职业教育法》还就职业教育服务体系最主要的任务做了专款规定，如第九条："国家鼓励和组织职业教育的科学研究。"《职业教育法》第四章职业教育的保障条件中第三十八条规定："县级以上各级人民政府和有关部门应当建立、健全职业教育服务体系，加强职业教育教材的编辑、出版和发行工作。"

（三）职业教育社会服务的发展

职业教育社会服务的深度和广度，随着职业教育事业的改革发展不断扩大。改革开放以来，我国经历了从计划经济向社会主义市场经济的重大转变，经济发展方式经历了从粗放增长到集约发展,职业教育也经历了从计划办学到面向市场办学的深刻转变,从数量发展阶段到质量提高阶段的转变。这一切不仅给职业教育机构提出了新的挑战,也给职业教育服务体系提出了新任务和新要求:服务体系的主体——服务提供者队伍要根据事业发展要求不断壮大;服务体系的客体——服务品种要不断丰富,服务质量要不断提高。

自从职业教育服务体系的法律地位确立后,职业教育服务提供者的群体的数量随着职业教育事业规模的扩张也得到了较大发展,从中央到地方、从省区到地市,职业教育服务机构逐步建立。职业教育服务主体从政府事业单位到国有企业和民营企业,从教育部直属高校到地方院校,从社会团体到个体研究工作者不断多元化。此外,服务活动和服务产品不断丰富,服务水平不断提高。扩大了新的服务领域,如招生咨询服务、家庭贫困学生资助服务、就业指导与服务、职业资格鉴定服务、教育评估服务等。对服务质量提出了更高的要求,如:不仅满足于教材、设备的单项服务,而且要求教学整体解决方案;不仅满足于传统的师资培训,而且要求结合新教学成果推广、结合学历提高和资格获得的高水平的有效培训;不仅满足学校咨询的大众式服务,而且要求提供一对一的个性化服务。

二、高职教育服务能力的定位与内容研究

(一)高职教育服务能力的职能定位

高校社会服务职能的内涵有广义、狭义之分。广义的社会服务,是指高校的社会功能和角色,包括培养人才、发展科学技术以及直接为社会服务等。狭义的社会服务,是指高校以各种形式为社会发展所做的经常的、具体的、服务性质的活动。学者们对于高职教育服务区域经济社会发展的职能定位的论述主要包括以下几个方面:第一,服务功能定位。廖惠卿认为,社会服务在高职院校发展中的功能定位为:学校对接社会的纽带,教师水平提升的途径,学生成长成才的平台。高维峰从高职院校与社会有效互动的角度,认为高职院校的社会服务功能可分为实现基于资源互补的社会服务、扩展至校外教学的社会服务、推动人才养成的社会服务。第二,服务区域定位。霍丽娟认为,高等职业院校的社会服务主要任务是向区域和行业提供技术应用型和高技能型的人才培训与培养,提供技术创新、推广和服务,实施先进文化的传播和辐射,具有鲜明的区域性和行业性特征。张效民认为,普通高职院校的服务区域,或只为本地区服务,或最多在以服务本地区为主的同时兼顾全省;国家示范性高职院校社会服

务的区域则要广泛得多,大多在以服务本地区为主的同时还面向全国。第三,
服务层次定位。以技术服务为例,在低层次技术、中间技术、高新技术三个层次
技术中,普通高职院校通常以提供中间技术服务和较低层次的技术服务为主;
国家示范性高职院校应可开展高新技术的开发和转化工作。第四,服务形式定
位。霍丽娟认为,高等职业院校的社会服务主要任务是使学校成为区域的技术
技能培训中心、新技术的研发推广中心、区域学习型社会中心。张效民认为,国
家示范性高职院校的社会服务功能除了成为上述"三个中心"之外,《国家示范
性高等职业院校建设计划》又赋予了新的内涵:一是超越了区域性的空间范畴,
要求增强高职院校向区域外的辐射力;二是增加了新的社会服务内容,明确了
高职院校要积极参与社会主义新农村建设,承担农村劳动力转移培训,开展对
口支援与交流,提供师资培训和促进区域内职业教育协调发展等内容[雷久相,
2011(36)]。

(二)高职教育服务能力发展的内容

国务院的有关文件对高职教育服务区域经济社会发展的内容阐述得非常
明确:"为经济结构调整和技术进步服务,为促进就业和再就业服务,为农业、农
村和农民服务,为推进西部大开发服务","为我国走新型工业化道路,调整经济
结构和转变增长方式服务","为农村劳动力转移服务","为建设社会主义新农
村服务","为提高劳动者素质特别是职业能力服务"。学界据此进行了更广泛
却也更具体的多元性阐释,归纳起来大致可以分为三种观点:①三元说。邱开
金认为,高职院校社会服务的内容包括三个方面:一是文化服务,二是技术服
务,三是科研服务。杨光宇认为,示范性高职院校的社会服务职能主要表现在
三个方面:一是满足行业、企业的人力资源开发和各类岗前、职后、转岗培训需
求,为行业、社会开展各类培训服务;二是满足区域或行业的技术创新、技术开
发需求,为行业、企业提供各类应用技术服务;三是满足周边院校、中西部院校
的发展需求,以自身优势资源开展交流、服务,达到资源共享。②四元说。吴一
鸣、哈满林认为,地方经济社会发展对高职院校的要求体现在四个方面:一是提
供人才支撑;二是提供技术支持;三是参与新农村建设;四是促进地方教育协调
健康发展。张琼、桑雷认为,高职院校社会服务责任体现在四个方面:一是服务
企业发展;二是服务社区建设;三是服务区域文化发展;四是服务新农村建设。
仇雅莉认为,高等职业院校社会服务的内涵体现在以下几方面:一是创新人才
培养模式,培养社会需要的高技能人才;二是开展职业培训,为社会、行业、企业
提高劳动者的素质;三是开展技术服务,为行业和企业解决应用技术难题;四是
对口支援与交流,促进区域职业教育的发展。③五元说。苏文锦认为,高职教

育社会服务职责的内涵应包含以下五个方面:一是培养社会需要的应用型人才;二是技术传播;三是技术推广;四是技术培训;五是技术服务。周世青认为,高职院校社会服务应该突出"五个重点":一是专业服务,以调整学院专业结构,重组专业体系为重点;二是科技服务,以参与行业、企业的课题研发为重点;三是培训服务,以具有突出优势的岗位培训为重点;四是志愿服务,以顶岗实习、社会实践、行业或社区志愿服务活动为重点;五是文化服务,以参与所在社区、区域的文化建设活动为重点[雷久相,2011(36)]。

　　提升高职院校社会服务能力是一项系统工程。高职院校开展社会服务应该以面向区域经济为立足点,以构筑平台、培养团队为切入点,以校地合作、校企合作为着力点,坚持教师个体或小团队自发合作与学校有组织合作并重、项目合作与长期战略合作并重、适应性合作与导向性合作并重,通过开展政府引导型、行业主导型、企业主导型、市场需求型、资源共享型等多种形式的产学研合作,建立面向区域的开放式社会服务模式,提升高职院校社会服务能力。一要拓展服务功能,面向行业企业积极开展技术服务,面向新农村提供农业技术推广、农村新型合作组织建设服务,面向社会积极开展高技能和新技术培训,面向社会开放学校教育资源和文化体育设施,为当地居民提供科普、文化等方面的专业服务,构建多层次的社会服务体系。二要完善服务平台,通过建立和完善高职院校与政府、行业协会、企业合作等多种服务平台,构建开放式的社会服务体系。三要创新管理模式,通过开展应用性技术攻关、产品研发和横向课题研究等形式,组建以专业团队为核心的高水平合作团队,联合政府与企、事业单位积极开展以技术传播、技术推广、技术培训、技术服务为主的产学研合作,构建全方位的社会服务体系。

三、示范性高职院校服务能力提升现状与案例研究

(一)示范性高职院校服务能力提升现状

　　自从国家开始实施"示范性高等职业院校建设计划"以来,很多高职院校都认识到:社会服务能力的建设与提升是高等职业教育发展的重要内容,为经济社会发展服务既是高职教育的责任,也是高职院校自身可持续发展的迫切需要。同时,绝大多数高职院校都具有明显的产业、行业或区域特点。因此,很多高职院校都根据自身特点和优势,大力进行社会服务能力建设与改革,充分利用其专业、师资、设施设备等方面的优势,开展社会服务,满足社会需求,取得了令人瞩目的成绩。

高职教育作为高等教育的一种类型其"职业性"、"地域性"特征决定高职院校必须主动面向所在区域，大力开展社会服务。2006年教育部、财政部启动实施国家示范性高职院校建设项目，2007年各省教育厅、财政厅、发改委启动实施省示范性高职院校建设工作，国家和省都明确要求示范性高职院校要积极为社会提供技术开发与服务，大力开展职业技能培训，努力为提高劳动者素质、促进就业，以及农村劳动力转移提供服务。高职院校社会服务职能的内涵有广义、狭义之分，广义的社会服务是指高职院校的社会功能和角色，包括人才培养、科学研究和直接为社会服务等；狭义的社会服务是指高职院校利用自身资源和优势为社会提供教学以外的服务活动。总体而言，高职院校的社会服务主要包括人才服务、技术服务、培训服务、文化服务和咨询服务等五个方面，在这五个方面都取得不错的成绩[雷久相，2011(36)]。

第一，人才服务。高职教育服务社会，最基本、最主要的形式和内容就是为社会提供成千上万合格的高技能应用型人才。高职院校为社会进行人才培养服务，主要体现在根据地方对人才的需求，创办特色和优势专业，发挥专业优势，为地方培养和输送生产、建设、服务、管理第一线的高素质技能型人才，使培养的人才在地方经济建设和社会发展中下得去、留得住、用得上，为地方经济社会发展提供人才支持和智力基础。

第二，技术服务。为地方行业和企业提供技术服务，是高职院校服务地方经济社会建设的重要方面。高职院校要善于发挥在发展过程中形成的专业优势和科研优势，利用"双师型"教师专业实践技能强及应用性科研优势，以面向地方开展应用研究为导向，以满足区域或行业的技术创新、技术开发需求为目标，为行业、企业提供各类应用性技术服务。通过主动与地方政府、企业联手，加强产学研结合，组织开展应用性技术攻关、产品研发和横向课题研究，开展技术传播、技术推广、技术培训、技术服务，在服务与贡献中获得自身更大的发展。

第三，培训服务。职业培训是职业教育的应有之义，培训服务是高职院校为社会服务的主要形式，也是高职院校社会服务的优势项目。高职院校要着力构建与政府、企业、社区、乡村等受众密切联系的开放式培训体系，充分利用高职院校的办学资源，建立灵活开放的职业培训网络，开展社会服务。一是开展行业培训服务，为行业和企业开展各类相关项目培训，如高新技术人才培训、企业转岗人员培训等；二是开展社区培训服务，为周边社区的经济、文化建设提供各类培训服务，如城市职工继续教育和再就业培训、进城务工人员和社会待业青年培训等；三是开展"三农"培训服务，为传统农民向技能型劳动者的转变提供各类培训服务，如新型农民培养培训、农村劳动力转移培训、新技术培训与推广等；四是参加或承办各类职业技能大赛，为行业和企业提高职业技能水平搭建平台。

第四，文化服务。高职院校是所在区域的文化中心和文化高地，处于社会先进文化改革和发展的前沿，引导着社会的价值取向和文化诉求。高职院校在吸收先进的社会文化和企业文化、融合地方文化精华的基础上，要努力提升文化渗透力和辐射力，以主动地与企业、社区联合组织文化活动为重点，以组织师生开展送文化进企业、送文化下乡等活动为抓手，以将学校的图书资料、体育设施、文艺设施、医疗设施等资源共享和开放服务为基础，促进和推动校园文化与地方文化的互动融合。此外，高职院校可以而且必须在地方文化资源发掘、整合与研究，地方文化产品的创作、传播与开发等领域做出应有的贡献。

第五，咨询服务。咨询服务被认为是高职院校为地方经济发展服务的最简单、最原始、最基本、最常见的形式。相对于本科高校，高职院校大多历史较短、学科单一、科研力量较弱，但仍然是所在地区智力密集、思想活跃的地方，是重要的思想库，加之大多高职院校拥有较丰富的信息资源，具有良好的区域、行业背景特点和地缘、人缘关系，可以通过设立社区服务站，组织假期社会实践和青年志愿者活动，为地方政府、企业、社区等提供决策、管理、技术等方面的服务。

（二）高职教育服务能力提升各学校案例研究——以常州信息职业技术学院为例

第一，整合技术资源，构建社会服务体系。实训实习基地是高职院校为区域内的行业企业服务的重要载体和平台。常州信息职业技术学院根据区域经济社会发展和行业企业的需求，加强实训实习教学基地建设，整合技术资源，增加社会服务的物质基础。同时，学院构建社会服务体系，建立起完善的社会服务制度和政策，为社会服务提供制度保障。学院整合技术资源，构建了"1253"社会服务体系，即1个产业园平台；中小企业咨询服务和技能培训2个中心，成立常州信翔科技有限公司，下设市场经营部、研发工程部、技术服务部和5个专业研究所；建立5个国家级高技能人才培养培训基地（中国软件专业人才培养工程职业训练基地、国家高技能人才培养示范基地、国家信息技术紧缺人才培养工程培训基地、服务外包人才培养培训基地；常州国家大学科技园信息学院分园）；出台3项政策（科技项目零管理经费、政府项目给予配套经费、科研项目奖励）。

第二，利用智力资源，为企业提供技术服务。在中小企业咨询服务中心的统筹下，学院充分利用人才、科技、设备等智力资源，凭借5个专业研究所和1个科技有限公司搭建的产学合作平台，使科技人员的知识资本和企业的生产要素形成最优聚集和组合，推进科技成果转化，取得了明显的社会效益和经济效益。近三年来,学院完成科技项目 143 项,科研经费到账 1371.97 万元;获得专利授权 6 项;与 121 家企业、5 个乡镇建立长期科技合作,组织学院高层次技术人员参加"百名教授进百企"活动,为企业解决技术难题 60 多项,先后为常州宏浩科技软件有限公司、常州俊杰人力资源有限公司等 58 家企业提供技术咨询服务 800 多人次,帮助企业提高管理能力和信息化管理技能。2008 年学院被评为"百名教授进百企"先进集体,并有 2 人荣获"百名教授进百企"优秀先进个人。同时,学院积极参加"九校联动、科学发展、服务地方"和"科技下乡"等政府主管部门组织的科技服务活动。在常州市"九校联动"活动中,学院与企业签订科技开发协议 2 项,并被授予"国家大学科技园分园"。

第三,开展职业技能培训,发挥辐射效应。职业技能培训是高职院校服务地方经济、培育高技能型人才的重要工作。学院依托五大高技能人才培训基地,利用学校资源,广泛与社会各级人力资源管理部门、企业合作,对企业员工及社会人员进行专业技能培训和技能鉴定。近三年来,学院完成各类社会培训 16107 人次,包括受江苏省委、省政府委托对盐城市、南通市的农民培训 1518人次,江苏省行业部门委托培训 657 人次;开展职业资格培训 7214 人,企业员工培训 4024 人次,农村劳动力转移培训 1855 人次,其他社会化培训 839 人;面向社会职业技能培训鉴定 422 人。学院完成教育部师资培训项目 4 项,培训教师 127 人,区域师资职业教育教学改革培训 193 人。2008 年学院被评为江苏省属职业技能鉴定工作先进单位,被国家人力资源和社会保障部确定为第一批国家高技能人才培养示范基地。

第四,做好对口支援,促进共同发展。对口支援是政府对发展贫困地区教育事业采取的有力措施。示范院校对口支援西部高职教育,有利于缩小东西部高职教育的差距,使受援高职院校的教学、科研和管理水平有较大提高,增强薄弱高职院校自身的发展能力。学院与内蒙古电子信息职业技术学院、黑龙江信息技术职业学院、建东职业技术学院、健雄职业技术学院、金湖职教中心建立了不同层次的对口支援关系,签订合作协议。学院召开对口支援院校联合教学、学生工作研讨会;完成与内蒙古电子信息职业技术学院和建东职业技术学院联合培养学生 364 人;接收对口支援院校挂职锻炼干部 3 人,培训对口支援院校教师 183 人;援助金湖职教中心建立 2 个电工电子类实验室,并派专业教师 41人到对口支援院校进行现场指导,对实验指导教师进行培训[缪宁陵,2014(3)]。

(三)示范性高职院校社会服务能力分析——以福建省为例

目前,福建省共有省级示范性高职院校 15 所(4 所为 2011 年立项建设单位),其中国家示范性(骨干)院校 6 所。近 3 年来,福建省示范性高职院校主动适应区域经济社会发展的要求,培养产业发展所需的技术技能型人才 7 万余人,在人才培养、技术研发、社会培训等方面积极提升自身能力和水平,发挥了示范性高职院校的示范带头作用[王旺,2014(4)]。

从数据分析来看,福建省示范性高职院校社会服务水平呈现以下特点:

一是总体水平偏弱。承接重大科研专项数量少、层次低,与行业企业合作形式松散单一、国家级科研成果特别是重大标志性成果不多,大多数示范校社会服务停留在技能鉴定培训和企业职工培训上,为企业提供技术服务的项目不多,大多停留在浅层,教师有一定的参与度,学生参与面则很小,其质与量都亟待提升,离海峡西岸经济区发展对示范性高职院校的要求还有较大差距。

二是人才培养与社会需求衔接不够紧密。现代海洋产业、机械制造、电子信息等领域发展所需的海洋技术、微电子技术、新能源技术等方面专业人才培养不足,部分紧缺专业甚至还是空白,而市场已趋饱和的财经类专业却居专业布点的首位。

三是发展不均衡。各示范校之间差异较大,如在技术服务收入方面,2012年 15 所示范性高职院校技术服务总收入 3789.6 万元,校均 252.6 万元,最高的达到 898 万元,最低的为零,这些学校中,年度技术服务收入不足 150 万元的就有 10 所。

四是示范性院校的示范性不够鲜明。以社会培训为例,2010 年 11 所省级示范性高职院校年度社会培训校均 6022 人次,同年省级示范性院校在校生总规模 80291 人,校均 7299 人,这与年度职业技能培训规模要达到全日制在校生规模的 1.5 倍的要求还有一定差距,示范性院校的示范引领作用无法彰显。

从总体上看,福建示范性高职院校社会服务水平与省外示范性高职院校相比,特别是在应用技术研发上还需进一步加大,如江苏农牧科技职业学院(原江苏畜牧兽医职业技术学院)2011 年科研项目经费突破 2020 万元(此外,横向科研服务经费 572 万元),开发国家级二类新兽药 2 个,获中华农业科技二等奖1 项、三等奖 1 项,省科技进步二等奖 2 项、三等奖 3 项,这一点应引起福建省示范性高职院校的重视。

四、示范性高职院校服务能力提升的未来展望

(一)提升示范性高职院校社会服务能力的现实意义

随着社会经济的发展和产业结构的调整升级,社会对劳动者素质的要求不

断提高,对高等学校的社会服务能力提出了新的要求。作为对高职教育发挥引领示范作用的示范性高职院校,只有提升社会服务能力,才能适应区域经济社会发展的要求,也才能推动自身更好地发展。

第一,提升示范性高职院校社会服务能力是区域经济发展的客观要求。"十二五"规划纲要明确提出要大力发展电子信息、装备制造、石油化工等主导产业,加快培育发展新材料、新能源、海洋高新产业等七大战略性新兴产业。产业经济发展,需要创新型科技人才、紧缺专门人才以及大批高素质技能型人才的支撑,需要科技创新和应用技术开发的技术支持,作为技能型人才培养培训的主力军,应用技术研发的重要阵地,示范性高职院校应责无旁贷地挑起服务社会的重任。一方面,示范性高职院校可以发挥其人才培养的主要功能直接为社会培养各类紧缺专门人才。同时示范性高职院校可以充分利用学校的教育教学资源,为企业在职职工、社会人员提供各种技能培训,提升劳动者素质与技能,为区域经济发展提供人才支撑。另一方面,示范性高职院校大部分具有明显的产业、行业或区域特点,这些学校在自身专业、师资、设施设备等方面具有一定的优势,学校可以与行业、企业在优势互补、合作共赢的基础上,组织科研技术攻关和技术开发,也可以选派优秀教师深入企业生产一线,参与企业新产品与工艺开发,帮助企业解决技术难题,促进企业技术革新,提高生产效率,推动企业健康发展。

第二,提升示范性高职院校社会服务能力是自身发展的需要。在服务中体现作为、在服务中彰显特色是示范性高职院校生存和发展的生命力所在,离开了服务企业、服务地方经济这个根本,示范性高职院校的发展就将成为无源之水、无本之木。目前,高职院校之间的办学竞争,从表面看是优质生源和办学水平的竞争,但实际上应该是为社会提供服务的能力和水平的竞争。近年来,随着生源数量的逐年减少,给一些民办高职院校和办学水平较差的山区学校的招生带来了不小的冲击,并直接影响了这些薄弱学校的生存与发展。高职院校面临着培养模式转型的要求,从人口出生率水平来看,生源减少的情况在短期内很难改变。面对这一形势,示范性高职院校要做大做强就必须另辟蹊径,扩大办学的内涵和外延,坚持学历教育与职业培训并举、人才培养与技术研发并重,通过提升社会服务能力从而获得更多的社会资源。服务社会有利于激发示范性高职院校的改革步伐,要服务社会就必须适应社会的发展,寻找与社会融合的接入点,根据社会需求来设置专业,根据社会需求来开展科技研发,进而推动学校综合实力的提升,从这一角度来看,提升社会服务能力过程也是示范性高职院校的发展过程[王长旺,2014(4)]。

(二)提升示范性高职院校社会服务能力的基本思考

第一,制定服务社会发展战略。现代社会是一个多元开放的社会,学校也不再是象牙塔,绝不能关起门来孤芳自赏。地方高职院校尤其要靠服务区域经济社会发展来增强自身的社会影响力和吸引力,进而使学院的发展有深厚的植根土壤和持续的发展后劲。为此,地方高职院校要从自身发展战略的高度来系统规划社会服务工作,通过明晰社会服务工作的目标、定位和具体行动计划,努力提升社会服务能力,在培育区域经济发展所急需的高素质技能型人才、加速协同区域经济产业转型升级的专业结构优化与调整、优化当地资源配置、促进地方优势特色产业发展等方面做出应有的贡献,形成与地方社会互为依靠、相生相融、互动发展、双生共赢良好局面。

第二,培育校地两用双师人才。建设一支结构合理、数量充足且既能胜任学校教育教学工作,又能胜任地方经济社会发展服务工作的校地两用"双师"素质教师队伍,不仅是地方高职院校教育教学事业发展的需要,同时也是提升社会服务能力的重要抓手。培育校地两用人才,学校一方面要对现有教师采取有力措施,特别是把刚从学校毕业不久引进来的青年教师安排到工业企业、政府机关进行挂职锻炼,提高其发现问题、分析问题和解决问题的实践能力。同时,通过挂职锻炼,还可以帮助他们建立社会人脉关系,为后续寻找社会服务项目和机会提供相关的人脉资源和信息资源。另一方面,学校要善于从地方发现和聘请经济社会领域离退休人员中的专家学者,这批人是社会的宝贵财富,他们不仅具有丰富的社会实践知识和解决实践问题的能力,而且有广泛的社会资源,同时,他们由于已经退休,不像聘请社会在职工作人员受单位工作制约而不能安心学校工作,他们完全可以全身心为学校事业付出,特别在实践教学、社会服务等方面能够对学校在职在岗的青年教师起到传、帮、带的作用。

第三,理顺社会服务体制机制。示范性高职院校要提升社会服务能力,在人才培养、决策咨询、技术开发与服务等方面拓展服务领域、提供智力支撑,一是要建立对接地方产业转型升级的专业动态调整机制。从满足地方经济结构调整、人才市场需求和提高社会竞争能力为出发点,坚持择优发展的原则,做大做强已有的特色和优势专业,调整和新增对接地方主导产业和新型产业的专业,培养经济社会发展需要的应用型、创新型高素质技能型人才。二是要建立教育公司运作、职教集团联通、典型项目引领的校企合作机制。校企合作不仅是地方高职院校人才培养工作的需要,同时也是提高社会服务能力的重要抓手。但校企合作不是学校的一厢情愿,其中公司化的运作模式是手段、由政府、学校、行业、企业和科研机构组成的职业教育集团是平台,典型的合作项目是载体,通过三者的相互作用,才能找到校企双方的利益共同点,激发各合作方的激情。三是要建立"五位一体"的社会服务运行机制。地方高职院校要通过积极争取"政府引导型"的社会服务项目,有效服务政府职能部门工作,实惠校、政共赢,通过积极参与"行业主导"型的社会服务项目,有效服务行业协会工作,实现校、行共赢,通过积极承接"企业主导型"的社会服务项目,有效服务企业转型升级发展,实现校、企共赢,通过积极开拓"市场需求型"的社会服务项目,极大满足社会需求,通过积极发挥"资源共享型"的社会服务功能,极大挖掘服务潜能。四是要创新分配与激励机制,激发教师从事社会服务工作的激情。地方高职院校教师大都承担着繁重的教学任务,从事社会服务工作需要牺牲大量的业务休息时间,学校只有改变唯课时计报酬的传统做法,将科研与社会服务工作纳入教师工作量的计算体系,从而赋予知识创造最直接的动力源泉,才能有效激发教师从事社会服务工作的激情。

第四,打造校地协同服务平台。示范性高职院校要着力打造如下三个校地协同服务平台:一是政策支持平台。学校领导层要深入认识提高社会服务能力对提升学校社会影响力和吸引力的重要性,出台相应的内部激励政策引导老师开展社会服务,同时要加强与地方政府及政府部门的沟通交流,争取政府层面出台相应的政策促进校企合作、集团化办学,并保证高职院校在创新团队建设、科技计划与产学研合作项目申报及技术开发与服务等方面享有与本科高校同等的机会。二是信息沟通平台。由学校、政府、行业、企业协同建立的信息沟通平台应该是一个融科技成果发布、技术需求、科研仪器设备共享等共享型的开放网络系统。政府、行业、企业可以通过信息沟通平台及时了解学校的科研实力,并找到相应的技术资源;学校教师借助信息沟通平台可以及时了解社会需求,找到适合自己能力特点的社会服务机会。三是市场运作平台。目前,高职院校教师开展社会服务大都处于一种松散的自发状态,服务合同的签订和服务资金的进出都游离于政策的边缘,严重制约了社会服务工作的正常开展。为此,地方高职院校只有成立科技服务公司,采取市场化的运作,规范社会服务管理,才能使社会服务工作走上法制法和规范化的轨道。同时,科技服务公司的成立还可以有效整合社会服务资源和团队力量,为提升学校整体服务能力提供强有力的支撑[刘明星,2014(28)]。

第八章　示范性高职院校文化建设

一、示范性高等职业院校文化建设概览

(一)文化的涵义

文化是指人类活动的模式以及给予这些模式重要性的符号化结构。在阶级社会中,文化是阶级斗争的武器。一定文化(当做观念形态的文化)是一定社会的政治和经济的反映,又影响和作用于一定社会的政治和经济。

不同的人对"文化"有不同的定义,通常文化包括文字、语言、音乐、文学、绘画、雕塑、戏剧、电影等。文化是人类生活的反映,活动的记录,历史的沉积,是人们对生活的需要与要求、理想与愿望,是社会大众的高级精神生活,是人们去认识自然,思考自身,使人的精神能够得到承载的框架。它包含了一定的思想与理论,是人们对道德、伦理与秩序的认定和遵循,是人们生存生活的方式方法和准则。思想与理论是文化的核心与灵魂,没有思想与理论的文化是根本不存在的。

根据我国《辞海》中的解释,"文化"具体可以从两方面定义:一是从广义上讲,指人类在社会历史实践中所创造的物质财富和精神财富的总和;二是从狭义上讲,指社会的意识形态以及与之相适应的制度和组织机构。在考古学上,"文化"则指同一历史时期的遗迹、遗物的综合体。同样的工具、用具、制造技术等是同一种文化的特征。

西方的"文化"一词来源于拉丁文"cultura",主要意思是指人类创造的东西,在古希腊古罗马时期,文化被理解为人们参加社会生活和政治生活的品质和能力。欧洲中世纪时,文化也为"祭祀"一类的术语所代替。文艺复兴和启蒙运动之后,文化成为与"野蛮"、"不开化"对立的概念。作为文化研究领域里所

指的"文化"则是广泛意义上的大文化，比较权威而且系统地归纳起来的定义源于《大英百科全书》，该书引用的美国著名的文化学专家克罗伯和克拉克洪的《文化：一个概念定义的考评》中，共收集到了166条文化的定义(其中162条为英文定义)，这些定义都是分别由世界著名的社会学家、人类学家、哲学家、心理分析学家、生物学家、化学家、经济学家和政治学家所界定。在此书中，两位著名的学者把所收集到的有关文化的定义分成了7组，并在每一组的定义后，予以了综述评判，这对理解每一组定义起到了导向作用。

笼统地说，文化是一种社会的现象，是人们长期在创造中形成的产物，同时又是一种历史的现象，是社会历史的沉积下的物质。更进一步地说，文化是指一个国家或者是民族的地理、历史、传统习俗、风土人情、文学艺术、生活方式、思维方式、行为规范和价值观念等。

根据文化的结构与范畴也可以把文化分为广义与狭义两种含义。广义的文化包括物质文化、制度文化和精神文化三个方面。物质文化是指人类所创造出的各种物质文明，包括日常用品、服饰、交通工具等，是一种可看见的显性的文化。制度文化与精神文化分别指社会制度、家庭制度、生活制度以及宗教信仰、思维方式和审美情趣等，它们属于不可看见的隐性的文化，包括哲学、文学、政治等方面的内容。狭义的文化是指人们的社会习惯，包括衣食住行、行为规范、风俗习惯等。文化的内部结构包括以下四个层次：物质文化、制度文化、行为文化、精神文化。物质文化层是人们物质生产活动的方式与产品的总和，是可接触和知晓的具有物质实体的事物；制度文化层是指人们在其社会实践中去组建的各种的社会行为的规范；行为文化层是人们在人际交往中去约定俗成的以民俗、礼俗和风俗等形态表现出来的行为的基本模式；精神文化层是人们在社会意识活动中孕育而来的审美情趣、价值观念和思维方式等主观的因素。

(二)大学文化的界定

1.大学文化的定义

对于"大学文化"概念有多种不同的界定，比较有代表性的有以下几种观点：

一种观点认为"大学文化是亚文化的一种，属于青年文化的一个支脉，同时又具有学校文化综合性、教化性等鲜明的特征，是围绕大学教育教学活动建立起来的一整套价值观念、行为方式、制度体系、知识符号、建筑风格的集合体"。① 从文化学角度考察,大学文化是"从属于社会主导文化的亚文化,它依附于主导文化,衍生于主导文化,具有不同于主导文化的异质性"②。另外一种定义是,大学文化是大学在长期办学实践的基础上,经过历史的积淀与凝练、通过自身的努力和外部环境的影响,逐步形成的一种独特的社会文化形态。它以大学人为主体,以知识及其学科(专业)为基础,凝聚在大学所拥有的深厚的文化底蕴之中,是大学精神文化、物质文化、制度文化的总和,是大学作为人类社会知识权威的文化基础,是人类先进文化的重要组成部分。

国内一些学者分别从不同的角度对大学文化进行了诠释和界定。教育部袁贵仁部长认为,大学即文化。大学的教育教学过程,实质上是一个有目的、有计划的文化过程。王冀生先生认为,大学文化是大学核心竞争力之所在,主要包括凝聚力、教育力、创造力和影响力,是大学赖以生存、发展、办学和承担重大社会责任的根本。大学文化包括精神文化,物质文化和制度文化三个基本方面③。顾秉林教授认为,从广义上讲,大学文化包括大学精神、大学环境、大学制度等方方面面的整个大学教育;从狭义上讲,大学文化主要是指大学精神,强调大学师生的科学素养和人文精神,表现为一种共同的行为准则④。傅林教授认为,大学文化是大学人在长期的实践过程中所形成的思维和行动方式⑤。

学者们认为,大学不仅仅是客观物质的存在,更是一种文化存在和精神存在。大学的物质存在很简单,大楼、设备、仪器,等等。然而,大学之所以称之为大学,关键在于他的文化存在和精神存在,其核心与灵魂则体现于大学的精神。可以从狭义和广义两个方面理解大学文化的概念。狭义的大学文化概念主要是指大学的精神文化,可与大学理念、大学精神等概念互用,而广义的大学文化的概念则是将精神文化、物质文化和制度文化作为大学文化的一个有机整体。

大学文化是以大学为载体,是学校在长期办学实践过程中经过不断积淀和凝练而逐步形成的包括办学理念、价值取向、办学风格、学术氛围、规章制度、精神风貌、学校环境等内容,并通过历届师生不断地传承与创新所形成的物质成果与精神成果的总和,是大学生命力、凝聚力、竞争力的所在。

精神文化是一所大学在长期办学实践的基础上积淀和创造的深厚的文化底蕴的核心和灵魂,也是时代精神的深刻反映。对广大师生产生着潜移默化的

① 约翰·亨利·纽曼.大学的理念[M].高师宁译.贵州:贵州教育出版社,2006.
② Clark Kerr.大学的功用[M].陈学飞译.南昌:江西教育出版社,1993.
③ 王冀生.现代大学文化学[M].北京:北京大学出版社,2002.
④ 顾秉林.明确方向、共同研究、创新发展.见:大学文化与发展研究中心,大学文化研究与发展高层论坛——先进文化中的大学文化.清华大学,2003.
⑤ 傅林.世纪回眸——中国大学文化研究[M].北京:教育科学出版社,2009.

影响和熏陶，这种影响与熏陶的结果会在广大师生的价值观、精神状态、行为方式等方面反映出来，并且强化广大师生对学校的认同感与归属感。学校精神文化的核心是大学精神，它是学校赖以生存的支柱和精神动力，大学精神体现了学校的办学理念和价值追求，它包括人文精神、科学精神和创新精神，三者缺一不可。人文精神是学校的精髓所在，也是学校办学成功的原因之一，它不仅仅是学校文化建设中所有文化产品的思路映照，更是"以人为本"科学发展观的体现；科学精神与创新精神则体现在崇尚科学、追求真理、勇于创新的科学理念，严谨求实、开放包容的创新氛围，以科学、严谨、务实的工作态度与工作作风做好人才培养的各项工作。

制度文化是大学文化建设的保障。它包括维系大学与外部关系以及内部运行的法律、法规和相关的条例、规定、管理制度等内容。如学校的办学体制与机制、教学管理制度、人事管理制度、校园管理制度、招生制度、教师守则、学生守则、岗位责任制度等。制度文化是在全校师生共同认可的办学理念基础之上，由广大师生员工共同制订、共同维护和执行，并通过不断地内化使规章制度成为广大师生自觉的行为规范和习惯，是学校不断发展的有力保障。制度文化建设方面的重要任务是建立现代大学制度，现代大学制度的核心是在国家的宏观调控政策指导下，学校面向社会，依法自主办学，实行科学管理。它不但涉及规范和理顺学校与政府、学校与企业之间的关系，同时还涉及学校内部治理结构的完善和改革。其构架包括两个层面，即宏观层面（学校与外部的关系）：政府宏观管理、市场适度调节、社会广泛参与、学校依法自主办学；微观层面（学校内部）：党委领导、校长负责、教授治学、民主管理。

物质文化是大学文化的物质形态，是学校教学、科研、服务社会的物质条件，它既是学校精神文化的物质基础，也是一所学校综合办学实力的重要标志，广大师生置身于校园之中，时刻都在感受学校物质文化的熏陶，物质文化是有形的，但它的育人是无形的。物质文化的表现形式是多样的，除校园的规划布局、建筑设施、实训设备、图书资料、学校标志（校徽、校旗、校歌）等之外，还主要体现在以下几个方面（以高职教育为例）：

一批办学理念先进、产学结合紧密、特色鲜明、就业率高的专业；

一支基础理论扎实、教学实践能力突出的"双师型"教师队伍；

一批融教学、培训、职业技能鉴定和技术服务功能于一体的实验、实训基地，满足学生自主学习要求和个性发展以及企业培训的要求；

一批体现工学结合特色的课程体系；

一个良好、宽松、和谐的文化环境。

2.大学文化的特征

大学文化具有多元性、传承性、创新性、批判性等特征。

第一,多元性。大学不是一个单一的组织,而是一个多元体,具有高度的多样性。大学文化的多元性体现在大学是一个多元文化相互融合的场所,不同的文化背景、不同的价值取向、不同的宗教信仰都可以在一起进行思想的碰撞,相互借鉴、学习,相互渗透,从而产生新的理论和新的学科。

第二,传承性。大学的重要职能之一是文化传承,表现为对人类以往优秀文化与知识的学习与认知过程。传播知识、培养人才是大学的基本职能之一,大学文化的传承性表现为大学是以人类优秀文化为基础,将知识传授给受教育者,受教育者在接受知识的同时进行文化的认知。

第三,创新性。大学不但要传承人类优秀的文化,更重要的是文化创新。大学需要不断为社会提供新知识、新技术和新思想。因此,创新是大学保持生命力的重要因素,大学只有不断地创新,才能引领先进文化的发展方向,不断推动科技的进步与人类社会的发展。

第四,批判性。大学文化的批判性是文化创新性的前提,是由大学的学术道德与大学的社会责任所决定的,因此,一切以理性为引导,尊重客观规律,尊重科学,实事求是大学文化建设的核心。

3.大学文化的功能

第一,文化育人的功能。"文化育人"是大学文化不同于其他文化形态所具有的主要功能。坚持社会主义核心价值观导向,是我国大学文化建设的必然要求,大学在坚持教育育人、管理育人、服务育人、环境育人的同时更应该强调文化育人。

通过文化潜移默化地熏陶人、感染人、教化人,从而达到价值认同、思想感化、情感陶冶、行为养成的功效,达到人的全面发展的目的。文化育人的过程,实际上就是塑造健全人格、丰富生命内涵、开发智力潜能,使受教育者得到全面、自由、完整、可持续发展的过程。

第二,传承创新的功能。党的十七届六中全会提出了建设社会主义文化强国的宏伟目标,并指出要"发挥国民教育在文化传承创新中的基础性作用"。在实现中华民族伟大复兴中国梦的过程中,文化传承与创新发挥着重要作用,大学既是一种教育机构,又是一种文化存在,承担着保存、传承、传播和创造先进文化的历史使命。

传承是创新的基础与前提,通过借鉴世界进步文化、继承民族优秀文化,丰富精神文化内涵，创造时代先进文化，充实人类智慧的宝库，推动社会文明的进步。

第三，服务支撑的功能。大学一方面通过人才培养来带动社会文化的发展，通过科学研究推动社会文化的进程。同时也充分发挥大学人才库、智囊团的资源优势，以独特的大学文化影响社会文化，在不断提升服务社会主义文化发展的同时，为国家的文化产业发展、文化事业繁荣和文化体制改革输送着大批优秀人才。

大学是文化领域学术研究的重要阵地，也是促进文化事业发展的重要渠道，对文化精品创作和文化理论研究、构建有利于文化事业繁荣发展的体制机制，提升国家文化软实力等方面都发挥着不可替代的作用

第四，辐射引领的功能。大学不仅要培养人才、服务社会，而且要面向未来，超越功利追求、引领人类社会前进。社会的每一次重大变革之前都会有一种新的文化做引领，社会的变革可以说是新文化对旧的传统文化甚至是落后文化的挑战。从历史看，大学一直是各种新思想和新理论的发源地，是各种文化思潮和文化运动的策源地，在社会发生重大变革的关键时刻，大学必然作为新文化的引领者，促进文化的繁荣与发展。没有社会主义文化的繁荣与发展，就不可能有社会主义现代化。没有大学文化的繁荣与发展，也不可能有高等教育的现代化。

（三）高等职业院校文化的界定

目前对高等职业院校文化这一概念并没有一个普遍接受的界定，由于我国把高等职业教育作为高等教育的一种类型，高等职业院校自然成为高等学校的组成部分。因此，一些研究者依照大学文化的定义，结合高等职业教育的特征，对高等职业院校文化进行了定义："高职院校文化是以高职院校校园为空间，在高职教育理念导向下，在特定的高职教育活动中，由高职院校全体成员参与所创造的所有物质和精神产品的集合。"高职院校文化是大学文化的一个有机的组成部分，它既以大学精神文化、物质文化、制度文化为基础，又体现由高等职业院校特有的教育属性所形成的文化属性，即与行业企业文化的高度融合，与区域经济文化的高度融合，与社会文化的高度融合。

文化是一个复杂整体，它所包括的内容遍及人类社会的每一个角落，但其实质内涵就是价值观问题。企业是以赢利为目的的，追求财富是企业最基本的原则，其产业经营及岗位设置都是基于一条能够获得利润的价值链，价值链搭建完成，企业的生命线也就有了保证。为企业更好地完善这条价值链而培养高技能的专门人才是高等职业教育的培养目标，正确地理解并尊重企业价值链则

是高职教育中校企融合的重要功课。这种价值链的外在符号表述通常就是所谓的企业文化。尊重并把握住企业的文化，更有利于间接把握企业精神、宗旨、目标使命、经营理念、行为准则、形象标志、产品品牌等企业的基本内涵和功能，理解企业生存的理由和目的，这也是文化的融合。企业文化作为一种重要的文化现象，要解答诸如"企业缘何而来、企业为何存在、企业要往何处去、企业怎样做才能让公众和社会满意"等一系列重大的问题。而类似的问题和对答案的探究，本身也是高职文化建设的重要参照与自省。事实上，企业文化与大学文化构成了高职文化建设的两个重要坐标。如果说知识生产与公民塑造是传统大学文化的精神根基，产品生产与利润创造是企业文化的价值本性，高职文化的追求，就是一种由大学文化出发，不断尊重和吸纳企业文化，最终找到针对两者的"黄金分割"的过程。

高职文化与企业文化互动与融合的结果，能正确引导高职学生处理好社会效益与经济效益，效率与公平，自主与监督，竞争与协作，纪律与自由，理想与现实，奉献与索取等关系；能促进高职学生加深对社会发展的理性认识，纠正他们认知上的偏差，透过企业管理文化，树立正确的人生价值观和对社会的认同感，有利于对不同文化和多元社会的认识与理解，帮助高职学生形成个人的价值观。这种价值观包括深思熟虑的社会价值体系和社会责任感，无疑会对高职学生形成作为未来企业人的全面素质，更快地适应社会需要，更好地服务企业，奠定一个良好的基础。

（四）高职院校文化建设的特点

第一，历史短暂性。从历史的角度看，我国的职业教育已有一百多年的历史了，其始于19世纪的60年代。新中国成立后，真正的职业教育的历程才走了几十年，可见我国大多数高职院校的历史短暂，从而导致各个高职院校的文化底蕴不深厚，也就是说，各大高职院校的物质文化建设、精神文明建设、制度文化建设和行为文化建设才刚刚起步。然而从1999年起，我国高等职业院校数量不断增加，到2006年已经拥有院校上千所，与此同时高职院校的规模也一直呈扩大趋势。2005年，国家加大了对高职院校建设的资金投入，但是由于不少学校是多校合并，在合并过程中专业进行了调整，所以在此后办学过程中所需要的专业设施不够完善，文化设施不够完备，学校在人文景观方面缺少具有自身院校特色的象征性建筑物。从制度上来说，许多高职院校都是升格合并而来，此前已经形成的管理体制和规章制度不再适应新建的高职院校的发展；从精神文化上来说，高职院校的文化积淀较弱，教师队伍组建参差不齐，学生的来源复杂，导致师生的素质相对低一些。这些种种都造就了高职院校历史的短暂这一特点,但是,我们能够看到,由于历史的短暂,所有的起点都要相对高很多,也就是说,高职院校的明天可以描绘得更加灿烂辉煌。

第二,文化多样性。高职院校必须认知到,无论是在地方、区域、国家还是全球的层次上看,文化多样性都是一个历史的和社会的实体。因此,每个高职院校都反映其所在地区的文化多样性。

高职院校在特色院系文化的建设中,无论是从时间上、空间上,还是地理位置上,多元文化现象的存在都非常普遍,表现的类型也多种多样。我国的现代高职教育发展的较晚,对高职院校的多元文化现象的研究也相对比较肤浅,目前国内对其还没有一种通用的分类方法。可以从不同角度,依据不同标准来对院系多元文化进行分类。按文化的范围和影响的作用分类,文化有院系、专业、班级和教室等局部文化和校园甚至省市以及教育政策等整体文化;按文化的性质和根源来分类,文化有民族文化、心理文化、地域文化、时代文化、角色文化;按文化的表现形式和手段来进行分类,文化有语言文化、媒体文化等;从院系特色文化建设中较常见的主体来进行分类,主要有校本文化与外来文化,传统文化与新潮文化,精英文化与大众文化,人文文化与技能文化,儒家文化与制度文化,专业文化与就业文化等。

在高职教育不断发展和整合的过程中,高职院校逐渐走出了高专和中职等各种旧文化的生态圈,逐步摸索和创造了新文化。具有特色的高职院校文化的形成本是一个长期的积累和提炼的过程,是一个教风和学风不断沉淀的集合。高职院校的多元文化伴随着高职院校的产生而产生,它具有全面性、渐进性、持续性、融合性和解构性的特点。高职院校文化,是高职院校师生共同创造与积累的成果,虽然随着我国教育改革和对外经济开放,多元化文化的竞争和共存,会出现一种互相渗透和互相融合的过程,但是不会走向统一,形成各个高职院校通用的文化。

第三,时代适应性。在高职院校文化的建设中,能够适应时代并引领文化的发展是高职院校文化建设的永恒课题。因此,建设具有高品位和高层次的文化的氛围是高职院校文化建设的目标。因为它能提升学校的品位与声誉,能提高学生的素质和能力,能全面地促进高职院校各项事业的发展。适应时代发展的文化载体能够支撑文化的建设的根本任务和时代内容,其文化品位与教育感染氛围能够有效提升。

高职院校充当着新思想的发源地,是培养技术型人才的摇篮和技术文化中心,理当是代表中国先进文化前进方向的中心地之一。我国在当今社会的主流文化是汲取了中华民族和世界的优秀文化遗产的,有着中国特色的社会主义文化,在当今时代所弘扬的主旋律是建设有中国特色的社会主义理论和党的基本路线,实现中华民族伟大复兴的中国梦,以及爱国主义、集体主义和社会主义,精英文化是来源于民族文化与都市文化,同时又超前于全民文化的一种文化形态,它应该是通过政治文化、学术文化、高雅文化、民族精神等的统一来实现的。随着信息化、网络化和经济全球化等的发展,世界的科学技术、教育与文化等的迅猛的发展,为大众文化的发展提供着无限的发展空间,除了使校园的音像影视、招牌、橱窗等传统的文化得到新的发展外,多媒体文化、网络文化、手机文化得到迅猛的发展,使人与人的信息和交流更加方便、快捷。当今时代呼唤既有科技的创新能力又有国际交流的水平的人才,科技的创新与国际的交流将变得异常平常。绚烂多彩、勇于创新与精益求精为特色的校园学术文化氛围,使高校校园不断绽放出一朵朵校园的学术文化的奇葩。

第四,特殊职业性。职业教育是以服务社会为宗旨,以就业为导向的教育,它是直接面向生产、建设、管理与服务第一线的教育。其本质特征是职业的指向性,职业指向性的要求是针对地区、行业经济和社会发展的需要,按照技术的领域和职业的岗位(群)的实际要求设置和调控专业,并且还要根据现实生产、服务和管理技术、方法的发展变化去随时调整教学的内容。职业教育是教育的一个分类,发展趋势必然是终身教育的逐渐形成。我们所谓的大教育包括社会教育、学校教育、家庭教育和自我教育,相应的就有社会职业教育、学校职业教育、家庭职业教育和自我职业教育。在高职院校中,就业不仅是为了谋生,而且是为了创业。在市场体系不断发育和完善的过程中,高职院校的职业教育从企业人力资源的开发工作、学校分类型人才培养和个人道德需求分层次的多重交叉中来脱颖而出,它的发展思路、人才培养的模式和内部经营管理等方面都有自己的独到之处。

二、示范性高职院校文化建设的实践与现存问题

(一)示范性高职院校文化建设的研究与实践过程

我国高等职业院校文化建设的研究与实践可以大致分为四个阶段:

第一阶段:以强调办学特色为主要内容的高等职业院校文化建设阶段。2008年以前,一些高等职业院校开展了以学校特色文化建设为主要内容的文化建设研究。如国家首批示范性高等职业院校之一的浙江金融职业学院,在汲取中外职业院校的文化建设成果基础上,逐步形成了既包含自身特色又体现高等职业院校特点的,以"诚信文化"、"金融文化"、和"校友文化"为核心内容的三维文化育人体系,致力于培育诚信职业人格与熟练职业技能兼备的金融人才。

芜湖职业技术学院建立课堂车间互通、校企文化相融的互动平台,通过开设企业文化课、播放宣传片、出黑板报等多种形式宣传企业文化,把企业文化、企业精神和先进的管理理念引入学校。湖南交通职业技术学院通过传承湖湘文化"敢为人先、经世致用"精髓;弘扬交通文化"开路先锋、铺路石子"精神;吸收企业文化"品质为先、一丝不苟"精华,形成具有本校特色的"好品德、好技能、好使用、好形象"的"四好"文化特色。高职院校要突出其区域性、职业性、实践性、高教性等特质,在"以人为本,崇尚品位"的理念指导下,确定"体现自然美,展现和谐美,凸现人文美,追求精神美"的物质文化构建理念。

第二阶段:以突出学校核心竞争力为特征的高等职业院校文化建设阶段。随着国家第一批示范性高等职业院校建设项目的结束,一些高等职业院校尤其是示范性高职院校开始深入思考在示范院校建设项目结束之后学校未来如何发展问题,人们开始认识到,如果一所学校在今后的发展过程中始终能够处于引领示范的地位、在竞争中处于优势,那么它就必须具备其他学校难以模仿并能够支撑学校过去、现在和未来的一种核心竞争优势,这种优势就是所谓的学校核心竞争力,它是确保学校可持续发展的综合能力的体现,而它的核心就是学校多年来所形成的学校文化。因此,高等职业院校在继办学理念与人才培养模式、专业与课程改革、师资队伍与实训基地建设等研究课题之后又将高等职业院校文化建设作为一个新的研究课题。

在这一阶段,钟建宁、杨成对高职院校文化内涵进行了定义,认为高等职业院校文化是学校在长期办学实践中不断积淀和提炼的、符合职业教育规律的、具有个性特征和时代精神的一切精神和物质财富的总和,其核心是同化的价值取向、行为准则和共同作风。人们普遍认识到学校之间的竞争不仅仅表现在办学的硬件设施上,更多地表现在学校的办学理念和价值观念等软实力方面,是学校文化的竞争。这种文化是学校的价值观在其指导思想、办学理念、管理风格和行为方式上的反映。可见一些高等职业院校已经由过去关注学校硬件设施建设开始转为关注学校文化建设,并把高等职业院校先进文化所形成的文化力作为学校竞争力的核心,通过学校自身的文化建设和文化力的形成、通过文化的传承与创新达到文化育人的目的。

第三阶段:以工业文化与文化相融合为特征的高等职业院校文化建设阶段。随着高等职业教育校企合作的不断深入,在"合作办学、合作育人、合作就业、合作发展"思想指导下,将职业教育的文化与工业文化对接、现代工业文化和企业文化融入高等职业院校文化建设中来成为新的研究课题。教育部《关于推进高等职业教育改革创新引领职业教育科学发展的若干意见》文件中指出,高等职业院校要把现代企业的优秀文化理念融入到学校人才培养的全过程。

强调在实训基地建设中要注意营造相应的职场氛围和企业文化。

职业教育界在着力做好"教育与产业的对接、学校与企业的对接、专业设置与职业岗位的对接、课程教材与职业标准的对接、教学过程与生产过程的深度对接"的同时,深刻认识到这五个对接的先导首先是文化对接,即职业教育与工业文化(产业文化)的对接;由此实现由"教书育人、管理育人、服务育人、环境育人"到"文化育人"的理念转变。

第四阶段:以社会主义核心价值体系为引领、以建立现代职业教育体系为重点的高等职业院校文化建设阶段。党的十七届六中全会通过的《中共中央关于深化文化体制改革、推动社会主义文化大发展大繁荣若干重大问题的决定》指出:"社会主义核心价值体系是兴国之魂,是社会主义先进文化的精髓,决定着中国特色社会主义发展方向。"这一论断,不但深刻揭示了社会主义核心价值体系在社会主义文化建设中的灵魂作用,也体现了我们党对社会主义文化建设规律认识的进一步深化,促使高等职业院校文化建设必须紧紧抓住社会主义核心价值体系建设这个根本。在这一阶段,一些研究者开始从建立现代职业教育体系的维度思考高职院校的文化建设,如谢宏忠认为,在当前文化多样性环境下,对大学生社会主义核心价值体系的教育路径是在先进文化的传承中促进大学生的价值认同,在跨文化的交流中实现大学生的价值选择,在文化建设的实践中完成大学生的价值内化。梅纪萍也从"培育高尚的精神文化;打造向上的企业文化;建设先进的专业文化;锻造文明的行为文化;营造进取的创业文化"五个方面阐述了以社会主义核心价值观引领职业院校文化建设的路径。在国家中长期教育改革与发展规划纲要中提出了到 2020 年建立"现代职业教育体系"的目标,以使我国的职业教育适应经济发展方式转变和产业结构调整要求,不断满足经济社会对高素质技能型人才的需求。这是今后十年国家大力发展职业教育所面临的中心任务,建立现代职业教育体系自然成为高等职业院校文化建设的一项重要内容。

(二)国外职业教育思想与文化对我国职业教育的影响

在我国职业教育改革与发展的进程中,一直在不断学习和借鉴国外先进的职业教育理念与方法,国外发达国家职业教育的成功不但使本国经济得以快速发展,也为其他发展中国家的职业教育提供了可以学习借鉴的经验。由于各国职业教育的历史背景不同,出现了多种不同的职业教育模式,比较有代表性的模式有三种:一种是德国的"双元制"模式,它是一种通过国家立法支持、校企合作共建的职业教育模式,它注重职业教育过程中企业的广泛参与和与生产的紧密结合;培训与考核相分离,突出岗位证书的权威性;并且具有不同教育类型之间可随时分流的显著特征。另一种是以美国和加拿大为代表的 CBE (Competency Based Education)模式,这是一种以强调职业位岗群所需要的职业能力为培养核心的职业教育模式,它能够最大限度地调动学生学习的积极性,培养学生的独立思考能力和创新能力。再一种是澳大利亚的 TAFE (Technical and Further Education)模式,这是一种建立在终身教育理论之上的职业教育模式,它使得教学内容与实际需求结合得更加紧密,反映了澳大利亚职业教育体系的灵活性与开放性的特点。三种职业教育模式成为目前欧美职业教育的典型代表。尽管模式不同,但是却体现出相同的职业教育思想,那就是以社会和经济现实及未来发展趋势的需求为导向,以人的能力为本位,注重职业教育的实效性;以必要的机制调动社会各方面参与职业教育的积极性并形成内在的动力;充分发挥行业企业在发展职业教育中的作用,建立长效机制,将企业参与职业教育作为企业的一种社会责任;健全的职业教育体系;全社会对职业教育的高度重视及终身化学习理念等。这些职业教育模式与思想在推动我国职业教育改革、课程体系构建、人才培养模式创新、校企合作、现代职业教育体系建立等方面都起到了积极的促进作用。

"双元制"被称为德国经济腾飞的秘密武器。1969 年德国政府在颁布的"职业教育法"中对德国联邦教育与科研部在职业教育中的领导地位及职业教育中企业与职业学校的权利与义务做出了明确的规定,它奠定了德国"双元制"职业教育的基础。1983 年德国巴伐利亚州率先颁布了"巴伐利亚州教育与培训法"对职业学校做出规定,职业学校的开设必须以和学校外部机构、尤其是当地企业紧密地合作为前提。在德国,为了规范职业教育,保证职业教育的质量,政府还相继颁发了许多与职业教育相关的法律法规,从而保障了职业教育的健康发展,促进了德国职业教育的系统化与体系化。我国对德国职业教育的研究始终围绕着对德国"双元制"模式的研究进行,它强调企业在职业人才培养过程中的作用,突出了"以学生为中心"、注重技能型人才培养的特点,这些都确保了德国职业教育的有效实施,也有效促进了德国经济的快速发展,得到了德国社会各界的高度认可,也成为世界其他国家职业教育界研究学习的对象。

德国"双元制"职业模式的确立与德国的文化特征有着密切的关系。德国的职业教育十分重视与企业文化的对接,而这一对接又集中体现了德意志文化的特征,即"民族主义"在德意志文化中的核心地位。德国职业学校所营造的学校文化一个很突出的特点就是爱国、爱民族,把企业文化与学校文化对接看成是民族振兴的需要,使得学校与企业合作的原动力是发自内心的,成为企业应尽的社会责任。而求真、务实和富有责任感是德意志民族最突出的品质特征之一,德国职业院校在对学生进行文化教育与熏陶中,也充分体现这种严谨和务实的态度,它已经成为德国职业院校的一种文化理念,这也是德国职业教育能够培养出大批"能工巧匠"的重要原因之一。德国职业院校的另一个文化特征是注重人文传统,德意志民族孕育的世界级大师、巨匠在德国职业院校中普遍受到尊重和推崇,把人文传统作为学校文化的重要内容。除此之外,德国职业院校还十分注重培养创新文化,在学校文化环境营造上,创新元素随处可见,学校认为学生只有具有创新意识和创新能力,才能在以后的工作中发挥最大的创造潜力,才是企业真正需要的技能人才。

近年来,特别是在国家示范性高等职业院校建设项目中,德国职业教育的理念与思想成为我国职业教育界研究和学习的重点。国内一些学者紧紧跟踪近年来德国职业教育的研究脉络,选取对当代职业教育发展,特别是对教育模式的形成具有重大影响的设计导向的教育思想、职业能力开发的教育理念、学习领域的课程方案、行动导向的教学组织和职业教育的专业教学论等五个方面的内容进行了深入的研究。并试图通过对德国职业教育主流思想的研究与借鉴,促使我国职业教育界从教育公平性、尊重教育规律、满足社会需求等方面重新认识发展职业教育的必要性。实现从"被动适应"到"主动设计";从"技能本位"到"能力本位";从"学科结构系统化"到"工作过程系统化"等一系列教育理念的转变。当今,在经济与信息全球化的背景下,教育的国际化已是人的社会化和教育现代化的必要条件。今天我们学习借鉴国外发达国家的职业教育经验,不但要从微观教学层面上进行改革与实践,更要在宏观层面上探讨职业教育的自身规律,了解不同国家职业教育的发展历史与文化特征,注重职业教育国际性与民族性、国际化与本土化的统一,创新具有中国特色的职业教育理论,从文化层面来认识职业教育在国家经济建设及社会发展中所承担的使命,形成具有中国特色文化内涵与教育模式的职业教育体系。

(三)高等职业院校文化建设中的问题

高等职业院校的历史最早可以追溯到20世纪90年代,在不到20年的发展中经历了从理念到实践的整体变革。这期间,虽然许多院校从不同方面着手进行文化建设实践,但受制度、历史等因素影响,其文化建设方面存在问题仍旧突出和明显。

第一,文化建设不受重视。在学校功能中,教学和科研是主要任务,受重视程度也最高,整个社会对于学校的关注也更多地聚焦在学科及专业设置、整体师资水平、在校学生规模、科研级别及经费等方面。而对于学校文化传承和文化创新的功能几乎不予重视,学校管理者也往往忽视文化在学校建设发展中的重要作用。此外,我国对于各高职院校的评价、考核中也没有涉及文化建设方面的相关指标，更没有一个统一的衡量指标。这就造成现今高职院校师生主观上产生文化建设与学校整体发展关联不大的想法，对于文化建设的重要性认识不够，产生了可做可不做的错误观点。

第二，文化建设内容模糊。由于高等职业院校的师生对文化建设的不重视，导致在进行文化建设过程中对于要构建的文化内容研究不够深入、认识上不够清晰、运作上不够得当。在师生心目中，一讲到精神层面的文化建设，大家可能想到的就是政治理论学习；物质层面的文化建设，则联想到固定资产建设和教学设备配置；制度层面的文化建设，则仅仅考虑完善学生管理制度和教职员工的管理体制。

近年来，有些院校也对于"文化建设"予以关注，但所作所为仅限于表面，搞一些"校园文化节"等学生活动，组织一些文艺汇演、体育竞赛等，并将此作为工作业绩，而对于文化建设的深层次内涵、内在价值基本忽视，从而造成高职院校无论学校规模、办学特色有何差别，文化建设方面千篇一律、大同小异。

第三，文化建设趋向庸俗。庸俗化是高职院校文化建设中存在的另一不良现象。如：学术研究的目的功利化，只考虑个人晋升、提职、加薪，在学术上出现抄袭、剽窃等不良现象；官僚主义作风，以领导的需要作为价值取向，以及由此产生的趋炎附势、钱权交易等现象，这些现象都已蔓延到学生当中，影响恶劣。

(四)高等职业院校文化建设中问题的根源分析

上述问题的存在，与高职院校整体发展的过程和办学机制有很大关系，深入分析可归纳成以下方面：

第一，历史原因的影响。在我国，高等职业教育无论是教学还是其他方面都相对缺乏历史积淀。而文化本身就更加需要用时间去凝练、传承，没有这样的过程文化就不能称其为文化。我国的高职院校多数是在 20 世纪末成立、由多个学校合并重组而来，刚好与我国经济转型、市场完善时间重合，很多高职院校受传统办学方式和理念的影响，没有找到其发展的办学机制。近年来，高职教育的人才培养模式被重新定位为校企合作、工学结合。但在长期发展中，很多学校并没有充分认识到企业在该过程的重要作用，并且没有将行业、企业纳入人才培养规划中来，没有将企业硬件、环境、技术及管理方法等纳入到学校教学实践中。而这些资源包含着企业的文化内涵。

第二，教育教学特征的影响。当前，高职教育主要是将岗位群作为课程体系建设的基础，将工作过程作为课程内容设定的导向，针对原有的知识体系进行彻底的变革和再设计，这就要求学生在有限的时间内将更多的精力投入到技术技能的学习和训练上。这样，一定程度上占用了学生根据个人兴趣深入学习和研究的时间,影响了学生在职业领域内创新能力的提高。

第三,价值取向的影响。由于高职教育的指导思想是"以就业为导向、以服务为宗旨、培养技术技能型人才为目标",这迎合了社会对于高职教育的需求,也为高职院校指明了发展方向,却也导致了在教学及管理过程中,片面强调实用、技术、规章制度的重要性,忽略了人文属性,造成了在高职院校教育教学过程中对人文精神重视不够,对职业素养培养不足,这些都对学生就业后在岗位上的可持续发展有很大影响。

三、示范性高职院校文化建设的路径与发展

(一)示范性高职院校文化建设的基本原则

第一,方向性原则。方向性原则是对高职院校文化建设在思想意识方面的总的要求,文化建设必须坚持先进文化的建设方向,以社会主义核心价值体系作为价值取向,这体现了社会主义文化的本质特点,关系到文化的性质。高职院校是培养社会主义合格接班人的园地,其文化在建设中必须用积极健康向上的思想去占领文化阵地,引导校园人树立正确的世界观!人生观和价值观,注重把握文化的政治、思想以及价值导向,弘扬时代主旋律,倡导集体主义、爱国主义、社会主义精神,培养学生的民族自尊心、自信心和自豪感,始终做到以科学的理论武装人,以正确的舆论引导人,以优秀的文化感染人,以优美的环境熏陶人,努力营造积极向上的文化氛围,确保文化沿着健康积极的轨道发展,让学生在优良的文化氛围中培养良好的精神风貌、道德品格和社会责任,使他们成为有理想、有道德、有文化、有纪律,成为实现中华民族伟大复兴的中国梦的合格人才。

第二,主体性原则。坚持主体性原则就是在文化建设中要始终把校园人当成管理活动的主体,充分发挥文化主体的作用,坚持以人为本,把培养和塑造主体作为高职院校文化建设的出发点和落脚点,在满足主体全面发展需要的同时,要充分调动主体的自觉性、主动性以及创造性。青年学生作为文化建设的主要群体,他们思维敏捷,接受新事物快,创造力强,他们身上的潜能也都充分地折射到了文化活动之中,所以要充分利用文化活动,发挥他们的创造精神和聪明才干,让他们在文化的熏陶和感染下,受教育,学知识,长才干,加强道德修养,培养动手能力,锻炼实践能力,达到自我教育,自我服务,自我管理的目的。

第三,职业性原则。职业性原则就是在高职文化建设中要体现高职教育的个性特征。高等和职业是高职院校所特有的两个主要的特征,所谓"高等",就

是因为高职教育是高等教育的组成部分之一,高等教育文化的内涵和共性在高职文化之中都能够彰显出来;所谓"职业",是因为高职教育同属于职业教育的范畴,要培养面向基层,面向生产、服务和管理第一线的人才,所以在高职文化建设中一定要把握好职业性的原则,促进学生的素质,特别是职业素质的提高,使学生具有较快的职业社会适应能力,实现学校人才培养与就业市场需求的无缝对接。

第四,系统性原则。系统性原则是强调高职院校文化建设应该是一个长期的系统的工程,应该涉及学院方方面面的工作,必须从整体上对文化进行规划,把文化建设放到学院的办学方向和培养目标的背景之下来操作和实施。学校各个部门对文化建设应齐抓共管、分工合作,师生要充分了解文化建设的意义,文化建设应充分发挥出文化活动、组织机构、工作队伍、文化设施、文化环境、校园精神等各个方面的作用,使精神文化、制度文化、行为文化、物质文化相互融合,做到四位一体,使其功能充分发挥,不断有效地提高文化建设的水平。

(二)示范性高职院校文化建设的策略

第一,深刻理解文化建设内涵,明确目标。高等职业院校文化建设包括物质文化建设、精神文明建设、道德文化建设、制度文化建设和行为文化建设。要明确文化建设的重要意义,学习文化建设相关知识,理解文化建设基本内涵。具体来说就是要对教育本质、高等职业院校本质、办学理念、教育行为、文化影响及认同感等有充分的认识和理解,要促进形成和谐的教师关系、师生关系、生生关系,形成团结向上的人际文化,建立良好的管理机制,建设优秀团队,促进高等职业院校持续发展,促进教师和学生的全面发展,用先进的文化影响社会和家长。

第二,更新思想观念,创新文化建设。文化对人的思想和行为具有导向作用。文化是民族凝聚力和创造力的重要源泉,是综合国力的重要体现,是经济社会发展的重要支撑。学校美誉度是教学实力和话语权的基础,而其则有赖于文化建设。高等职业院校要始终让教师、学生保持积极向上的状态和良好教学氛围,就必须借助文化建设。为此,必须从思想上重视文化建设。创新是高等职业院校文化建设的主题。高等职业院校提倡学术自由,而文化建设本身也不是静止的,是在各种形式与内容的碰撞、冲击下,朝着先进方向前进的。新的办学理念、管理办法、教学方式不断涌现,更需要高等职业院校进行文化创新。

第三,加强道德教育,培养道德自律。加强道德建设,形成促进教师、学生道德水平不断发展的氛围。让道德价值和道德追求成为学校文化的核心,使学校成为一个具有良好道德氛围的共同体。高等职业院校必须坚持将德育工作放在首要位置,坚持立德树人的目标。高等职业院校文化建设不仅要重视纳入教学计划的显性德育课程,还要重视那些没有纳入教学计划但对学生思想道德具有重要影响的隐性内容。高等职业院校德育文化建设依赖校园所有个体的积极行为。因此,要不断加强道德教育,提升德育水平,引导教师坚持立德树人的职业操守。

第四,构建制度文化,形成文化自觉。制度文化内涵包括各种成文、不成文的行为模式与行为规范,是精神文化的载体,通过制约人的行为产生作用。要通过严格执行来维护制度的权威性,培养学生遵守制度的好习惯。在高等职业院校文化建设中,构建优良制度文化是必需的。加强制度文化建设是制度管理升华的表现,是实现价值观深植的需要,是高等职业院校文化赖以生存的基础。在制度文化建设中,要坚持以人为本,要从维护、尊重师生的主体需求出发,构建先进、合理的制度,繁荣高等职业院校文化。

第五,面向企业,实现高等职业院校文化与企业文化的对接。高校文化不仅是高校建设先进教育文化、历史文化、区域文化、真理文化和精英文化等文化高地的主要载体,更是培养人才的关键环节。高等职业院校是人才的"制造地",企业是人才的"使用地",高校培养的人才只有符合企业要求才能为企业创造价值,从而实现个人价值。高校文化是一种"理论"的文化,而企业文化则是一种"实践"的文化,高校要培养符合企业要求的人才,必须坚持产教融合、校企合作、工学结合、知行合一,必须建设能够与企业文化对接的高校文化,建设学校、学生、企业三赢的文化模式。内容应该涵盖理论、实践、就业等,培养学生职业意识,提高职业实践能力,构建多元文化元素,丰富学生校园生活,帮助学生了解企业、行业、产业发展相关知识,掌握实践技能,加快身份转换,提前适应岗位工作。

第六,师生共同参与,达成共识与合力。高等职业院校文化是师生共同参与创造形成的,自然离不开全体教师、学生和家长的参与,也离不开全体师生参与的大众化的文化活动。在开展大众化文化活动中,要注重提升文化品位、增强文化感召力和生命力,找准高等职业院校文化建设的主体和重点;还要做到大众化与先进性相结合,构建符合高等职业院校发展和学生需要的特色文化,形成师生共同的文化价值取向。

第九章 示范性高职院校
教育质量保障体系建设

一、示范性高职院校教育质量保障体系建设概述

进入 21 世纪,高职教育蓬勃发展,为国家社会和经济发展培养了大量高素质技能人才,对高等教育大众化做出了重要贡献,但教育质量一直是困扰高职教育发展的深层次问题,高职院校办学基础薄弱,办学条件不完善,各项内涵建设亟待提升,毕业生职业能力和素养不能满足社会和经济发展需求等。2006年,《教育部关于全面提高高等职业教育教学质量的若干意见》(以下简称 16 号文)明确提出要强化质量意识,加强质量管理体系建设,逐步完善以学校为核心、教育行政部门引导、社会参与的教学质量保障体系。《国家中长期教育改革和发展规划纲要(2010—2020)》提出,职业教育发展要把提高质量作为重点,并把建立健全职业教育质量保障体系作为工作目标。

国家示范性高职院校建设项目旨在通过扶持 100 所高职院校在办学实力、教学质量、管理水平、办学效益和辐射能力等方面有较大提高,带动全国高职院校深化改革,提升中国高职教育整体水平,引导中国高职教育健康持续发展。时任教育部副部长吴启迪在题为《实施"国家示范性高等职业院校建设计划"引领高等职业教育质量的全面提高》的讲话中提出,示范建设院校应"在建立具有制度与运作双重要求、有严格的过程管理和持续改进机制的质量保障体系,为全国广大高等职业院校树立起标杆,引领高等职业教育整体管理水平的提高"。自 2006 年首批国家示范性高职院校立项建设以来,各级政府及示范性院校在教育质量保障体系建设方面进行了丰富的探索与实践,基本形成了教育部、省级主管部门和学校三层面,政府、社会和学校多主体、外部保障体系和内部保障体系相结合、既包含高职院校质量保障体系建设成绩,又体现示范建设亮点的

教育质量保障体系。

（一）外部质量保障体系

外部质量保障体系是政府或社会对高职教育质量进行监督、评价和调控的系统。示范性院校已逐渐形成以示范建设目标标准为引导，以投入保障为基础，各类评估、人才培养质量年度报告发布和人才培养工作数据采集平台为主要监控项目的外部质量保障体系。

第一，示范性高职院校建设目标标准体系。质量目标标准体系是质量保障体系建设的基础性工作，示范性院校建设目标标准体系通过政府的一系列文件得到了确立，为其开展内涵改革创新、提升教育质量指引了方向。主要文件有：一是国家示范性院校建设系列文件。《教育部、财政部关于实施国家示范性高等职业院校建设计划　加快高等职业教育改革与发展的意见》（以下简称《意见》）为示范性院校建设设立总体目标，对建设任务进行分解并确立建设要求。在《意见》基础上，教育部、财政部又发布《国家示范性高等职业院建设计划管理暂行办法》对示范性院校建设进行规范。二是高职教育内涵建设系列文件。2004 年，《普通高等学校基本办学条件指标（试行）》、2006 年 16 号文和 2011 年教育部《关于推进高等职业教育改革创新　引领职业教育科学发展的若干意见》等一系列文件，设立了高职院校办学基本指标标准和监测指标标准，规范高职院校办学条件；明确高职教育发展方向，从高职教育办学模式、人才培养目标、人才培养模式、专业、课程、实践教学、师资队伍建设等方面设置了切实的目标，为高职院校发展指引方向。

第二，投入保障体系。教育经费投入是支持示范性院校建设的战略性投资和基本物质基础。为强化国家政策导向，拉动地方财政投入，保障示范性院校建设的顺利开展，《意见》明确要求，项目建设以地方投入为主，积极吸纳社会、企业资金，中央财政进行引导和推动。中央财政安排专项资金，同时要求省级有关部门提高示范性院校的生均经费标准，示范性院校的举办方筹措经费。根据统计，包括骨干院校在内的国家示范性高职院校建设项目，中央财政投入共计 45.5 亿元，拉动地方财政投入 89.7 亿元，行业企业投入 28.3 亿元。此外，为促进高职教育内涵建设，国家先后投入了大量内涵建设专项经费，用于高职院校实训基地、专业、课程、教材、师资队伍等内涵建设。这些都为示范性院校创新教育教学改革、提高教育教学质量提供了必要的物质保障。

第三，评估。评估是政府对高职院校开展外部监控的主要手段，示范性院校在接受人才培养工作状态评估及内涵专项建设评价的同时，也开展了示范性院校建设验收评估。

一是人才培养工作状态评估。人才培养工作状态评估是高职院校第二轮评估，它以人才培养工作状态数据为基础，以校企合作、工学结合人才培养模式为切入点，围绕影响人才培养质量的关键因素如专业、课程、师资、实训基地、管理等，对高职院校人才培养工作开展评估，引导高职院校注重内涵建设和改革创新，促进教育教学质量提升。各省级教育行政部门在教育部评估方案的基础上，结合本省高职教育发展现状，规划本省人才培养工作状态评估方案，并组织本省评估工作的开展。个别省针对示范性院校和普通院校建设水平的不同开展了分类评价的探索，如浙江省在《浙江省高等职业院校人才培养工作评估实施细则(试行)》中明确要求在开展评估时，要遵循普通高职院校和示范性院校实行分类、针对性指导的原则；福建省通过部分评估指标侧重点不同的设计，对示范性院校和普通高职院校开展分类评估。

二是其他内涵建设专项评价。根据《国务院关于大力发展职业教育的决定》等文件精神，教育部相继开展了重点专业、精品课程、教材、教学团队和教学名师奖的评选工作。为响应国家高职教育内涵建设精神，各省行政主管部门也开展了一系列的相关评选建设工作。每一项评选都制订了相应的评审指标体系、内涵说明和评审办法，突出工学结合、校企合作人才培养模式的探索，引导高职院校人才培养工作的改革方向。

三是国家示范性高等职业院校建设评估。在逐年考核、中期检查的基础上，经过3年的建设期，教育部和财政部对项目学校分批开展验收评估。验收以学院总结为基础，省级验收为前提，教育部组织专家组根据各地验收申请材料，对照项目学校的建设任务书，对项目学校建设质量进行评审。评审的重点是各项目学校在教产结合体制机制创新、校企合作人才培养模式改革、专业教学方案修订、课程开发、实训条件和师资队伍建设等方面的建设情况，地方政府和院校举办方落实承诺的各项政策措施，学校预算执行情况，示范建设成果辐射效果与社会认可度。经过3年的验收工作，三批项目学校分别通过验收，被授予"国家示范性高等职业院校"称号。

第四，高等职业教育人才培养质量年报。根据《国家中长期教育改革和发展规划纲要(2010—2020年)》关于"建立高等学校质量年度报告发布制度"和《国务院关于加快发展现代职业教育的决定》中关于"实施职业教育质量年度报告制度"的要求，2012年，教育部实行教育质量报告制，要求2012年开始，全国高职院校需每年发布《高等职业教育人才培养质量年度报告》，报告学校的基本办学条件、人才培养过程和人才培养成效等信息。2012年，全国31个省、自治区、直辖市，236所高职院校率先公布人才培养质量相关信息和年度报告，其中示范性院校均上报和公布了其人才培养年度质量报告。

第五,人才培养工作状态数据采集平台。人才培养工作状态数据采集平台是第二轮评估方案的重要部分,是高职教育质量保障体系信息化建设的重要标志,其采集包括学校办学目标、办学条件、办学经费、实验实训基地建设、专业建设、师资队伍建设和教学管理等数据,既反映了学校人才培养工作开展的真实现状,也是对人才培养工作质量的量化客观反应。当前,平台除了是第二轮评估的数据基础,也逐渐成为高职教育质量保障体系建设的重要信息化平台和手段,满足高职院校各类专项内涵建设评价和质量年度报告的数据要求,教育行政部门和高职院校(包括领导者、管理者和师生)进行和参与高职教育管理与决策的数据需求。

(二)内部质量保障体系

内部质量保障体系是高职院校内部质量保障活动的系统,是高职院校进一步深化教育教学改革的着力点和巩固外部质量保障成果的关键点。随着示范建设项目的开展及外部质量保障体系工作的不断推进,作为重要的示范建设内容,示范性院校在内部质量保障体系方面开展了大量的探索,在质量目标标准体系、教育质量生成保障体系和教学质量监控与评价体系等方面取得了一定的进展。

第一,质量目标标准体系。根据外部质量目标标准体系的内容和要求,结合自身办学现状,示范性院校形成了内部质量目标标准体系,具体内容包括:一是办学目标。根据《意见》等文件精神要求,示范性院校围绕提高示范性院校整体水平建设、推进教学建设和教学改革、加强重点专业领域建设、增强社会服务能力和创建共享型专业教学资源库等建设内容设置示范建设目标。如天津职业大学示范建设目标为:"以专业建设为核心,完成中央财政重点支持建设和非中央财政支持建设的8个重点专业的课程体系的构建和专业教学标准、课程标准的制定,带动形成重点专业为龙头、相关专业为支撑、适应产业行业企业需求的特色专业群;与行业企业合作,建成14个融教学、培训、职业技能鉴定、技术研发和生产功能于一体、能满足学生生产性实训需要的重点实训基地;引进和培养一批具有丰富企业经历,并在行业领域内具有较大影响、能够解决行业企业技术难题的专业人才,形成一支"双师结构"、具备"双教"能力、专兼结合的高水平专业教学团队;建成2个辐射全国和5个辐射区域的共享型优质教学资源库。通过重点建设,将学校建成一所具有中国特色、全国一流、有国际影响的国家示范性高等职业院校,在创新人才培养模式、提高社会服务能力、带动其他高等职业院校改革发展步伐等方面取得明显进展,充分发挥了发展示范、改革示范、管理示范的作用。"二是专业人才培养工作质量目标状况体系。除了设定目标引导学校示范建设,示范性院校还通过制定专业人才培养目标、课程标准、教学标准等人才培养相关环节的质量标准规范和引导人才培养工作的开展。如河南职业技术学院重点专业针对河南经济社会发展需求,发挥行业企业作用,进行专业社会调查分析,根据职业岗位(群)的任职要求,确定人才培养规格和目标;引入企业标准,制定专业人才培养方案,参照相关职业资格标准,形成核心课程标准,规范教学基本要求。

第二,质量生成保障体系。人才培养工作的各个活动和环节是教育质量生成的要素和过程,教育质量也表现在这些活动和环节中:一是教学资源投入保障。教学资源是学校人才培养工作开展的最基本条件。在各级政府财政经费、举办方投入和学校自筹等经费资助下,示范性院校在实验实训基地、"双师"专业教学团队和教学资源库建设等方面开展建设,使得学校办学条件大大改善,内涵建设显著提升。二是人才培养各环节规范保障。示范性院校形成学校、院(系)二级教学管理体系,建立和完善各类教学管理规章制度,对人才培养方案制定修订、课程体系开发、教材开发、课堂教学、实践教学、学业考核评价、毕业设计和顶岗实习等人才培养工作各环节进行有效管理,使得人才培养工作各环节规范、有序开展。

第三,教学质量监控与评价体系。教学是学校的核心工作,教学质量是学校的生命线。示范性院校从组织体系、制度体系、教学质量监控与评介方法和内容体系三个方面开展教学质量监控与评价体系建设。一是教学质量监控与评价组织体系。形成以教学质量监控与评价部门(如督导处或质量监控与评价中心等)和教务处等多部门协同,监控与评价专家和学生信息员为工作队伍,学校、院系和教研室三级教学质量监控与评价组织体系。二是教学质量监控和评价制度体系。加强教学质量监控和评价制度建设,通过制定教学质量监控与评价相关系列制度文件规范、保障教学质量监控与评价工作的顺利开展。三是教学质量监控与评价方法和内容体系。对教学的监控和评价,既有日常的监控,如教学督导、日常教学巡查、听课、教学检查等,又有定期的评价,如课程评估、教师教学业绩考核等。对教学成效的监控和评价主要通过企业用人满意度调查、毕业生满意度、毕业生就业率和毕业生就业质量调查评价等方式开展。

二、示范性高职院校教育质量保障体系建设的成绩及问题

(一)示范性高职院校教育质量保障体系建设成绩

第一,保障主体多元化。在外部保障体系方面,除了政府,专业评估研究机

构如地方教育评估院、麦可思数据有限公司作为示范性院校质量保障主体正异军突起。在内部保障体系方面，为体现高职教育办学的开放性和质量保障的全员性，示范性院校在实现学生、教师、督导等主要内部利益相关主体参与的同时，还主动、积极引入企业和专业评估研究机构参与内部质量保障：一是引入企业。企业是高职教育的主要受益者和服务对象，是高职教育质量的"检测器"。示范性院校创新校企合作模式，邀请企业参与到专业人才培养目标和方案的制订、课程开发、课堂教学和实习指导中来，还充分发挥企业"检测器"的功能，从用人单位满意度等方面对人才培养成效开展评价。二是引入专业评估研究机构。麦可思数据有限公司是中国首家高等教育管理数据与咨询的专业公司，示范性院校积极引入麦可思作为内部质量保障体系中重要的合作评价主体，对学校的内涵建设和人才培养质量进行调研和评价，为学校提高人才培养质量提供信息参考。如北京农业职业学院与麦可思合作，对学院绿色食品与检验专业和会计专业进行专业评估，找出专业建设和专业发展过程中存在的主要问题，并及时纠偏和修正，引导专业走向良性发展的轨道。重庆工业职业技术学院与麦可思开展为期三年的合作，对学校连续三届毕业生进行跟踪调查。

第二，引入先进保障理念和保障技术。管理领域的各类质量管理先进理念和技术为示范性院校构建内部质量保障体系提供了有益的借鉴。ISO 9000 质量保障体系主要应用于企业管理，其管理理念是企业采用经过严格审核的国际标准化品质体系进行品质管理，真正达到法治化、科学化的要求，最终提高工作效率和产品合格率。许多示范性院校引入 ISO 9000 质量保障体系理念和技术建设内部质量保障体系。如山西工程职业技术学院将教学管理、学生管理、行政后勤等纳入 ISO 9001 质量管理体系中，形成 PDCA ISO 9001 质量管理模式，并定期进行审核；辽宁省交通高等专科学校在示范建设期内适时引入 ISO 9000 质量管理体系，使全体教职员工以质量方针为本职岗位的质量行为准则，采取教育教学质量内部控制体系与 ISO 9000 质量管理工具密切融合的方式开展教育教学管理体系建设。

第三，充分利用现代信息化技术开展质量监控。现代信息化技术在教育管理中的应用日益广泛，示范性院校将信息化技术手段运用到质量保障工作中来，以示范性院校质量目标标准体系为基础，充分利用信息化技术的开放性，形成既符合高职办学要求又具有学校特色的质量保障信息系统，开展质量信息搜集、网上评估、质量信息诊断与监控、信息发布和反馈工作，使得质量保障在时间和空间上得以延伸，促进了全过程、全方位和全员性的质量保障体系形成和实践。如金华职业技术学院开发了基于互联网和移动通信网络的在线运行、实时互动的质量管理系统。该系统由课堂教学效果实时测评、教学巡查信息管理、顶岗实习环节监控、毕业教学环节管理、教师评学、教师社会实践管理、毕业生跟踪调查、家长意见反馈、行业企业调研、用人单位意见、数据统计分析及反馈等 11 个在线子系统组成，为学生、教师、督导、社会（用人单位、毕业生、家长）四方六类群体提供具有"发布、评价、查询、反馈"四大功能的交互式信息渠道。

第四，凝练教学质量保障工作实践，形成示范亮点。教学质量保障体系是高职院校内部质量保障体系建设的核心，许多示范性院校探索出具有高职教育特色的教学质量保障体系，部分示范性院校凝练的成果获得了政府和社会的高度肯定。如金华职业技术学院引入现代质量管理的理念、手段和方法，以人才培养质量为主线，从源头入手对专业人才培养方案、课程教学、校内外实践教学、毕业环节（含毕业设计与论文）的质量要求进行系统思考，构建了"四方参与、四类评价"质量管理体系，该成果获得了 2014 年职业教育国家级教学成果奖二等奖。

（二）问题

示范性院校教育质量保障体系经过 10 年的探索，取得了一定的成效，但也存在一系列问题。总体而言，当前无论是内部质量保障体系还是外部质量保障体系，均属于建设初级阶段，体系尚未系统化，存在保障主体发展不均衡、示范后办学目标标准体系建设有待完善和质量生成与评价体系有待完善等问题。

第一，保障主体发展不均衡。高职院校办学开放，利益相关者众多，这些利益相关者也是质量保障主体，当前示范性院校保障主体存在发展不均衡的问题：政府在质量保障过程中管办评不分离，既是办学者、管理者，又是评价者，既组织高职院校示范建设，推进示范性院校办学水平的提升，又开展示范验收评估、人才培养工作状态评估和各类专项建设项目评价；相对而言，示范性院校质量保障自主意识不强，没有把内部质量保障体系建设提升至学校示范建设整体发展战略的高度，从自身条件和社会需求出发建设内部质量保障体系，内部质量保障体系建设很大程度局限于政府的要求；教师、学生、家长和行业企业参与质量保障主动性不够，参与方式单一，参与内容广度有限，且参与深度也不够，并没有真正融入到质量保障工作中来；专业评估研究机构参与质量保障尚处于初级探索阶段，其评价的合理性和合法性有待提高。

第二，质量目标标准体系建设有待完善。主要体现在以下两个方面：一是示范后建设目标的缺失。示范建设应是示范性院校追求的永恒目标，且这些目标具有阶段性的特点，既不同建设时期，其目标有所不同。三批项目学校先后通过验收评估，"通过"只是对 3 年示范建设目标达成的肯定，并非是示范建设的结束。如何深化内涵建设，引导中国高职教育发展是政府和示范性院校在后示范时期所要树立的建设目标。而目前,政府并没有开展后示范时期示范性院校发展战略规划,有些示范性院校在通过验收后失去了目标,认为示范建设目标达成了,完事大吉或对后续如何建设产生迷茫,导致后示范时期外部和内部建设目标的缺失。二是质量标准体系有待完善改进。首先是标准体系内容的有待完善。政府及示范性院校在标准建设方面进行了一定的探索,外部标准如学校办学标准等,内部标准如人才培养目标标准、课程标准和教学标准等。而质量标准内容非常丰富,还包括了专业设置和建设质量标准、教师能力标准、生均经费拨款标准和实验实训基地建设标准等,总体而言,每个人才培养工作环节和活动都应有对应的目标或标准。当前示范性院校质量建设标准尚处于起步阶段,相关的质量标准制定还未覆盖人才培养工作的各环节和活动;其次是质量标准的一刀切,外部标准如高职院校办学标准,并没有根据示范性院校和非示范性院校的建设水平差异进行针对性设置,无法满足示范建设和办学的标准指导需求,内部标准并没有根据建设项目和非建设项目进行分类设定,无法体现建设的成效,满足建设项目的标准指导需求。

第三,质量生成与评价体系有待完善。包括外部质量保障体系和内部质量保障体系,就外部质量保障体系而言。一是示范性院校示范后评估缺失。三批项目学校通过了教育部、财政部组织的示范建设验收,成为"国家示范性高等职业院校"单位。虽然在建设期内各院校在人才培养模式创新、专业建设、师资队伍建设、实训基地建设、社会服务建设等方面都取得了显著的成效,综合办学实力明显提升,人才培养质量大大提高,这些项目学校也发挥了示范和辐射作用,引领高职教育的发展。但由于建设成效的滞后性和示范效应的持续性,仅对这些学校开展过程性和终结性的评价,难以完整的判断示范性建设项目成效和其在后示范时期持续示范效应的发挥。而自最后一批项目学校通过验收后,教育部、财政部及省级相关行政主管部门并没有对这些示范性院校开展相应的示范后评估,存在示范后评估缺失问题,难以促进示范性院校在后示范时期内涵建设的深化及示范辐射功能持续发挥。二是各类评估评价项目有待完善。第二轮人才培养工作状态评估,其评估对象是高职院校,虽侧重对学校内涵建设评估,但对专业质量、课程质量、师资质量等方面建设及提升的深入评估不够;各类内涵专项建设项目主要针对立项建设的项目,评价对象范围狭窄,无法达到普遍评价的目标。

就内部质量保障体系而言。一是示范内涵建设有待提升。根据国家和学校示范建设目标及要求,项目学校开展了大量的建设工作,在办学条件改善、校企合作模式创新、人才培养模式改革、教学团队建设和社会服务等方面取得了显著的成果。但3年建设期,建设时间短,建设任务重,项目学校普遍重硬件教学资源投入，软件内涵建设仍需提升，具体表现在校企合作中学校"一头热"现象普遍存在、人才培养模式和课程体系改革未全面铺开、社会服务能力和范围有待提升、专兼结合教学团队建设机制急需完善和示范功能未充分发挥等。二是质量监控与评价运行有待完善。示范性院校内部质量监控与评价运行仍待完善，存在偏重示范内涵建设评价，示范服务贡献评价不足；偏重对教学评价，对学校教学和学生管理服务的效能评价不足；偏重对学校教育教学资源投入建设的保障，忽略教育资源投入建设绩效和成效的评价；偏重对教师教学活动的监控，对学生学习参与情况监控比较松弛；偏重对人才培养评价和督导，忽略评价和督导结果的应用等问题。

三、示范性高职院校教育质量保障体系发展趋势

质量保障体系建设是示范建设的重要内容，也是示范性院校继续开展示范办学、引领中国高职教育发展的重要路径。因此，在后示范时期，政府及示范性院校应充分重视示范性院校教育质量保障体系的建设和发展，把质量保障体系建设提升到示范建设的战略发展层面，在原有建设成果的基础上，以"政府引导，学校核心，社会参与"为指导，从示范质量文化、保障主体和保障内容系统等方面开展建设工作。

(一)注重示范质量文化建设

质量文化是质量保障体系建设的重要内容，是质量管理的灵魂所在，其对提升全校学生和教职工的质量意识，开展质量保障工作的凝聚力与自觉性等起着不可替代的重要作用。以质量文化强化质量保障体系已成为国际质量保障体系建设的新路径。示范性院校要以示范质量文化为先导，确立后示范时期的教育质量观，增强师生对各类质量保障活动的认同感，牢固树立后示范时期"人人都是质量主体、事事都是质量载体"的质量观，以质量谋发展，以质量上水平，以质量做示范。

(二)质量保障主体适切发展

政府、学校和社会(学生、家长、企业和专业评估研究机构)在高职教育中所处的地位和角色不同，由此产生不同的利益需求，其在高职教育质量保障中的作用亦不同。质量保障主体发展模式应在"政府引导，学校核心，社会参与"这一原则基础上，构建政府、社会和示范性院校共同组成的多元合作、分权运作的质量保障体系：

第一，政府引导。政府应遵循管办评分离原则，转变在示范性院校质量保障中的组织者角色，充分发挥政府在质量保障宏观管理和法律法规方面的优势，从国家或地方层面设立后示范时期示范性院校质量保障建设战略目标，颁布政策法规规范和鼓励示范性院校办学，并充分利用财政拨款的杠杆刺激示范性院校重视后示范时期内涵建设和示范辐射服务。

第二，学校核心。教育质量的保障和提高最终都要学校自身的实践来实现。在质量保障中，学校是质量的实施者也是自我的促进者，是多元质量保障主体结构中的核心主体。因此，示范性院校应自觉自主树立示范质量意识，把内部质量保障体系建设上升到示范办学的战略高度，充分调动学生和教职工参与质量保障的积极性和主动性，积极引入企业和专业评估研究机构，深化示范内涵建设，推进内部质量保障体系制度化和系统化建设。

第三，行业企业参与。行业企业参与是建设具有高职教育特色的质量保障体系的重要保障。因此，政府应鼓励、学校应积极吸引行业企业参与质量保障中来，在充分发挥行业企业在示范内涵建设、教学过程和教学效果评价检测作用的基础上，扩大行业企业参与的深度和广度，如与政府部门合作共同制定职业资格标准、专业教育质量标准和评估方案等；参与相关管理部门或专业评估研究机构组织的评估活动，或行业通过协会或成立行业评估认证机构开展专业认证和评估工作。

第四，专业评估研究机构。参与专业评估研究机构是质量保障的重要主体，是政府实现管办评分离的重要条件。政府应通过制度建设、机构设置审核和定期评价等途径规范专业评估研究机构，保障专业评估研究机构质量评价的合法性和规范性。政府和学校通过招标、委托等形式与专业评估研究机构合作，形成示范性院校质量监测评估体系，定期发布示范建设监测评估报告。

(三)完善示范办学目标标准体系

第一，确立后示范时期示范办学目标。国家与示范性院校应充分重视后示范时期示范性院校的内涵深化建设，政府在《意见》、《国家示范性高等职业院校建设计划管理暂行办法》、《教育部、财政部关于公布"国家示范性高等职业院校建设计划"2006年度立项建设院校项目验收结果的通知》、《教育部财政部关于公布"国家示范性高等职业院校建设计划"2007年度立项建设院校项目验收结果的通知》和《教育部、财政部关于公布"国家示范性高等职业院校建设计划"2008年度立项建设学校部分项目验收结果的通知》等文件基础上，确立示范性院校示范建设的五年阶段性规划目标，引导示范性院校在后示范时期以强化办学特色为核心深化内涵建设。示范性院校根据示范建设外部目标，结合所在地区及本校的示范建设情况，制定学校后示范时期示范办学五年规划目标，持续建设和改进办学内涵。

第二，完善示范性院校质量标准体系。构建科学、合理的示范性院校质量标准是规范示范性院校办学、保证质量的主要依据。示范性院校标准体系建设具有高职院校质量标准的共性，又应优于一般高职院校质量标准的个性。一是外部质量标准体系。政府应以示范性院校和非示范性院校建设水平差异为基础，标准内容既体现高职院校的办学要求，又要兼顾示范和非示范的不同建设要求，明确示范性院校办学基本条件（如土地、设备、师资和图书等）和办学质量标准，制定示范性院校生均经费拨款标准和奖励标准，从宏观层面对示范性院校办学、经费渠道等内容进行要求和标准。二是内部质量标准体系。示范性院校应建立覆盖人才培养工作各环节和各活动的质量标准体系。如教育资源投入建设质量标准（财政经费使用规范）、教学建设质量标准（专业建设、课程建设、教材建设、教学团队建设和实训基地建设等的规范要求和标准）、教学过程质量标准（课堂教学、实训教学、考试考核、毕业设计、顶岗实习和社会实践等教学的规范要求和标准）、学生学习质量标准（学生学习规范、毕业生能力标准等）和教学与学生管理与服务标准（教学安排与运行、学生管理与服务等工作的规范要求和标准）等。

（四）完善质量生成与评价体系

第一，外部质量保障体系。一是定期开展示范后评估。定期对示范性院校开展示范后评估是示范建设项目发展的必然要求。政府每三年或五年，根据后示范时期国家示范性院校建设的目标标准，对通过建设验收评估获得"国家示范性高等职业院校"称号的学校开展评估。评估的内容包括示范性院校在原有项目建成基础上，在整体水平、教学建设和教学改革、重点专业领域、共享型专业教学资源库和社会服务能力等方面的深化建设、建设效益和建设影响等情况。评估结果不仅作为政府、学校、行业企业和社会管理决策的根据，也作为学校是否保持"国家示范性高等职业院校"称号的依据。通过的学校，继续保持示范称号，没有通过评估的学校，将不再保持示范称号，空出的名额，省级示范性院校或非示范性院校可通过申请参加评估，由此形成了示范竞争机制，推动示范项目的深化持续发展。二是开展专业评估和认证。职业教育要和职业资格结合的一个重要前提是专业认证和评估，对专业开展评估和认证是高职教育质量保障发展的必然趋势。借鉴国外职业教育专业评估和认证的实践经验，政府放权，行业协会或专业评估研究机构遵循分类评价原则，即基于示范性院校和非示范性院校、重点专业和一般专业建设水平的差异，制定专业评估与认证分类标准,设计专业评估与认证方案,对专业实施评估和认证,并向政府、学校和社会公布评估和认证结果。

第二,内部质量保障体系。一是深化示范内涵建设。内涵建设是提高示范性院校教育教学质量的生成保障。在后示范时期,示范性院校应继续秉持示范建设时期的创新创业精神,以强化特色办学为目标,推进校企合作机制建设,强化校企合作办学、合作育人、合作发展办学模式;以专业为单位,进一步推进工学结合人才培养模式改革,以岗位能力、职业资格和学生学力为依据,完善课程体系;以信息技术为载体,在继续专业教学资源库建设的同时,实质性推进教学资源共享工作。由此,深化示范内涵建设,促进及引领地方乃至国家高职教育质量提高。二是完善内部质量监控与评价运行。内部质量监控与评价是内部质量保障体系建设的核心内容。在后示范时期,示范性院校应以全面质量理念为指导,常态监控与定期评价相结合,采用标准规范、督导、各类评估评价、跟踪调查等多元方式,对教育资源投入、教学建设、教学过程、教学结果、教学效果等各环节进行全程性监控与评价;对内涵建设与示范贡献、人才培养与社会服务、教学与学生管理服务、教师教学与学生学习等各种活动进行全面监控与评价,形成自主发展、特色发展和可持续性发展的良性质量保障运行机制。

下●篇<<<<

第一部分　示范性高职院校建设重要文件

一、国务院关于大力发展职业教育的决定

国发〔2005〕35 号

各省、自治区、直辖市人民政府,国务院各部委、各直属机构:

2002 年全国职业教育工作会议以来,各地区、各部门认真贯彻《国务院关于大力推进职业教育改革与发展的决定》(国发〔2002〕16 号),加强了对职业教育工作的领导和支持,以就业为导向改革与发展职业教育逐步成为社会共识,职业教育规模进一步扩大,服务经济社会的能力明显增强。但从总体上看,职业教育仍然是我国教育事业的薄弱环节,发展不平衡,投入不足,办学条件比较差,办学机制以及人才培养的规模、结构、质量还不能适应经济社会发展的需要。为了进一步贯彻落实《中华人民共和国职业教育法》和《中华人民共和国劳动法》,适应全面建设小康社会对高素质劳动者和技能型人才的迫切要求,促进社会主义和谐社会建设,现就大力发展职业教育作出如下决定:

一、落实科学发展观,把发展职业教育作为经济社会发展的重要基础和教育工作的战略重点

(一)大力发展职业教育,加快人力资源开发,是落实科教兴国战略和人才强国战略,推进我国走新型工业化道路、解决"三农"问题、促进就业再就业的重大举措;是全面提高国民素质,把我国巨大人口压力转化为人力资源优势,提升我国综合国力、构建和谐社会的重要途径;是贯彻党的教育方针,遵循教育规律,实现教育事业全面协调可持续发展的必然要求。在新形势下,各级人民政府要以邓小平理论和"三个代表"重要思想为指导,落实科学发展观,把加快职业教育、特别是加快中等职业教育发展与繁荣经济、促进就业、消除贫困、维护

稳定、建设先进文化紧密结合起来，增强紧迫感和使命感，采取强有力措施，大力推动职业教育快速健康发展。

（二）明确职业教育改革发展的目标。进一步建立和完善适应社会主义市场经济体制，满足人民群众终身学习需要，与市场需求和劳动就业紧密结合，校企合作、工学结合，结构合理、形式多样，灵活开放、自主发展，有中国特色的现代职业教育体系。

"十一五"期间，继续完善"政府主导、依靠企业、充分发挥行业作用、社会力量积极参与，公办与民办共同发展"的多元办学格局和"在国务院领导下，分级管理、地方为主、政府统筹、社会参与"的管理体制。

到2010年，中等职业教育招生规模达到800万人，与普通高中招生规模大体相当；高等职业教育招生规模占高等教育招生规模的一半以上。"十一五"期间，为社会输送2500多万名中等职业学校毕业生，1100多万名高等职业院校毕业生。各种形式的职业培训进一步发展，每年培训城乡劳动者上亿人次，使我国劳动者的素质得到明显提高。职业教育办学条件普遍改善，师资队伍建设进一步加强，质量效益明显提高。

二、以服务社会主义现代化建设为宗旨，培养数以亿计的高素质劳动者和数以千万计的高技能专门人才

（三）职业教育要为我国走新型工业化道路，调整经济结构和转变增长方式服务。实施国家技能型人才培养培训工程，加快生产、服务一线急需的技能型人才的培养，特别是现代制造业、现代服务业紧缺的高素质高技能专门人才的培养。各地区、各部门要根据区域经济和行业发展需要，制订地方和行业技能型人才培养规划。

（四）职业教育要为农村劳动力转移服务。实施国家农村劳动力转移培训工程，促进农村劳动力合理有序转移和农民脱贫致富，提高进城农民工的职业技能，帮助他们在城镇稳定就业。

（五）职业教育要为建设社会主义新农村服务。继续强化农村"三教"统筹，促进"农科教"结合。实施农村实用人才培训工程，充分发挥农村各类职业学校、成人文化技术学校以及各种农业技术推广培训机构的作用，大范围培养农村实用型人才和技能型人才，大面积普及农业先进实用技术，大力提高农民思想道德和科学文化素质。

（六）职业教育要为提高劳动者素质特别是职业能力服务。实施以提高职业技能为重点的成人继续教育和再就业培训工程，在企业中建立工学结合的职工教育和培训体系，面向在职职工开展普遍的、持续的文化教育和技术培训，加

第一部分　示范性高职院校建设重要文件

快培养高级工和技师,建设学习型企业。职业院校和培训机构要为就业再就业服务,面向初高中毕业生、城镇失业人员、农村转移劳动力,开展各种形式的职业技能培训和创业培训,提高他们的就业能力、工作能力、职业转换能力以及创业能力。大力发展社区教育、远程教育,通过自学考试和举办夜校、周末学校等多种形式满足人民群众多样化的学习需求。建立职业教育与其他教育相互沟通和衔接的"立交桥",使职业教育成为终身教育体系的重要环节,促进学习型社会建立。

三、坚持以就业为导向,深化职业教育教学改革

(七)推进职业教育办学思想的转变。坚持"以服务为宗旨、以就业为导向"的职业教育办学方针,积极推动职业教育从计划培养向市场驱动转变,从政府直接管理向宏观引导转变,从传统的升学导向向就业导向转变。促进职业教育教学与生产实践、技术推广、社会服务紧密结合,积极开展订单培养,加强职业指导和创业教育,建立和完善职业院校毕业生就业和创业服务体系,推动职业院校更好地面向社会、面向市场办学。

(八)进一步深化教育教学改革。根据市场和社会需要,不断更新教学内容,改进教学方法。合理调整专业结构,大力发展面向新兴产业和现代服务业的专业,大力推进精品专业、精品课程和教材建设。加快建立弹性学习制度,逐步推行学分制和选修制。加强职业教育信息化建设,推进现代教育技术在教育教学中的应用。把学生的职业道德、职业能力和就业率作为考核职业院校教育教学工作的重要指标。逐步建立有别于普通教育的,具有职业教育特点的人才培养、选拔与评价的标准和制度。

(九)加强职业院校学生实践能力和职业技能的培养。高度重视实践和实训环节教学,继续实施职业教育实训基地建设计划,在重点专业领域建成2000个专业门类齐全、装备水平较高、优质资源共享的职业教育实训基地。中央财政职业教育专项资金,以奖励等方式支持市场需求大、机制灵活、效益突出的实训基地建设。进一步推进学生获取职业资格证书工作。取得职业院校学历证书的毕业生,参加与所学专业相关的中级职业技能鉴定时,免除理论考核,操作技能考核合格者可获得相应的职业资格证书。到2010年,省级以上重点中等职业学校和有条件的高等职业院校都要建立职业技能鉴定机构,开展职业技能鉴定工作,其学生考核合格后,可同时获得学历证书和相应的职业资格证书。

(十)大力推行工学结合、校企合作的培养模式。与企业紧密联系,加强学生的生产实习和社会实践,改革以学校和课堂为中心的传统人才培养模式。中等职业学校在校学生最后一年要到企业等用人单位顶岗实习,高等职业院校学生实习实训时间不少于半年。建立企业接收职业院校学生实习的制度。实习期间,企业要与学校共同组织好学生的相关专业理论教学和技能实训工作,做好学生实习中的劳动保护、安全等工作,为顶岗实习的学生支付合理报酬。逐步建立和完善半工半读制度,在部分职业院校中开展学生通过半工半读实现免费接受职业教育的试点,取得经验后逐步推广。

(十一)积极开展城市对农村、东部对西部职业教育对口支援工作。要把发展职业教育作为城市与农村、东部与西部对口支援工作的重要内容。各地区要加强统筹协调,把职业教育对口支援工作与农村劳动力转移、教育扶贫、促进就业紧密结合起来。要充分利用东部地区和城市优质职业教育资源和就业市场,进一步推进东西部之间、城乡之间职业院校的联合招生、合作办学。实行更加灵活的学制,有条件地方的职业学校可以采取分阶段、分地区的办学模式,学生前1至2年在西部地区和农村学习,其余时间在东部地区和城市学习。鼓励东部和城市对西部和农村的学生跨地区学习减免学费,并提供就业帮助。

(十二)把德育工作放在首位,全面推进素质教育。坚持育人为本,突出以诚信、敬业为重点的职业道德教育。确定一批职业教育德育工作基地,选聘一批劳动模范、技术能手作为德育辅导员。加强职业院校党团组织建设,积极发展学生党团员。要发挥学校教育、家庭教育和社会教育的作用,为学生健康成长创造良好社会环境。

四、加强基础能力建设,努力提高职业院校的办学水平和质量

(十三)建立和完善遍布城乡、灵活开放的职业教育和培训网络。在合理规划布局、整合现有资源的基础上,每个市(地)都要重点建设一所高等职业技术学院和若干所中等职业学校。每个县(市、区)都要重点办好一所起骨干示范作用的职教中心(中等职业学校)。乡镇要依托中小学、农民文化技术学校及其他培训机构开展职业教育和培训。社区要大力开展职业教育和培训服务。企业要建立健全现代企业培训制度。

(十四)加强县级职教中心建设。继续实施县级职教中心专项建设计划,国家重点扶持建设1000个县级职教中心,使其成为人力资源开发、农村劳动力转移培训、技术培训与推广、扶贫开发和普及高中阶段教育的重要基地。各地区要安排资金改善县级职教中心办学条件。

(十五)加强示范性职业院校建设。实施职业教育示范性院校建设计划,在整合资源、深化改革、创新机制的基础上,重点建设高水平的培养高素质技能型人才的1000所示范性中等职业学校和100所示范性高等职业院校。大力提升这些学校培养高素质技能型人才的能力,促进他们在深化改革、创新体制和机

制中起到示范作用,带动全国职业院校办出特色,提高水平。2010 年以前,原则上中等职业学校不升格为高等职业院校或并入高等学校,专科层次的职业院校不升格为本科院校。

(十六)加强师资队伍建设。实施职业院校教师素质提高计划,地方各级财政要继续支持职业教育师资培养培训基地建设和师资培训工作。建立职业教育教师到企业实践制度,专业教师每两年必须有两个月到企业或生产服务一线实践。制定和完善职业教育兼职教师聘用政策,支持职业院校面向社会聘用工程技术人员、高技能人才担任专业课教师或实习指导教师。加强"双师型"教师队伍建设,职业院校中实践性较强的专业教师,可按照相应专业技术职务试行条例的规定,申请评定第二个专业技术资格,也可根据有关规定申请取得相应的职业资格证书。

五、积极推进体制改革与创新,增强职业教育发展活力

(十七)推动公办职业学校办学体制改革与创新。公办职业学校要积极吸纳民间资本和境外资金,探索以公有制为主导、产权明晰、多种所有制并存的办学体制。推动公办职业学校与企业合作办学,形成前校后厂(场)、校企合一的办学实体。推动公办职业学校资源整合和重组,走规模化、集团化、连锁化办学的路子。要发挥公办职业学校在职业教育中的主力军作用。

(十八)深化公办职业学校以人事分配制度改革为重点的内部管理体制改革。进一步落实职业院校的办学自主权。中等职业学校实行校长负责制和聘任制,高等职业院校实行党委领导下的校长负责制和任期制。全面推行教职工全员聘用制和岗位管理制度,建立能够吸引人才、稳定人才、合理流动的制度。深化内部收入分配改革,将教职工收入与学校发展、所聘岗位及个人贡献挂钩,调动教职工积极性。

(十九)大力发展民办职业教育。贯彻落实《中华人民共和国民办教育促进法》及其实施条例,把民办职业教育纳入职业教育发展的总体规划。加大对民办职业教育的支持力度,制定和完善民办学校建设用地、资金筹集的相关政策和措施。在师资队伍建设、招生和学生待遇等方面对民办职业院校与公办学校要一视同仁。依法加强对民办职业院校的管理,规范其办学行为。扩大职业教育对外开放,借鉴国外有益经验,积极引进优质资源,推进职业教育领域中外合作办学,努力开拓职业院校毕业生国(境)外就业市场。

六、依靠行业企业发展职业教育,推动职业院校与企业的密切结合

(二十)企业要强化职工培训,提高职工素质。要继续办好已有职业院校,企业可以联合举办职业院校，也可以与职业院校合作办学。企业有责任接受职业院校学生实习和教师实践。对支付实习学生报酬的企业，给予相应税收优惠。

（二十一）要认真落实"一般企业按照职工工资总额的 1.5% 足额提取教育培训经费，从业人员技术要求高、培训任务重、经济效益较好的企业，可按 2.5% 提取"的规定，足额提取教育培训经费，主要用于企业职工特别是一线职工的教育和培训。企业新上项目都要安排员工技术培训经费。

（二十二）行业主管部门和行业协会要在国家教育方针和政策指导下，开展本行业人才需求预测，制订教育培训规划，组织和指导行业职业教育与培训工作；参与制订本行业特有工种职业资格标准、职业技能鉴定和证书颁发工作；参与制订培训机构资质标准和从业人员资格标准；参与国家对职业院校的教育教学评估和相关管理工作。

七、严格实行就业准入制度，完善职业资格证书制度

（二十三）用人单位招录职工必须严格执行"先培训、后就业"、"先培训、后上岗"的规定，从取得职业学校学历证书、职业资格证书和职业培训合格证书的人员中优先录用。要进一步完善涉及人民生命财产安全的相关职业的准入办法。劳动保障、人事和工商等部门要加大对就业准入制度执行情况的监察力度。对违反规定、随意招录未经职业教育或培训人员的用人单位给予处罚，并责令其限期对相关人员进行培训。有关部门要抓紧制定完善就业准入的法规和政策。

（二十四）全面推进和规范职业资格证书制度。加强对职业技能鉴定、专业技术人员职业资格评价、职业资格证书颁发工作的指导与管理。要尽快建立能够反映经济发展和劳动力市场需要的职业资格标准体系。

八、多渠道增加经费投入，建立职业教育学生资助制度

（二十五）各级人民政府要加大对职业教育的支持力度，逐步增加公共财政对职业教育的投入。各级财政安排的职业教育专项经费，重点支持技能型紧缺人才专业建设，职业教育师资培养培训，农业和地矿等艰苦行业、中西部农村地区和少数民族地区的职业教育和成人教育发展。省级政府应当制订本地区职业院校学生人数平均经费标准。

（二十六）要进一步落实城市教育费附加用于职业教育的政策。从 2006 年起，城市教育费附加安排用于职业教育的比例，一般地区不低于 20%，已经普及九年义务教育的地区不低于 30%。农村科学技术开发、技术推广的经费可

适当用于农村职业培训。职业院校和培训机构开展的下岗失业人员再就业培训可按规定享受再就业培训补贴。国家和地方安排的扶贫和移民安置资金要加大对贫困地区农村劳动力培训的投入力度。国家鼓励企事业单位、社会团体和公民个人捐资助学,对通过政府部门或非营利组织向职业教育的资助和捐赠,按规定享受税收优惠政策。要合理确定职业院校的学费标准,确保学费收入全额用于学校发展。要加强对职业教育经费的使用管理,提高资金的使用效益。

(二十七)建立职业教育贫困家庭学生助学制度。中央和地方财政要安排经费,资助接受中等职业教育的农村贫困家庭和城镇低收入家庭子女。中等职业学校要从学校收入中安排一定比例用于奖、助学金和学费减免,并把组织学生参加勤工俭学和半工半读作为助学的重要途径。金融机构要为贫困家庭学生接受职业教育提供助学贷款,各地区要把接受职业教育的贫困家庭学生纳入国家助学贷款资助范围。要通过助学金、奖学金、贷学金等多种形式,对贫困家庭学生和选学农业及地矿等艰苦行业职业教育的学生实行学费减、免和生活费补贴。对高等职业院校学生的资助,按国家有关高等学校学生资助政策执行。

九、切实加强领导,动员全社会关心支持职业教育发展

(二十八)各级人民政府要加强对职业教育发展规划、资源配置、条件保障、政策措施的统筹管理,为职业教育提供强有力的公共服务和良好的发展环境。要从严治教,规范管理,引导职业教育健康协调可持续发展。要充分发挥职业教育工作部际联席会议的作用,统筹协调全国职业教育工作,研究解决重大问题。国务院教育行政部门负责职业教育工作的统筹规划、综合协调、宏观管理,劳动保障部门和其他有关部门在各自职责范围内,负责职业教育的有关工作。县级以上地方政府也要建立职业教育工作部门联席会议制度。

(二十九)各级人民政府要切实加强对职业教育工作的领导,把职业教育工作纳入目标管理,作为对主要领导干部进行政绩考核的重要指标,并接受人大、政协的检查和指导。建立职业教育工作定期巡视检查制度,把职业教育督导作为教育督导的重要内容,加强对职业教育的评估检查。加强职业教育科学研究工作,充分发挥社会团体和中介服务机构的作用,为职业教育宏观管理和职业院校改革与发展服务。

(三十)逐步提高生产服务一线技能人才、特别是高技能人才的社会地位和经济收入,实行优秀技能人才特殊奖励政策和激励办法。定期开展全国性的职业技能竞赛活动,对优胜者给予表彰奖励。大力表彰职业教育工作先进单位与先进个人。广泛宣传职业教育的重要地位和作用,宣传优秀技能人才和高素质劳动者在社会主义现代化建设中的重要贡献，提高全社会对职业教育的认识，形成全社会关心、重视和支持职业教育的良好氛围。

国务院

二〇〇五年十月二十八日

二、教育部、财政部关于实施国家示范性高等职业院校建设计划加快高等职业教育改革与发展的意见

教高〔2006〕14 号

各省(自治区、直辖市、计划单列市)教育厅(局，教委)、财政厅(局)，新疆生产建设兵团教育局、财务局：

为贯彻落实《国务院关于大力发展职业教育的决定》(国发〔2005〕35 号)精神，提高高等职业教育质量，增强高等职业院校服务经济社会发展的能力，现就实施国家示范性高等职业院校建设计划，加快高等职业教育改革与发展提出如下意见。

一、充分认识实施国家示范性高等职业院校建设计划的重大意义

近年来，党中央、国务院高度重视高等职业教育事业发展，高等职业教育规模进一步扩大，服务经济社会的能力有了较大提高，对完善我国高等教育结构，实现高等教育大众化发挥了积极作用。但是，必须清醒地认识到，目前我国高等职业院校办学条件相对较差，"双师型"专业教师数量不足，质量保障体系不够完善，办学机制改革有待突破，等等，严重制约了高等职业教育的健康发展。因此，高等职业教育必须主动适应社会需求，以加强基础能力建设为切入点，切实把改革与发展的重点放到加强内涵建设和提高教育质量上来，增强培养面向先进制造业、现代农业和现代服务业高技能人才的能力。

根据《国务院关于大力发展职业教育的决定》要求，为在全国高等职业院校中树立改革示范，经国务院同意，在"十一五"期间实施国家示范性高等职业院校建设计划。该计划将按照地方为主、中央引导、突出重点、协调发展的原则，选择办学定位准确、产学结合紧密、改革成绩突出、制度环境良好、辐射能力较强的高等职业院校，进行重点支持，带动全国高等职业院校办出特色，提高水平。

二、国家示范性高等职业院校建设计划的目标任务和主要内容

实施国家示范性高等职业院校建设计划,以邓小平理论和"三个代表"重要思想为指导,全面落实科学发展观,全面贯彻党的教育方针,坚持"以服务为宗旨,以就业为导向,走产学研结合的发展道路"的办学方针,坚持导向性、协调性、效益性、创新性的原则,中央引导、地方为主、行业企业参与、院校具体实施,重点支持 100 所国家示范性高等职业院校(以下简称示范院校)。

(一)目标任务

总体目标:通过实施国家示范性高等职业院校建设计划,使示范院校在办学实力、教学质量、管理水平、办学效益和辐射能力等方面有较大提高,特别是在深化教育教学改革、创新人才培养模式、建设高水平专兼结合专业教学团队、提高社会服务能力和创建办学特色等方面取得明显进展。发挥示范院校的示范作用,带动高等职业教育加快改革与发展,逐步形成结构合理、功能完善、质量优良的高等职业教育体系,更好地为经济建设和社会发展服务。

具体任务:支持 100 所高水平示范院校建设,60 万以上在校生直接受益,为社会提供各类培训 200 万人次;重点建成 500 个左右产业覆盖广、办学条件好、产学结合紧密、人才培养质量高的特色专业群;培养和引进高素质"双师型"专业带头人和骨干教师,聘请企业行业技术骨干与能工巧匠,专兼结合的专业教师队伍建设取得明显成效;建成 4000 门左右优质专业核心课程,1500 种特色教材和教学课件,每个专业带动区域和行业内 3 个以上相关专业主干课程水平的提高,教学质量显著提升;围绕国家重点支持发展的产业领域,研制并推广共享型教学资源库,为学生自主学习提供优质服务;运用现代信息手段,搭建公共服务平台,为共享优质教学资源提供技术支撑;推动示范院校与经济欠发达地区的对口支援,与区域内中高等职业院校的对口交流,促进高等职业教育整体质量的提升。

(二)主要内容

提高示范院校整体水平。省级有关部门和院校举办者,要努力提高示范院校基本建设和教学基础设施建设水平,改善教学、实训条件;制定"双师型"教师培养和专兼结合专业教师队伍建设的支持政策与办法,聘请一批精通企业行业工作程序的技术骨干和能工巧匠兼职,促进高水平"双师"素质与"双师"结构教师队伍建设;密切与行业企业在人才培养、技术开发应用等领域的合作,广泛吸纳社会各方资金、物质与人力资源参与学校建设;加强国际交流与合作,扩大我国高等职业教育的国际影响。

推进教学建设和教学改革。省级教育行政部门和示范院校,要根据经济社

会发展需要,建立专业设置、招生规模的计划与调整机制;坚持育人为本、德育为先,突出职业道德教育,促进学生健康成才;改进人才培养方案,创新人才培养模式,探索职业岗位要求与专业教学计划有机结合的途径和方式;根据高技能人才培养的实际需要,改革课程教学内容、教学方法、教学手段和评价方式,建成一大批体现岗位技能要求、促进学生实践操作能力培养的优质核心课程;统筹规划和建设紧密结合生产实际,具有高职特色的教材体系,规范教材评价选用机制,确保高质量教材进课堂。

加强重点专业领域建设。中央在 100 所示范院校中,选择 500 个左右办学理念先进、产学结合紧密、特色鲜明、就业率高的专业进行重点支持。造就一批基础理论扎实、教学实践能力突出的专业带头人和教学骨干;建设一批融教学、培训、职业技能鉴定和技术研发功能于一体的实训基地或车间;合作开发一批体现工学结合特色的课程体系,形成 500 个以重点建设专业为龙头、相关专业为支撑的重点建设专业群,提高示范院校对经济社会发展的服务能力。

增强社会服务能力。示范院校要积极为社会提供技术开发与服务,大力开展职业技能培训,努力为提高劳动者素质、促进就业,以及转移农村劳动力提供服务;积极开展地区之间、城乡之间的对口支援与交流,主动为区域内职业院校培训师资,促进地区职业教育的协调发展。

创建共享型专业教学资源库。对需求量大、覆盖面广的专业,中央财政安排经费支持研制共享型专业教学资源库,主要内容包括专业教学目标与标准、精品课程体系、教学内容、实验实训、教学指导、学习评价等要素,以规范专业教学基本要求,共享优质教学资源;针对职业岗位要求,强化就业能力培养,为实施"双证书"制度构建专业认证体系;开放教学资源环境,满足学生自主学习需要,为高技能人才的培养和构建终身学习体系搭建公共平台。

三、完善政策,明确责任,加强管理,确保落实

(一)坚持地方为主,落实分担责任,吸引企业参与,强化资金管理。建设计划的实施,以地方投入为主,积极吸纳社会、企业资金,中央财政进行引导和推动。"十一五"期间,中央财政安排专项资金,主要支持示范院校改善教学实验实训条件,兼顾专业带头人和骨干教师培养、课程体系改革、共享型专业教学资源库建设等。各地要将示范院校建设纳入本地区经济社会发展规划,优化发展环境;加大对示范院校的支持力度,逐年提高示范院校的生均经费标准,到"十一五"末,保证示范院校的生均预算内拨款标准达到本地区同等类型普通本科院校的生均预算内经费标准,并根据当地情况,适当降低示范院校的收费标准;督促示范院校的举办方筹措经费,满足示范院校的教学实训基础设施基本建

设、"双师型"专业教师队伍建设、专业和课程建设等建设内容的需要。各地要充分调动行业企业和院校的积极性,广泛吸纳社会资金,多渠道筹措经费,保证地方资金的足额到位。

(二)完善政策措施,支持示范院校的改革试点工作。各地要制定相关政策,优先安排招生录取批次,鼓励开展单独招生试点,保证生源质量。支持示范院校根据经济社会发展需要灵活设置专业,逐步扩大跨省招生规模,示范院校跨省招生比例不低于 30%,中部和东部地区示范院校对西部地区的招生比例不低于 10%,提高服务社会的能力。加大对贫困家庭学生的助学力度,优先落实国家奖助学金资助政策。示范院校要广泛吸引企业和社会机构共同建设实训基地,建立产学结合的长效机制;2010 年,有条件的示范院校都要建立职业技能鉴定机构,其学生考核合格后可同时获得学历证书和职业资格证书;在示范院校开展教师专业技术职务评聘改革试点,加强专兼结合专业教师队伍建设;鼓励示范院校与其他院校以及行业企业之间加强合作,统筹办学资源,实现优势互补;扩大国际交流与合作,引进优质教育资源;对建设计划实施成效显著的示范院校负责人,要给予表彰和奖励。

(三)改革示范院校办学机制,创新高等职业教育人才培养模式。各地要引导示范院校科学合理地调整和设置专业,改革课程体系和教学内容,将职业岗位所需的关键能力培养融入专业教学体系,增强毕业生就业竞争能力;积极改革以课堂和教师为中心的传统教学组织形式,将理论知识学习、实践能力培养和综合素质提高三者紧密结合起来,提高学生就业能力;根据区域和行业人才需求状况以及职业技术与职业岗位的特点,积极探索弹性学制和以学分制为主要内容的灵活的教学管理制度,加快区域和行业高技能紧缺人才培养。

(四)加强管理,创造高等职业教育改革与发展的良好氛围。建设公共管理平台,健全组织机构,建立信息采集与绩效监控系统,保证示范院校的改革试点取得实效,提高资金使用效益。针对高等职业教育改革与发展的热点难点问题,开展战略性研究,为高等职业教育加强内涵建设、提高教育教学质量提供决策咨询。通过建设计划的实施,推动区域高等职业教育深化改革与健康发展,形成高等职业教育与经济社会发展紧密联系、相互促进的和谐局面,使高等职业教育真正成为区域经济社会发展的有力支撑。

四、实施国家示范性高等职业院校建设计划的具体步骤

国家示范性高等职业院校建设计划,采取地方部门推荐、专家评审立项、年度绩效考核、分期安排经费的方式,按照预审申报、评审立项、验收挂牌的操作程序,分年度、分步骤实施。

(一)示范院校的入选条件

各地推荐示范院校应为独立设置的高职高专院校,并具备以下基本条件:

领导能力领先。学校领导班子办学理念先进,具有战略思维、科学决策能力和较强的资源整合能力。

综合水平领先。学校办学定位准确,具备较好的师资、设备、经费等条件,教学质量好,就业率高,有较高的社会认可度。

教育教学改革领先。与区域经济社会发展联系紧密,形成产学研结合的长效机制,以就业为导向,人才培养模式改革成效显著。

专业建设领先。专业建设理念先进,特色鲜明,在教师队伍建设、实习实训基地建设、推行"双证书"制度、课程和教材建设等方面取得明显进展。

社会服务领先。积极承担面向区域产业发展的社会培训,主动为行业企业提供应用技术开发等科技服务,在区域高等职业教育发展中具有明显的带动作用。

(二)建设计划的实施步骤

国家示范性高等职业院校建设计划从 2006—2010 年实施,按年度、分地区分批推进,稳步发展。中央财政对入选示范院校实行经费一次确定、三年到位,项目逐年考核、适时调整的做法。对年度绩效考核不合格的院校,终止立项和支持。中央财政预留部分资金,对项目执行情况好的院校实行奖励。

2006 年,制订建设项目总体规划和管理办法,启动第一批 30 所左右示范院校的项目建设。中央财政根据项目建设进度安排资金,地方财政按职责划分对示范院校项目进行重点支持。

2007 年,启动第二批 40 所左右示范院校的项目建设;启动中央级共享型专业教学资源库建设并完成公共管理平台建设。继续执行首批示范院校的项目建设。中央财政根据项目建设进度安排资金,地方财政按职责划分对示范院校项目进行重点支持。

2008 年,启动第三批 30 所左右示范院校的项目建设。完成首批示范院校的项目建设并进行验收,继续执行第二批示范院校的项目建设。中央财政根据项目建设进度安排资金,地方财政按职责划分对示范院校项目进行重点支持。

2009 年,继续执行第三批示范院校的项目建设,完成第二批示范院校的项目建设并进行验收。中央财政根据项目建设进度安排资金,地方财政按职责划分对示范院校项目进行重点支持。

2010 年,完成第三批示范院校的项目建设并进行验收。对因考核不合格而淘汰院校的空缺数额进行滚动补充,安排预留经费对项目执行情况突出的院校进行支持和奖励。

实施国家示范性高等职业院校建设计划，是加快高等职业教育改革与发展的重要战略举措。各地要充分认识建设计划实施的重大意义，高度重视国家示范性高等职业院校建设，纳入规划，统筹管理，确保落实改革的各项政策、措施，全面推动高等职业教育健康、快速发展。

教育部　财政部

二〇〇六年十一月三日

三、教育部关于全面提高高等职业教育教学质量的若干意见

教高〔2006〕16 号

在贯彻党的十六届六中全会精神、努力构建社会主义和谐社会的新形势下，为进一步落实《国务院关于大力发展职业教育的决定》精神，以科学发展观为指导，促进高等职业教育健康发展，现就全面提高高等职业教育教学质量提出如下意见。

一、深刻认识高等职业教育全面提高教学质量的重要性和紧迫性

近年来，我国高等职业教育蓬勃发展，为现代化建设培养了大量高素质技能型专门人才，对高等教育大众化作出了重要贡献；丰富了高等教育体系结构，形成了高等职业教育体系框架；顺应了人民群众接受高等教育的强烈需求。高等职业教育作为高等教育发展中的一个类型，肩负着培养面向生产、建设、服务和管理第一线需要的高技能人才的使命，在我国加快推进社会主义现代化建设进程中具有不可替代的作用。随着我国走新型工业化道路、建设社会主义新农村和创新型国家对高技能人才要求的不断提高，高等职业教育既面临着极好的发展机遇，也面临着严峻的挑战。

各级教育行政部门和高等职业院校要深刻认识全面提高教学质量是实施科教兴国战略的必然要求，也是高等职业教育自身发展的客观要求。要认真贯彻国务院关于提高高等教育质量的要求，适当控制高等职业院校招生增长幅度，相对稳定招生规模，切实把工作重点放在提高质量上。要全面贯彻党的教育方针，以服务为宗旨，以就业为导向，走产学结合发展道路，为社会主义现代化建设培养千百万高素质技能型专门人才，为全面建设小康社会、构建社会主义和谐社会作出应有的贡献。

二、加强素质教育，强化职业道德，明确培养目标

高等职业院校要坚持育人为本，德育为先，把立德树人作为根本任务。要以《中共中央国务院关于进一步加强和改进大学生思想政治教育的意见》(中发〔2004〕16 号)为指导，进一步加强思想政治教育，把社会主义核心价值体系融入到高等职业教育人才培养的全过程。要高度重视学生的职业道德教育和法制教育，重视培养学生的诚信品质、敬业精神和责任意识、遵纪守法意识，培养出一批高素质的技能性人才。要加强辅导员和班主任队伍建设，倡导选聘劳动模范、技术能手作为德育辅导员；加强高等职业院校党团组织建设，积极发展学生党团员。要针对高等职业院校学生的特点，培养学生的社会适应性，教育学生树立终身学习理念，提高学习能力，学会交流沟通和团队协作，提高学生的实践能力、创造能力、就业能力和创业能力，培养德智体美全面发展的社会主义建设者和接班人。

三、服务区域经济和社会发展，以就业为导向，加快专业改革与建设

针对区域经济发展的要求，灵活调整和设置专业，是高等职业教育的一个重要特色。各级教育行政部门要及时发布各专业人才培养规模变化、就业状况和供求情况，调控与优化专业结构布局。高等职业院校要及时跟踪市场需求的变化，主动适应区域、行业经济和社会发展的需要，根据学校的办学条件，有针对性地调整和设置专业。要根据市场需求与专业设置情况，建立以重点专业为龙头、相关专业为支撑的专业群，辐射服务面向的区域、行业、企业和农村，增强学生的就业能力。"十一五"期间，国家将选择一批基础条件好、特色鲜明、办学水平和就业率高的专业点进行重点建设，优先支持在工学结合等方面优势凸显以及培养高技能紧缺人才的专业点；鼓励地方和学校共同努力，形成国家、地方(省级)、学校三级重点专业建设体系，推动专业建设与发展。发挥行业企业和专业教学指导委员会的作用，加强专业教学标准建设。逐步构建专业认证体系，与劳动、人事及相关行业部门密切合作，使有条件的高等职业院校都建立职业技能鉴定机构，开展职业技能鉴定工作，推行"双证书"制度，强化学生职业能力的培养，使有职业资格证书专业的毕业生取得"双证书"的人数达到 80％以上。

四、加大课程建设与改革的力度，增强学生的职业能力

课程建设与改革是提高教学质量的核心，也是教学改革的重点和难点。高等职业院校要积极与行业企业合作开发课程，根据技术领域和职业岗位(群)的任职要求，参照相关的职业资格标准，改革课程体系和教学内容。建立突出职

业能力培养的课程标准,规范课程教学的基本要求,提高课程教学质量。"十一五"期间,国家将启动 1000 门工学结合的精品课程建设,带动地方和学校加强课程建设。改革教学方法和手段,融"教、学、做"为一体,强化学生能力的培养。加强教材建设,重点建设好 3000 种左右国家规划教材,与行业企业共同开发紧密结合生产实际的实训教材,并确保优质教材进课堂。重视优质教学资源和网络信息资源的利用,把现代信息技术作为提高教学质量的重要手段,不断推进教学资源的共建共享,提高优质教学资源的使用效率,扩大受益面。

五、大力推行工学结合,突出实践能力培养,改革人才培养模式

要积极推行与生产劳动和社会实践相结合的学习模式,把工学结合作为高等职业教育人才培养模式改革的重要切入点,带动专业调整与建设,引导课程设置、教学内容和教学方法改革。人才培养模式改革的重点是教学过程的实践性、开放性和职业性,实验、实训、实习是三个关键环节。要重视学生校内学习与实际工作的一致性,校内成绩考核与企业实践考核相结合,探索课堂与实习地点的一体化;积极推行订单培养,探索工学交替、任务驱动、项目导向、顶岗实习等有利于增强学生能力的教学模式;引导建立企业接收高等职业院校学生实习的制度,加强学生的生产实习和社会实践,高等职业院校要保证在校生至少有半年时间到企业等用人单位顶岗实习。工学结合的本质是教育通过企业与社会需求紧密结合,高等职业院校要按照企业需要开展企业员工的职业培训,与企业合作开展应用研究和技术开发,使企业在分享学校资源优势的同时,参与学校的改革与发展,使学校在校企合作中创新人才培养模式。

六、校企合作,加强实训、实习基地建设

加强实训、实习基地建设是高等职业院校改善办学条件、彰显办学特色、提高教学质量的重点。高等职业院校要按照教育规律和市场规则,本着建设主体多元化的原则,多渠道、多形式筹措资金;要紧密联系行业企业,厂校合作,不断改善实训、实习基地条件。要积极探索校内生产性实训基地建设的校企组合新模式,由学校提供场地和管理,企业提供设备、技术和师资支持,以企业为主组织实训;加强和推进校外顶岗实习力度,使校内生产性实训、校外顶岗实习比例逐步加大,提高学生的实际动手能力。要充分利用现代信息技术,开发虚拟工厂、虚拟车间、虚拟工艺、虚拟实验。"十一五"期间,国家将在重点专业领域选择市场需求大、机制灵活、效益突出的实训基地进行支持与建设,形成一批教育改革力度大、装备水平高、优质资源共享的高水平高等职业教育校内生产性实训基地。

七、注重教师队伍的"双师"结构,改革人事分配和管理制度,加强专兼结合的专业教学团队建设

高等职业院校教师队伍建设要适应人才培养模式改革的需要,按照开放性和职业性的内在要求,根据国家人事分配制度改革的总体部署,改革人事分配和管理制度。要增加专业教师中具有企业工作经历的教师比例,安排专业教师到企业顶岗实践,积累实际工作经历,提高实践教学能力。同时要大量聘请行业企业的专业人才和能工巧匠到学校担任兼职教师,逐步加大兼职教师的比例,逐步形成实践技能课程主要由具有相应高技能水平的兼职教师讲授的机制。重视教师的职业道德、工作学习经历和科技开发服务能力,引导教师为企业和社区服务。逐步建立"双师型"教师资格认证体系,研究制订高等职业院校教师任职标准和准入制度。重视中青年教师的培养和教师的继续教育,提高教师的综合素质与教学能力。"十一五"期间,国家将加强骨干教师与教学管理人员的培训,建设一批优秀教学团队、表彰一批在高职教育领域作出突出贡献的专业带头人和骨干教师,提高教师队伍整体水平。

八、加强教学评估,完善教学质量保障体系

高等职业院校要强化质量意识,尤其要加强质量管理体系建设,重视过程监控,吸收用人单位参与教学质量评价,逐步完善以学校为核心、教育行政部门引导、社会参与的教学质量保障体系。各地教育行政部门要完善 5 年一轮的高等职业院校人才培养工作水平评估体系,在评估过程中要将毕业生就业率与就业质量、"双证书"获取率与获取质量、职业素质养成、生产性实训基地建设、顶岗实习落实情况以及专兼结合专业教学团队建设等方面作为重要考核指标。

九、切实加强领导,规范管理,保证高等职业教育持续健康发展

国家将实施示范性高等职业院校建设计划,重点支持建设 100 所示范性院校,引领全国高等职业院校与经济社会发展紧密结合,强化办学特色,全面提高教学质量,推动高等职业教育持续健康发展。各地要加强对高等职业教育的统筹管理,加大经费投入,制定政策措施,引导高等职业院校主动服务社会,鼓励行业企业积极参与院校办学,促进高等职业院校整体办学水平的提升,逐步形成结构合理、功能完善、质量优良、特色鲜明的高等职业教育体系。重视高等职业教育理论研究和实践总结,加强对高等职业教育改革和发展成果的宣传,增强社会对高等职业教育的了解,提高社会认可度。要高度重视高等职业院校领导班子的能力建设,建立轮训制度,引导学校领导更新理念,拓宽视野,增强战略思维和科学决策能力,要把人才培养质量作为考核学校领导班子的重要指标。高等职业院校党政领导班子要树立科学的人才观和质量观,把学校的发展重心放到内涵建设、提高质量上来,确保教学工作的中心地位。要从严治教,规范管理,特别是规范办学行为,严格招生管理。建立健全各种规章制度,完善运行机制,维护稳定,保障高等职业教育持续健康发展。

教育部
二○○六年十一月十六日

四、教育部 财政部关于国家示范性
高等职业院校建设计划管理暂行办法的通知

教高〔2007〕12 号

各省(自治区、直辖市)教育厅(教委)、财政厅(局),新疆生产建设兵团教育局、财务局:

为规范和加强国家示范性高等职业院校建设计划的项目管理,促进高等职业教育的改革与发展,根据《教育部、财政部关于实施国家示范性高等职业院校建设计划加快高等职业教育改革与发展的意见》(教高〔2006〕14 号),制定了《国家示范性高等职业院校建设计划管理暂行办法》,现印发给你们,请遵照执行。执行中如遇问题,请及时反馈教育部、财政部。

附件 国家示范性高等职业院校建设计划管理暂行办法

第一章 总则

第一条 为规范和加强国家示范性高等职业院校建设计划(以下简称建设计划)项目管理,保证建设计划顺利实施,根据《国务院关于大力发展职业教育的决定》(国发〔2005〕35 号)、《教育部、财政部关于实施国家示范性高等职业院校建设计划,加快发展高等职业教育改革与发展的意见》(教高〔2006〕14 号)和国家有关规章制度,制定本办法。

第二条 建设计划以提高高等职业院校办学质量为目标,以推进改革和实现优质资源共享为手段,支持办学定位准确、产学结合紧密、改革成绩突出的100 所高等职业院校(以下简称项目院校)进一步加强内涵建设,发挥项目院校的示范作用,带动高等职业教育改革与发展,逐步形成结构合理、功能完善、质量优良的高等职业教育体系,更好地为经济建设和社会发展服务。

第三条　按照"地方为主、中央引导、突出重点、协调发展"的原则，建设计划实行中央、地方(包括项目院校举办方，下同)和项目院校分级管理的方式，以院校管理为基础，地方管理为主。

第四条　建设计划专项资金由中央、地方和项目院校共同承担，按照统一规划、专账核算、专款专用、结余留用的原则，实行项目管理。

第二章　管理职责

第五条　教育部、财政部负责规划和设计建设计划，制订实施方案，对项目建设过程中的重大问题进行决策。教育部、财政部共同成立建设计划领导小组，全面领导建设计划日常工作。建设计划领导小组下设办公室，负责建设计划的具体组织管理和日常事务，主要履行以下职责：

(一)负责统筹指导建设计划的相关工作；

(二)起草相关政策、绩效考核办法等；

(三)组织评审项目院校，审核项目院校建设方案和项目建设任务书；

(四)开展业务咨询和专题研究工作；

(五)建立信息采集与绩效监控系统，开展年度绩效考评工作；

(六)协调、指导项目院校的项目建设工作，组织验收建设成果。

第六条　省级教育和财政部门是项目实施的地方行政主管部门，主要履行以下职责：

(一)按照教育部、财政部要求，组织项目院校的申报、预审和推荐工作；

(二)负责指导、检查、监督本地区项目院校的建设进展情况，及时协调、解决建设过程中的问题；

(三)负责统筹落实项目院校的建设资金，对建设资金的使用进行监督，确保专项资金使用效益；

(四)向教育部、财政部报送本地区项目阶段进展报告和项目完成总结性报告。

第七条　项目院校举办方是项目院校的主管单位，主要履行以下职责：

(一)按照教育部、财政部要求，指导所属高职院校进行项目申请，确保落实相关政策和建设资金。

(二)负责指导、检查所属项目院校的建设进展情况，监督项目院校定期进行自查，及时协调、解决建设过程中的问题。

第八条　项目院校法人代表为项目建设主要责任人。项目院校应有专门机构具体负责本校项目建设的规划、实施、管理和检查等工作，主要履行以下职责：

（一）按照教育部、财政部及本办法的要求，编制、报送项目建设方案和项目任务书，并对申报材料的真实性负责。

（二）按照批复的项目建设方案和任务书确定的建设内容，组织实施项目建设，确保项目建设进度、建设投资和预期目标。

（三）统筹安排各渠道建设资金，按照有关财务制度及本办法规定，科学、合理使用建设资金，确保资金使用效益。

（四）每年2月底将上年度项目建设进展、年度资金使用等情况形成年度报告，上报省级教育、财政部门。

（五）接受教育、财政、审计、监察等部门对项目实施过程和结果进行监控、检查和审计。

第三章　申报评审与组织实施

第九条　申报评审工作按照教育部、财政部公布的年度建设计划执行，包括预审、论证、推荐、评审、公示和公布结果等六个环节。

（一）预审。省级教育、财政部门按照教育部、财政部年度建设计划项目申报通知，组织独立设置的高等职业院校进行申报，并根据预审标准，在院校举办方承诺支持的基础上，对各申报院校进行资格审查。

（二）论证。省级教育、财政部门组织有关专家，对通过资格审查的申报院校建设方案和项目预算进行论证，形成可行性研究报告。

（三）推荐。省级教育、财政部门对通过预审、论证的院校，填写《国家示范性高等职业院校建设项目推荐书》（以下简称《推荐书》），并按照年度项目推荐名额，确定推荐院校名单，上报教育部和财政部。

（四）评审。教育部、财政部联合组织专家，对推荐上报的职业院校进行评审。

（五）公示。年度评审工作结束后，教育部、财政部将对评审结果在相关媒体予以公示，公示期为7天。

（六）公布结果。公示期满后，教育部、财政部联合确定并公布年度立项建设院校名单，下达《国家示范性高等职业院校项目建设任务书》（以下简称《任务书》）。

第十条　财政部、教育部根据已批准项目院校的重点建设任务等因素，下达中央财政专项资金总预算控制数及年度预算控制数。省级教育、财政部门根据中央财政支持的重点专业项目表和预算控制数，组织项目院校及其举办方修订建设方案和项目预算，认真填写《任务书》，并制定相应的保障措施，切实统筹落实《推荐书》对项目院校所承诺的政策及资金支持责任。

第十一条　省级教育、财政部门组织专家对修订后的建设方案、项目预算和任务书进行充分论证,并将通过论证的建设方案和任务书报送教育部和财政部。教育部和财政部对新的建设方案和任务书审核批复后,正式启动项目建设工作。

第十二条　项目院校按照批复的建设方案和《任务书》,组织实施项目建设。建设方案一经审定,必须严格执行,项目建设过程中一般不得调整。如确需调整的,项目院校须报经省级教育、财政部门核准后,由省级教育、财政部门报教育部、财政部核定。

第四章　资金管理

第十三条　建设计划的资金包括中央财政专项资金、地方财政专项资金、项目院校举办方安排的专项资金和院校自筹专项资金(以下简称专项资金)。中央专项资金一次确定、三年到位,逐年考核,适时调整。

第十四条　财政部、教育部下达项目院校中央财政专项资金总预算及年度预算后,地方财政专项资金、项目院校举办方的专项资金应与中央专项资金同步足额拨付到项目院校,院校自筹专项资金也应按计划及时到位。

第十五条　项目院校应统筹安排使用不同渠道下达或筹集的专项资金,科学、合理编制本校建设项目的总预算及年度预算。项目预算是项目院校综合预算的组成部分,应纳入学校总体预算。

第十六条　中央专项资金主要用于支持项目院校改善教学实验实训条件、培养专业带头人和骨干教师、改革课程体系和建设共享型专业教学资源库等。地方专项资金主要用于满足项目院校教学实训基础设施基本建设、师资队伍、课程建设的需要等。

第十七条　专项资金支出主要包括:

(一)实验实训条件建设费:是指项目院校建设过程中购置、调试、改造、维护实验实训设备以及相关实训制度建设、规程设计发生的费用。中央专项资金用于购置中央财政重点支持专业的实验实训设备和相关实训制度建设、规程设计。中央专项资金用于实验实训设备购置部分的经费一般不超过中央专项资金总额的50%。

(二)课程建设费:是指项目院校按照工学结合人才培养模式改革要求,对学校重点建设专业和特色专业进行教学研究,调整课程体系和教学内容,改革教学方法和手段,开发相应教材和教学课件等发生的费用。

(三)师资队伍建设费:是指项目院校用于专业带头人、骨干教师及"双师型"教师的培养、聘用及引进教师、聘请专家所需经费。中央专项资金用于培养专业带头人和骨干教师,以及从行业、企业聘用有丰富一线实践经验的兼职教师。中央专项资金用于师资队伍建设部分的经费一般不超过中央专项资金总额的15％,其中1/3可用于聘用上述类型兼职教师。地方和项目院校必须安排一定经费用于师资队伍建设,其中用于聘用上述类型兼职教师的经费原则上不低于中央专项资金。

(四)共享型专业教学资源库建设费:是指中央专项资金用于支持基础性强、需求量大、覆盖面广、共享程度高的专业教学资源库开发以及项目公共管理平台建设费用。

教育部、财政部负责制订教学资源库建设规划,通过公开招标确定资源库建设单位,指导、监督资源库建设。

(五)其他费用:是指除上述费用支出外,其他与项目院校建设相关的"对口支援"等非基建类费用支出。

(六)基本建设费:是指与建设任务相关的基本建设支出,按照现行有关基本建设投资管理办法进行管理。

(七)项目管理费:是指建设计划领导小组办公室在实施项目建设中所必须开支的经费,主要用于建设计划领导小组办公室统一组织的项目论证、评审、考核、验收所需的会议费、差旅费、办公费、交通费、专家劳务费等。

项目管理费由建设计划领导小组办公室每年根据实际工作需要提出年度预算建议数,经财政部审定后在年度预算中安排。

第十八条　项目院校负责对建设项目的实施、资金投向及年度资金调度安排、固定资产购置等实行全过程管理,严格执行国家有关财经法律法规和本办法的规定,确保专项资金年度使用计划按期完成。专项资金当年结余,可结转下年继续使用,不得挪作他用。

第十九条　专项资金按财政国库管理制度的有关规定办理支付,纳入项目院校财务机构统一管理,并设置单独账簿进行核算,专款专用、专账管理。

第二十条　凡纳入政府采购的支出项目,必须按照《中华人民共和国政府采购法》的有关规定,经过招投标、集中采购等规范程序后方可列支。

第二十一条　项目院校应将项目收支情况按预算科目纳入年度单位决算统一编报。

第二十二条　凡使用财政性资金形成的资产,均为国有资产。项目院校应按照国家有关规定加强管理,合理使用,认真维护。

第二十三条　专项资金不得用于项目院校偿还贷款、支付利息、捐赠赞助、对外投资、抵偿罚款等与示范院校建设项目无关的其他支出。

第五章　监督检查与验收

第二十四条　建立部际联合监督检查、地方监管和项目院校自我监测的三级监控考核体系,对项目院校建设计划的实施实行事前充分论证、事中监控管理指导、事后效益监测评价的全过程监控和考核。

(一)建设计划领导小组办公室依据项目院校的项目建设方案和任务书,采集绩效考核信息,组织专家或委托中介机构对项目院校进行年度检查或考核。检查或考核的结果,作为调整年度项目预算安排的重要依据。

(二)省级教育、财政部门负责指导项目的实施,检查和监督项目院校的建设进展情况,及时解决建设过程中的问题。

(三)项目院校举办方负责领导项目的实施,切实履行各项资金及政策支持承诺,确保项目实施质量与进度。

(四)项目院校对项目建设日常工作进行管理和监督,建立资金管理责任制。

第二十五条　在检查中有下列行为之一的,建设计划领导小组可视其情节轻重给予警告、中止或取消项目等处理。

(一)编报虚假预算,套取国家财政资金;

(二)项目执行不力,未开展实质性的建设工作;

(三)擅自改变项目总体目标和主要建设内容;

(四)项目经费的使用不符合有关财务制度的规定;

(五)无违规行为,但无正当理由未完成项目总体目标延期两年未验收的;

(六)其他违反国家法律法规和本办法规定的行为。

第二十六条　项目完成后,项目院校应会同其举办方共同撰写项目总结报告,由省级教育、财政部门向教育部、财政部申请项目验收。项目总结报告的内容一般包括:项目建设基本情况,建设目标完成情况和成效,重点专业建设与人才培养模式改革成效,高等职业教育改革发展及其对区域经济社会发展的贡献度,示范与辐射成效,以及专项资金预算执行情况和使用效果,资金管理情况与存在问题等。教育部、财政部将对项目院校建设与完成情况进行检查与验收。

第二十七条　对于按项目总体目标和项目内容如期或提前完成、通过验收,成绩突出的项目院校,以及在项目组织和管理工作中表现出色的省级教育和财政部门、院校举办方,教育部、财政部将给予适当表彰。

第六章　附则

第二十八条　本办法自发布之日起实行,各地应按照本办法的规定制定实施细则。各项目院校应会同其举办方按本办法的规定结合实际情况制订具体管理办法。

第二十九条　本办法由教育部、财政部负责解释和修订。

教育部　财政部

二〇〇七年六月七日

五、教育部　财政部关于进一步推进 "国家示范性高等职业院校建设计划"实施工作的通知

教高〔2010〕8 号

有关省、自治区、直辖市教育厅(教委)、财政厅(局):

为贯彻落实《国家中长期教育改革和发展规划纲要(2010—2020 年)》(以下简称《规划纲要》),创新高等职业教育办学体制机制,深化教育教学改革,提高人才培养质量和办学水平,全面提升服务经济社会发展的能力,根据《教育部 财政部关于实施国家示范性高等职业院校建设计划　加快高等职业教育改革与发展的意见》(以下简称《意见》)精神,现对继续推进"国家示范性高等职业院校建设计划"实施工作通知如下:

一、充分认识进一步推进"国家示范性高等职业院校建设计划"实施工作的重要意义

2006 年教育部、财政部落实《国务院关于大力发展职业教育的决定》精神,启动实施了"国家示范性高等职业院校建设计划",按照"地方为主、中央引导、突出重点、协调发展"的原则,遴选 100 所高职院校进行重点建设。4 年来,示范建设院校在探索校企合作办学体制机制、工学结合人才培养模式、单独招生试点、增强社会服务能力、跨区域共享优质教育资源等方面取得了显著成效,引领了全国高职院校的改革与发展方向。

为更好地适应我国走新型工业化道路,实现经济发展方式转变、产业结构优化升级,建设人力资源强国发展战略的需要,教育部、财政部决定继续推进"国家示范性高等职业院校建设计划"实施工作,扩大国家重点建设院校数量,加快高等职业教育改革与发展,全面提高人才培养质量和办学水平,更好地发挥高职院校在培养高素质高级技能型专门人才,促进就业、改善民生,构建终身教育体系和建设学习型社会等方面的重要作用。

二、进一步推进"国家示范性高等职业院校建设计划"实施工作的目标、任务和主要内容

新增 100 所左右骨干高职建设院校,推进地方政府完善政策、加大投入,创新办学体制机制,推进合作办学、合作育人、合作就业、合作发展,增强办学活力;以提高质量为核心,深化教育教学改革,优化专业结构,加强师资队伍建设,完善质量保障体系,提高人才培养质量和办学水平;深化内部管理运行机制改革,增强高职院校服务区域经济社会发展的能力,实现行业企业与高职院校相互促进,区域经济社会与高等职业教育和谐发展。

1.校企合作体制机制建设。地方政府与行业企业共建高职院校,探索建立高职院校董事会或理事会,形成人才共育、过程共管、成果共享、责任共担的紧密型合作办学体制机制,发挥各自在产业规划、经费筹措、先进技术应用、兼职教师聘任(聘用)、实习实训基地建设和吸纳学生就业等方面的优势,促进校企深度合作,增强办学活力;深化内部人事管理制度改革,落实教师密切联系企业的责任,引导和激励教师主动为企业和社会服务,开展技术研发,促进科技成果转化,实现互利共赢。

2.政策支持与投入环境建设。各地要将骨干高职院校建设纳入本地区经济社会发展规划,制定企业参与院校人才培养的鼓励政策,建立顶岗实习工伤保险制度,优化发展环境;支持骨干高职院校开展高职单独招生考试制度改革试点,探索"知识+技能"、高中学业水平考试+职业倾向测试等多样化选拔录取机制;加大对骨干高职院校的支持力度,加强基础能力建设,保证办学经费足额到位;坚持高等职业教育的科学定位和办学方向,2020 年以前骨干高职院校不升格为本科院校。

3.专业建设与人才培养模式改革。主动适应区域产业结构升级需要,及时调整专业结构;深化订单培养、工学交替等多样化的人才培养模式改革,参照职业岗位任职要求制订培养方案,引入行业企业技术标准开发专业课程;推行任务驱动、项目导向的教学模式;探索建立"校中厂"、"厂中校"实习实训基地;试行多学期、分段式的教学组织模式;吸纳行业企业参与人才培养与评价,将就业水平、企业满意度作为衡量人才培养质量的核心指标,建立健全质量保障体系,全面提高人才培养质量。

4.师资队伍与领导能力建设。提高专业教师双师素质,与企业联合培养专业教师,3 年建设期内,使具有双师素质专业教师比例达到 90%;加快双师结构专业教学团队建设,聘任(聘用)一批具有行业影响力的专家作为专业带头人,一批专业人才和能工巧匠作为兼职教师,3 年建设期内,使兼职教师承担的专

业课学时比例达到 50％。加强领导班子和干部队伍建设,不断提高思想政治素质和办学治校能力,提升科学决策、战略规划和资源整合能力。

5.社会服务能力建设。培养区域产业发展急需人才,拓展社会服务功能,面向行业企业开展技术服务,面向区域开展高技能和新技术培训,参与企业技术创新和研发,为企业职工和社会成员提供多样化继续教育、为中职毕业生在岗接受高等学历教育创造条件,增强服务国家区域发展战略的能力。

三、进一步推进"国家示范性高等职业院校建设计划"实施工作的相关要求

骨干高职院校建设按照地方推荐、评审立项、年度考核、动态管理、分期安排经费的方式,分年度、分步骤实施。2010 年遴选 40 所左右高职院校立项建设,2011 年、2012 年再分别遴选 30 所左右,2015 年完成全部项目验收工作。

各地要根据本项工作的目标任务和主要内容,把骨干高职院校建设作为本地高等职业教育办学体制机制创新、人才培养模式改革的突破口和试验区,科学制订建设规划,支持特色院校和特色专业做优做强。要按照推荐条件、名额分配等要求,遴选推荐改革成绩突出、特色鲜明的高职院校进行建设,加强工作指导和统筹力度,认真撰写申报材料,确保组织到位、措施到位、保障到位。

各地也要实施和积极推进省级示范性高等职业院校建设计划,形成以国家示范高职院校为引领、国家骨干高职院校为带动、省级重点建设高职院校为支撑的发展格局,推动本地高职院校办出特色,人才培养质量和办学水平整体提升,毕业生就业率与就业质量逐年提高,高等职业教育办学的制度环境明显优化,对区域经济社会发展的支撑作用显著增强。

各地要充分认识进一步推进"国家示范性高等职业院校建设计划"实施工作的重要性,以科学发展观为指导,认真贯彻落实《规划纲要》精神,抓住机遇,认真部署,科学规划,扎实工作,加快改革与发展,开创高等职业教育新局面。

教育部　财政部
二〇一〇年六月一日

六、国务院关于加快发展现代职业教育的决定

国发〔2014〕19 号

各省、自治区、直辖市人民政府,国务院各部委、各直属机构:

近年来,我国职业教育事业快速发展,体系建设稳步推进,培养培训了大批中高级技能型人才,为提高劳动者素质、推动经济社会发展和促进就业作出了

重要贡献。同时也要看到，当前职业教育还不能完全适应经济社会发展的需要，结构不尽合理，质量有待提高，办学条件薄弱，体制机制不畅。加快发展现代职业教育，是党中央、国务院作出的重大战略部署，对于深入实施创新驱动发展战略，创造更大人才红利，加快转方式、调结构、促升级具有十分重要的意义。现就加快发展现代职业教育作出以下决定。

一、总体要求

(一)指导思想

以邓小平理论、"三个代表"重要思想、科学发展观为指导，坚持以立德树人为根本，以服务发展为宗旨，以促进就业为导向，适应技术进步和生产方式变革以及社会公共服务的需要，深化体制机制改革，统筹发挥好政府和市场的作用，加快现代职业教育体系建设，深化产教融合、校企合作，培养数以亿计的高素质劳动者和技术技能人才。

(二)基本原则

——政府推动、市场引导。发挥好政府保基本、促公平作用，着力营造制度环境、制定发展规划、改善基本办学条件、加强规范管理和监督指导等。充分发挥市场机制作用，引导社会力量参与办学，扩大优质教育资源，激发学校发展活力，促进职业教育与社会需求紧密对接。

——加强统筹、分类指导。牢固确立职业教育在国家人才培养体系中的重要位置，统筹发展各级各类职业教育，坚持学校教育和职业培训并举。强化省级人民政府统筹和部门协调配合，加强行业部门对本部门、本行业职业教育的指导。推动公办与民办职业教育共同发展。

——服务需求、就业导向。服务经济社会发展和人的全面发展，推动专业设置与产业需求对接，课程内容与职业标准对接，教学过程与生产过程对接，毕业证书与职业资格证书对接，职业教育与终身学习对接。重点提高青年就业能力。

——产教融合、特色办学。同步规划职业教育与经济社会发展，协调推进人力资源开发与技术进步，推动教育教学改革与产业转型升级衔接配套。突出职业院校办学特色，强化校企协同育人。

——系统培养、多样成才。推进中等和高等职业教育紧密衔接，发挥中等职业教育在发展现代职业教育中的基础性作用，发挥高等职业教育在优化高等教育结构中的重要作用。加强职业教育与普通教育沟通，为学生多样化选择、多路径成才搭建"立交桥"。

（三）目标任务

到 2020 年，形成适应发展需求、产教深度融合、中职高职衔接、职业教育与普通教育相互沟通，体现终身教育理念，具有中国特色、世界水平的现代职业教育体系。

——结构规模更加合理。总体保持中等职业学校和普通高中招生规模大体相当，高等职业教育规模占高等教育的一半以上，总体教育结构更加合理。到 2020 年，中等职业教育在校生达到 2350 万人，专科层次职业教育在校生达到 1480 万人，接受本科层次职业教育的学生达到一定规模。从业人员继续教育达到 3.5 亿人次。

——院校布局和专业设置更加适应经济社会需求。调整完善职业院校区域布局，科学合理设置专业，健全专业随产业发展动态调整的机制，重点提升面向现代农业、先进制造业、现代服务业、战略性新兴产业和社会管理、生态文明建设等领域的人才培养能力。

——职业院校办学水平普遍提高。各类专业的人才培养水平大幅提升，办学条件明显改善，实训设备配置水平与技术进步要求更加适应，现代信息技术广泛应用。专兼结合的"双师型"教师队伍建设进展显著。建成一批世界一流的职业院校和骨干专业，形成具有国际竞争力的人才培养高地。

——发展环境更加优化。现代职业教育制度基本建立，政策法规更加健全，相关标准更加科学规范，监管机制更加完善。引导和鼓励社会力量参与的政策更加健全。全社会人才观念显著改善，支持和参与职业教育的氛围更加浓厚。

二、加快构建现代职业教育体系

（四）巩固提高中等职业教育发展水平

各地要统筹做好中等职业学校和普通高中招生工作，落实好职普招生大体相当的要求，加快普及高中阶段教育。鼓励优质学校通过兼并、托管、合作办学等形式，整合办学资源，优化中等职业教育布局结构。推进县级职教中心等中等职业学校与城市院校、科研机构对口合作，实施学历教育、技术推广、扶贫开发、劳动力转移培训和社会生活教育。在保障学生技能技能培养质量的基础上，加强文化基础教育，实现就业有能力、升学有基础。有条件的普通高中要适当增加职业技术教育内容。

（五）创新发展高等职业教育

专科高等职业院校要密切产学研合作，培养服务区域发展的技术技能人才，重点服务企业特别是中小微企业的技术研发和产品升级，加强社区教育和终身学习服务。探索发展本科层次职业教育。建立以职业需求为导向、以实践能力培养为重点、以产学结合为途径的专业学位研究生培养模式。研究建立符合职业教育特点的学位制度。原则上中等职业学校不升格为或并入高等职业院校，专科高等职业院校不升格为或并入本科高等学校，形成定位清晰、科学合理的职业教育层次结构。

(六)引导普通本科高等学校转型发展

采取试点推动、示范引领等方式，引导一批普通本科高等学校向应用技术类型高等学校转型，重点举办本科职业教育。独立学院转设为独立设置高等学校时，鼓励其定位为应用技术类型高等学校。建立高等学校分类体系，实行分类管理，加快建立分类设置、评价、指导、拨款制度。招生、投入等政策措施向应用技术类型高等学校倾斜。

(七)完善职业教育人才多样化成长渠道

健全"文化素质＋职业技能"、单独招生、综合评价招生和技能拔尖人才免试等考试招生办法，为学生接受不同层次高等职业教育提供多种机会。在学前教育、护理、健康服务、社区服务等领域，健全对初中毕业生实行中高职贯通培养的考试招生办法。适度提高专科高等职业院校招收中等职业学校毕业生的比例、本科高等学校招收职业院校毕业生的比例。逐步扩大高等职业院校招收有实践经历人员的比例。建立学分积累与转换制度，推进学习成果互认衔接。

(八)积极发展多种形式的继续教育

建立有利于全体劳动者接受职业教育和培训的灵活学习制度，服务全民学习、终身学习，推进学习型社会建设。面向未升学初高中毕业生、残疾人、失业人员等群体广泛开展职业教育和培训。推进农民继续教育工程，加强涉农专业、课程和教材建设，创新农学结合模式。推动一批县(市、区)在农村职业教育和成人教育改革发展方面发挥示范作用。利用职业院校资源广泛开展职工教育培训。重视培养军地两用人才。退役士兵接受职业教育和培训，按照国家有关规定享受优待。

三、激发职业教育办学活力

(九)引导支持社会力量兴办职业教育

创新民办职业教育办学模式，积极支持各类办学主体通过独资、合资、合作等多种形式举办民办职业教育;探索发展股份制、混合所有制职业院校，允许以资本、知识、技术、管理等要素参与办学并享有相应权利。探索公办和社会力量举办的职业院校相互委托管理和购买服务的机制。引导社会力量参与教学过程，共同开发课程和教材等教育资源。社会力量举办的职业院校与公办职业院校具有同等法律地位,依法享受相关教育、财税、土地、金融等政策。健全政府补贴、购买服务、助学贷款、基金奖励、捐资激励等制度,鼓励社会力量参与职业教育办学、管理和评价。

(十)健全企业参与制度。研究制定促进校企合作办学有关法规和激励政策,深化产教融合,鼓励行业和企业举办或参与举办职业教育,发挥企业重要办学主体作用。规模以上企业要有机构或人员组织实施职工教育培训、对接职业院校,设立学生实习和教师实践岗位。企业因接受实习生所实际发生的与取得收入有关的、合理的支出,按现行税收法律规定在计算应纳税所得额时扣除。多种形式支持企业建设兼具生产与教学功能的公共实训基地。对举办职业院校的企业,其办学符合职业教育发展规划要求的,各地可通过政府购买服务等方式给予支持。对职业院校自办的、以服务学生实习实训为主要目的的企业或经营活动,按照国家有关规定享受税收等优惠。支持企业通过校企合作共同培养培训人才,不断提升企业价值。企业开展职业教育的情况纳入企业社会责任报告。

(十一)加强行业指导、评价和服务。加强行业指导能力建设,分类制定行业指导政策。通过授权委托、购买服务等方式,把适宜行业组织承担的职责交给行业组织,给予政策支持并强化服务监管。行业组织要履行好发布行业人才需求、推进校企合作、参与指导教育教学、开展质量评价等职责,建立行业人力资源需求预测和就业状况定期发布制度。

(十二)完善现代职业学校制度。扩大职业院校在专业设置和调整、人事管理、教师评聘、收入分配等方面的办学自主权。职业院校要依法制定体现职业教育特色的章程和制度,完善治理结构,提升治理能力。建立学校、行业、企业、社区等共同参与的学校理事会或董事会。制定校长任职资格标准,推进校长聘任制改革和公开选拔试点。坚持和完善中等职业学校校长负责制、公办高等职业院校党委领导下的校长负责制。建立企业经营管理和技术人员与学校领导、骨干教师相互兼职制度。完善体现职业院校办学和管理特点的绩效考核内部分配机制。

(十三)鼓励多元主体组建职业教育集团。研究制定院校、行业、企业、科研机构、社会组织等共同组建职业教育集团的支持政策,发挥职业教育集团在促进教育链和产业链有机融合中的重要作用。鼓励中央企业和行业龙头企业牵头组建职业教育集团。探索组建覆盖全产业链的职业教育集团。健全联席会、董事会、理事会等治理结构和决策机制。开展多元投资主体依法共建职业教育集团的改革试点。

(十四)强化职业教育的技术技能积累作用。制定多方参与的支持政策,推动政府、学校、行业、企业联动,促进技术技能的积累与创新。推动职业院校与行业企业共建技术工艺和产品开发中心、实验实训平台、技能大师工作室等,成为国家技术技能积累与创新的重要载体。职业院校教师和学生拥有知识产权的技术开发、产品设计等成果,可依法依规在企业作价入股。

四、提高人才培养质量

(十五)推进人才培养模式创新。坚持校企合作、工学结合,强化教学、学习、实训相融合的教育教学活动。推行项目教学、案例教学、工作过程导向教学等教学模式。加大实习实训在教学中的比重,创新顶岗实习形式,强化以育人为目标的实习实训考核评价。健全学生实习责任保险制度。积极推进学历证书和职业资格证书"双证书"制度。开展校企联合招生、联合培养的现代学徒制试点,完善支持政策,推进校企一体化育人。开展职业技能竞赛。

(十六)建立健全课程衔接体系。适应经济发展、产业升级和技术进步需要,建立专业教学标准和职业标准联动开发机制。推进专业设置、专业课程内容与职业标准相衔接,推进中等和高等职业教育培养目标、专业设置、教学过程等方面的衔接,形成对接紧密、特色鲜明、动态调整的职业教育课程体系。全面实施素质教育,科学合理设置课程,将职业道德、人文素养教育贯穿培养全过程。

(十七)建设"双师型"教师队伍。完善教师资格标准,实施教师专业标准。健全教师专业技术职务(职称)评聘办法,探索在职业学校设置正高级教师职务(职称)。加强校长培训,实行五年一周期的教师全员培训制度。落实教师企业实践制度。政府要支持学校按照有关规定自主聘请兼职教师。完善企业工程技术人员、高技能人才到职业院校担任专兼职教师的相关政策,兼职教师任教情况应作为其业绩考核评价的重要内容。加强职业技术师范院校建设。推进高水平学校和大中型企业共建"双师型"教师培养培训基地。地方政府要比照普通高中和高等学校,根据职业教育特点核定公办职业院校教职工编制。加强职业教育科研教研队伍建设,提高科研能力和教学研究水平。

(十八)提高信息化水平。构建利用信息化手段扩大优质教育资源覆盖面的有效机制,推进职业教育资源跨区域、跨行业共建共享,逐步实现所有专业的优质数字教育资源全覆盖。支持与专业课程配套的虚拟仿真实训系统开发与应用。推广教学过程与生产过程实时互动的远程教学。加快信息化管理平台建设,加强现代信息技术应用能力培训,将现代信息技术应用能力作为教师评聘考核的重要依据。

(十九)加强国际交流与合作。完善中外合作机制,支持职业院校引进国

(境)外高水平专家和优质教育资源,鼓励中外职业院校教师互派、学生互换。实施中外职业院校合作办学项目,探索和规范职业院校到国(境)外办学。推动与中国企业和产品"走出去"相配套的职业教育发展模式,注重培养符合中国企业海外生产经营需求的本土化人才。积极参与制定职业教育国际标准,开发与国际先进标准对接的专业标准和课程体系。提升全国职业院校技能大赛国际影响。

五、提升发展保障水平

(二十)完善经费稳定投入机制。各级人民政府要建立与办学规模和培养要求相适应的财政投入制度,地方人民政府要依法制定并落实职业院校生均经费标准或公用经费标准,改善职业院校基本办学条件。地方教育附加费用于职业教育的比例不低于 30%。加大地方人民政府经费统筹力度,发挥好企业职工教育训经费以及就业经费、扶贫和移民安置资金等各类资金在职业培训中的作用,提高资金使用效益。县级以上人民政府要建立职业教育经费绩效评价制度、审计监督公告制度、预决算公开制度。

(二十一)健全社会力量投入的激励政策。鼓励社会力量捐资、出资兴办职业教育,拓宽办学筹资渠道。通过公益性社会团体或者县级以上人民政府及其部门向职业院校进行捐赠的,其捐赠按照现行税收法律规定在税前扣除。完善财政贴息贷款等政策,健全民办职业院校融资机制。企业要依法履行职工教育培训和足额提取教育培训经费的责任,一般企业按照职工工资总额的 1.5% 足额提取教育培训经费,从业人员技能要求高、实训耗材多、培训任务重、经济效益较好的企业可按 2.5% 提取,其中用于一线职工教育培训的比例不低于60%。除国务院财政、税务主管部门另有规定外,企业发生的职工教育经费支出,不超过工资薪金总额 2.5% 的部分,准予扣除;超过部分,准予在以后纳税年度结转扣除。对不按规定提取和使用教育培训经费并拒不改正的企业,由县级以上地方人民政府依法收取企业应当承担的职业教育经费,统筹用于本地区的职业教育。探索利用国(境)外资金发展职业教育的途径和机制。

(二十二)加强基础能力建设。分类制定中等职业学校、高等职业院校办学标准,到 2020 年实现基本达标。在整合现有项目的基础上实施现代职业教育质量提升计划,推动各地建立完善以促进改革和提高绩效为导向的高等职业院校生均拨款制度,引导高等职业院校深化办学机制和教育教学改革;重点支持中等职业学校改善基本办学条件,开发优质教学资源,提高教师素质;推动建立发达地区和欠发达地区中等职业教育合作办学工作机制。继续实施中等职业教育基础能力建设项目。支持一批本科高等学校转型发展为应用技术类型高等学校。地方人民政府、相关行业部门和大型企业要切实加强所办职业院校基础能力建设,支持一批职业院校争创国际先进水平。

(二十三)完善资助政策体系。进一步健全公平公正、多元投入、规范高效的职业教育国家资助政策。逐步建立职业院校助学金覆盖面和补助标准动态调整机制,加大对农林水地矿油核等专业学生的助学力度。有计划地支持集中连片特殊困难地区内限制开发和禁止开发区初中毕业生到省(区、市)内外经济较发达地区接受职业教育。完善面向农民、农村转移劳动力、在职职工、失业人员、残疾人、退役士兵等接受职业教育和培训的资助补贴政策,积极推行以直补个人为主的支付办法。有关部门和职业院校要切实加强资金管理,严查"双重学籍"、"虚假学籍"等问题,确保资助资金有效使用。

(二十四)加大对农村和贫困地区职业教育支持力度。服务国家粮食安全保障体系建设,积极发展现代农业职业教育,建立公益性农民培养培训制度,大力培养新型职业农民。在人口集中和产业发展需要的贫困地区建好一批中等职业学校。国家制定奖补政策,支持东部地区职业院校扩大面向中西部地区的招生规模,深化专业建设、课程开发、资源共享、学校管理等合作。加强民族地区职业教育,改善民族地区职业院校办学条件,继续办好内地西藏、新疆中职班,建设一批民族文化传承创新示范专业点。

(二十五)健全就业和用人的保障政策。认真执行就业准入制度,对从事涉及公共安全、人身健康、生命财产安全等特殊工种的劳动者,必须从取得相应学历证书或职业培训合格证书并获得相应职业资格证书的人员中录用。支持在符合条件的职业院校设立职业技能鉴定所(站),完善职业院校合格毕业生取得相应职业资格证书的办法。各级人民政府要创造平等就业环境,消除城乡、行业、身份、性别等一切影响平等就业的制度障碍和就业歧视;党政机关和企事业单位招用人员不得歧视职业院校毕业生。结合深化收入分配制度改革,促进企业提高技能人才收入水平。鼓励企业建立高技能人才技能职务津贴和特殊岗位津贴制度。

六、加强组织领导

(二十六)落实政府职责。完善分级管理、地方为主、政府统筹、社会参与的管理体制。国务院相关部门要有效运用总体规划、政策引导等手段以及税收金融、财政转移支付等杠杆,加强对职业教育发展的统筹协调和分类指导;地方政府要切实承担主要责任,结合本地实际推进职业教育改革发展,探索解决职业教育发展的难点问题。要加快政府职能转变,减少部门职责交叉和分散,减少对学校教育教学具体事务的干预。充分发挥职业教育工作部门联席会议制度的作用,形成工作合力。

(二十七)强化督导评估。教育督导部门要完善督导评估办法,加强对政府及有关部门履行发展职业教育职责的督导;要落实督导报告公布制度,将督导报告作为对被督导单位及其主要负责人考核奖惩的重要依据。完善职业教育质量评价制度,定期开展职业院校办学水平和专业教学情况评估,实施职业教育质量年度报告制度。注重发挥行业、用人单位作用,积极支持第三方机构开展评估。

(二十八)营造良好环境。推动加快修订职业教育法。按照国家有关规定,研究完善职业教育先进单位和先进个人表彰奖励制度。落实好职业教育科研和教学成果奖励制度,用优秀成果引领职业教育改革创新。研究设立职业教育活动周。大力宣传高素质劳动者和技术技能人才的先进事迹和重要贡献,引导全社会确立尊重劳动、尊重知识、尊重技术、尊重创新的观念,促进形成"崇尚一技之长、不唯学历凭能力"的社会氛围,提高职业教育社会影响力和吸引力。

附件　重点任务分工及进度安排表(略)

国务院

二○一四年五月二日

七、教育部办公厅　财政部办公厅关于做好"国家示范性高等职业院校建设计划"骨干高职院校建设项目 2015 年验收工作的通知

教职成厅函〔2015〕1 号

有关省、自治区、直辖市教育厅(教委)、财政厅(局):

根据《教育部财政部关于进一步推进"国家示范性高等职业院校建设计划"实施工作的通知》(教高〔2010〕8 号)精神,按照《教育部、财政部关于印发〈国家示范性高等职业院校建设计划管理暂行办法〉的通知》(教高〔2007〕12 号)和《教育部　财政部关于确定"国家示范性高等职业院校建设计划"骨干高职院校立项建设单位的通知》(教高函〔2010〕27 号)要求,教育部、财政部(以下简称两部)决定对 2012 年启动建设的 30 所国家骨干高职院校建设项目和 2010 年立项、延后启动的云南机电职业技术学院建设项目进行验收。现将有关事项通知如下:

一、总体要求

依据"地方为主、中央引导、突出重点、协调发展"的建设原则,国家骨干高职院校建设项目验收工作按照"院校总结、省级验收、两部验收"的程序进行。验收工作以项目资金使用管理符合要求为前提,以检验任务书完成情况为基础,注重办学体制机制创新经验总结,关注第三方对项目建设效果的评价。

有关部门、项目院校要高度重视项目验收工作,在总结项目建设成效的基础上,推动项目院校进一步创新体制机制,深化教育教学改革,提高人才培养质量,固化相关成果,带动全国高等职业教育持续健康发展。项目验收工作的具体要求详见附件1,项目验收评议指标详见附件2。

二、验收程序

(一)院校总结

1.项目总结。项目院校会同举办方,对照两部批复的项目建设方案和任务书进行自查,共同撰写《项目总结报告》。

2.数据填报。项目院校填写《项目建设情况进展表》(详见附件3),登录"高等职业院校人才培养工作状态数据采集与管理平台"(以下简称院校平台)和"高等职业教育专业建设与职业发展管理平台"(以下简称专业平台)填报相关数据。专业平台数据填报说明详见附件4。

3.成果宣传。项目院校及举办方总结提炼建设成果,并在学校示范建设网站开辟专栏集中展示。同时制作不超过8分钟的"骨干高职院校建设成果展示视频"。

(二)省级验收

1.项目审计。由省级教育、财政部门委托具有资质的第三方审计机构,对项目资金(含中央财政专项资金、地方财政专项资金、行业企业投入资金、院校自筹资金等,下同)进行全面审计,对项目预算执行情况、制度建设与执行情况、项目管理与绩效等发表审计意见,分学校出具《审计报告》。如果审计报告明确指出存在问题,项目学校须在省级验收结束前完成整改,申请两部验收时将学校负责人签署的《整改报告》与《审计报告》一并提交。两部将视情况,对项目资金使用管理情况组织抽查。

2.验收组织。省级教育行政部门会同财政部门组成专家组,通过听取汇报、查阅《项目总结报告》及相关材料、访谈座谈、现场考察等方式,借助省级验收支持系统,对项目完成的程度、质量、效果等进行审核,并撰写《验收申请》(附省级验收意见)。《验收申请》即视为省级教育、财政部门对建设项目的省级验收证明。

3.提交申请。由省级教育和财政部门在省级验收基础上,联合向两部提交验收申请和相关材料。提交的材料包括:省级教育和财政部门出具的《验收申请》、每所项目学校的《审计报告》(含《整改报告》)和项目总结材料(总结材料说明详见附件5)。

(三)两部验收

两部验收包括公示评价、资金核查、现场考查、综合评议四个环节。

1.公示评价。项目院校验收材料将在中国高职高专教育网"国家示范性高等职业院校建设"专栏公示一个月。项目院校须同时在本校官方网站醒目位置设置专栏公示相关材料。公示材料包括:《项目总结报告》《项目建设情况进展表》《中央财政重点支持建设专业人才培养方案》"高等职业院校人才培养工作状态数据"(使用网络版院校平台的,公示数据由平台抽取并提供链接地址)及"骨干高职院校示范建设成果展示视频"等。示范性高等职业院校建设计划实施工作办公室(以下简称实施工作办公室)在高职高专教育网组织对项目院校的网络评价。实施工作办公室在公示期内受理对公示材料的实名举报。

2.资金核查。两部组织对项目资金使用管理情况进行核查。资金核查存在问题的,须按照要求完成整改;资金核查存在疑问且不能完全说明的,增列入现场考查名单;考查证实存在问题的,按要求整改。经核查符合要求的项目和整改后符合要求的项目,进入综合评议程序。

3.现场考查。实施工作办公室随机抽取10所项目院校组织现场考查。考查意见供综合评议参考。

4.综合评议。两部组织专家根据评价指标对项目完成情况进行综合评议,结合资金核查和现场考查情况,分校做出验收结论。

三、验收结论

验收结论分为优秀、良好、通过、不通过四个等级(详见附件6)。因学校原因导致不能在本通知规定时间内完成所有验收环节的项目,验收结论为"不通过"。验收结论主动公开。

四、时间要求

1.2015年9月10日前,项目院校登录国家骨干高职院校建设项目省级验收支持系统,填报《项目建设情况进展表》;登录院校平台和专业平台更新数据(数据截至2015年8月31日);按照本省验收时间要求提交《项目总结报告》《中央财政重点支持建设专业人才培养方案》和"骨干高职院校建设成果展示视频"(制作技术要求详见附件7)。省级用户可登录系统查验本省项目院校人才培养工作状态数据和立项专业平台数据(省级用户登录账号及密码另发)。

2.10月15日前,有关省级教育部门应会同财政部门完成省级验收工作。

3.10月20日前,通过省级验收的项目院校将项目总结相关材料上传至本校公网公示专栏(不得设置浏览密码),并将链接网址发送至实施工作办公室电子信箱。10月23日起,实施工作办公室网络公示相关材料。

4.10月30日前,有关省级教育部门将所辖项目院校的《验收申请》(加盖省级教育和财政部门公章,附验收意见)、《审计报告》(含《整改报告》)、《项目总结报告》(加盖项目院校公章)和《项目建设情况进展表》(加盖项目院校及举办方公章,含佐证材料)等纸质材料一式10份报送至实施工作办公室。

五、联系方式

实施工作办公室设在教育部职业教育与成人教育司。

联系地址:北京西单大木仓胡同37号(100816)

教育部职成司高职与高专教育处

联系电话:010—66096232(传真)

联系人:任占营　王　博　郑永进

电子信箱:sfgz@moe.edu.cn

本文可在教育部门户网站(www.moe.edu.cn)和中国高职高专教育网(www.tech.net.cn)"国家示范性高等职业院校建设"专栏下载。

附件:(略)

1.国家骨干高职院校建设项目验收工作要求

2.国家骨干高职院校建设项目验收评议指标

3.项目建设情况进展表

4.专业平台数据填报说明

5.项目院校总结材料说明

6.国家骨干高职院校建设项目验收结论说明

7.骨干高职院校建设成果展示视频制作技术要求

教育部办公厅　财政部办公厅

二〇一五年一月一十四日

第二部分　有关示范性高职院校建设的重要讲话

一、在示范性高职院校建设计划视频会议上的讲话

周　济

2006 年 11 月 13 日

今天,教育部和财政部联合召开会议,正式启动"国家示范性高等职业院校建设计划",布置、落实建设任务,推动全国高等职业院校深化改革,强化管理,提高质量,健康发展。

一、以科学发展观为指导,走中国特色高等职业教育发展之路

目前,我国正处于全面建设小康社会,加快推进社会主义现代化建设的关键时期。走新型工业化道路,推动经济社会全面协调可持续发展,关键在人才。我国有 13 亿人口,这是一个基本国情,这样多的人口,素质低,就是沉重的人口负担,素质高,就是丰富的人力资源。加快教育发展,是把我国巨大的人口压力转化为人力资源优势的根本途径。我们国家已经从一个人口大国,建设成为人力资源大国,下一阶段,要从一个人力资源大国建设成为一个人力资源强国。在这个进程中,高等职业教育将发挥巨大的作用,将作出重大贡献。党的十六届六中全会作出了《关于构建社会主义和谐社会若干重大问题的决定》,明确要求我们"建设现代国民教育体系和终身教育体系,保障人民享有接受良好教育的机会"。现代国民教育体系包括基础教育、职业教育和高等教育。高等职业教育在这个体系中具有重要地位。我国的现代化建设,需要数以亿计的高素质劳动者、数以千万计的专门人才和一大批拔尖创新人才。高等职业教育的培养目标就是要培养数以千万计的高技能专门人才。十年来,高等职业院校全日制

培养的毕业生累计超过 800 万人，目前在校的学生也已经接近 800 万人，高等职业教育培养了大批高素质技能型专门人才，为经济和社会发展、为实现高等教育的"大众化"都作出了积极的贡献。高等职业教育的快速发展，丰富了高等教育体系结构，完善了职业教育体系结构；顺应了人民群众接受高等教育的迫切需求，顺应了现代化建设对高技能人才的迫切需要。一个适应我国社会主义现代化建设需要的高等职业教育体系已经初步形成。

当今世界，科学技术日新月异，知识经济方兴未艾，综合国力竞争日趋激烈，生产力正在发生革命性的变化，产业结构和劳动力结构正在发生深刻变化。在这个大格局中，知识经济、新型工业化道路对劳动者知识技能的要求进一步提高，而我们传统的高等教育和传统的职业教育都无法满足这种新的人才培养的需要。所以，大力发展高等职业教育是时代赋予我们光荣而艰巨的历史任务。高等职业教育培养的是知识经济时代的高技能人才，适应新型工业化道路的需要，符合先进生产力发展的要求。

我国高等职业教育的发展总体是健康的，方向是正确的，成绩是巨大的。虽然我国高等职业教育发展的历史并不长，但是，由于坚持了从经济社会发展的需要出发，从广大人民群众的根本利益出发，在发展的过程中逐步明确了发展的理念、定位，得到了社会各界的认可。回顾十年来我国高等职业教育的成绩，可以概括为两个方面：一是事业实现了跨越性的发展，高等职业教育已经成为我国高等教育事业发展的新的增长点，成为我国职业教育事业发展的新的亮点；二是改革取得了突破性的进展，走出了一条中国特色的高等职业教育发展之路。高等职业教育虽然还存在着许多的困难，还存在着很多的问题，但经过这十年的努力，我们的发展方向是非常清晰的，我们前进的目标是非常准确的，从发展方向和目标来看，我国的高职教育要比美国的社区学院和日本的短期大学更清楚；从针对知识经济的兴起来看，我国的高职教育要比德国的双元制和澳大利亚的 TAFE 更胜一筹。实践证明，我们完全可以创造自己的有特色的体系，走一条符合中国国情的充满生机和活力的高等职业教育的发展之路。

"十一五"期间，教育战线的总任务是"普及、发展和提高"：普及和巩固义务教育，大力发展职业教育，提高高等教育质量。大力发展职业教育，其中包括大力发展高等职业教育；提高高等教育质量，其中包括提高高等职业教育质量。当前高等职业教育的发展重点是加强内涵建设，提高教育质量。我们必须从贯彻科学发展观的战略高度，落实科教兴国战略和人才强国战略，进一步深化改革，以服务为宗旨，以就业为导向，不断创新人才培养模式，提高人才培养质量，使高等职业教育在促进我国从人口大国到人力资源大国，再进一步发展到人力资源强国的过程中，发挥更大、更好的作用。

二、推进国家示范性高职院校建设，引领全国高等职业教育持续健康发展

今后一段时期，我国高等职业教育的主要任务是加强内涵建设，提高教育质量。要完成这样一个战略任务，主要从两个方面来推进，一是指导面上所有高职院校办出特色，提高质量。全国有1000多所高等职业院校，全日制在校生已经接近800万，必须提高每一所学校的教育质量。教育部即将下发《关于全面提高高等职业教育教学质量的若干意见》，这个意见总结了十年来关于高等职业教育教学改革的一系列经验和教训，特别是针对当前进一步提高质量的关键问题进行了深入的研究，并广泛征求了高等职业教育战线许多同志们的意见。这个文件将要指导面上1000多所高等职业院校的教育教学改革，切实把工作重点放到提高教学质量上来。二是示范性高职院校建设计划。根据《国务院关于大力发展职业教育的决定》要求，国家在"十一五"期间实施国家示范性高等职业院校建设计划，按照地方为主、中央引导、突出重点、协调发展的原则，重点支持100所高水平示范院校建设。如此大规模的高等职业院校建设计划，在我国职业教育发展历史上是第一次，体现了党中央、国务院对职业教育的关怀，体现了党中央、国务院对高等职业教育事业发展的高度重视。国家重点建设100所示范性高职院校，是全国高职教育改革发展的一个重要战略举措。如果说"211工程"是国家面向21世纪高等教育的发展工程，那么"示范性高等职业院校建设计划"也是国家新时期新阶段高等职业教育的改革工程和质量工程，要带动全国高等职业教育的改革和整体质量的提高。面上1000所学校要推进质量工程，全面提高教学质量，同时，集中力量重点建设100所示范性院校，这两者是辩证统一，相互促进的关系。高职教育质量的整体提高将为示范院校的建设打下良好的基础，而示范性院校通过建设，将在办学实力、教学质量、管理水平和办学效益等方面有很大的提高，特别在深化教育教学改革，创新人才培养模式等各个方面，能够取得明显的进展，发挥积极的楷模作用，总结出可借鉴可推广的经验、模式和制度，带动全国高等职业院校加快改革和发展。在普及的基础上提高，在提高的指导下普及，努力办好让人民满意的高等职业教育，更好地为经济建设和社会发展服务。

推进示范性高等职业院校建设工程有三个方面的意义：

1. 建设国家示范性高等职业院校是适应我国经济社会发展的迫切需要。全面建设小康社会、走新型工业化道路，推进产业结构优化升级，转变经济增长方式，对我国人力资源的结构和素质提出了新的更高的要求。近年来，高等职业教育规模扩大，改革步伐加快，服务经济社会的能力有了很大提高。但是，我们必须清醒地认识到，相对于现代化建设对高技能人才的迫切需要，相对于广大人民群众对良好教育的迫切需求,目前我国高等职业院校的办学理念,师资力量,基础能力,人才培养质量都是远远不能适应的。为此,迫切需要加快建设一批理念先进、特色鲜明、质量优秀的品牌高职院校,这些学校应该成为发展的典范,改革的先锋,他们将引领全国高等职业院校办出特色,提高质量,持续健康地发展。

2.建设国家示范性高职院校对大力发展中国特色的高职教育具有重要的战略意义。高等职业教育是我国高等教育发展中的一个新类型,具有明显的中国特色和时代特征:它既有高等教育的属性,又有职业教育的特色;既区别于传统的专科教育,又比国外的职业技术教育更有优势,肩负着大批量培养高技能专门人才的使命,在我国加快现代化建设的人才培养中具有特别重要的地位和作用。高等职业教育不仅在我国,而且在世界上也是一个新生事物。可以说,作为一种新兴的高等教育类型,中国的高等职业教育已经走在了世界高等职业教育改革发展的前列。但是,就整体而言,高职院校的办学时间还不长,办学类型还很新,我国高职院校还是处于发展的初级阶段,迫切需要有一批优秀的高职院校走在前头,积极地探索实践,使高职教育先进的办学理念内化为制度,发挥它们在建立中国特色的高职教育体系中的示范和引领作用。

3.通过实施国家示范性高职院校建设,必将建成一批世界先进水平的高职院校,有利于凝聚全社会重视高职教育的共识,优化高职教育的改革发展环境,提高高职教育的社会认可度,引领高职教育的持续健康发展。党中央国务院对于高等职业教育事业的高度重视和大力支持,不仅为高职教育提供了一个十分重要的发展机遇,也为优化高职教育发展环境提供了重要的保证。但是我们也深切地认识到任重而道远,发展的道路还很远,改革的任务还很重,我们需要有一批学校能够走在前头,做发展的模范,改革的先锋。我们大家共同努力,各级政府、行业主管部门、企业和全国高职院校一起把握好这个难得的历史机遇,振奋精神,努力奋斗,打造出一批代表国家水平并在世界上领先的高职院校,带动全国高职院校持续健康发展,形成"一马当先,万马奔腾"的高等职业教育发展的大好局面。

三、做发展的模范,改革的模范,管理的模范

这次建设的示范性高职院校,绝不仅仅是投资建设的示范,更应该是发展的示范,改革的示范,管理的示范。这些示范院校要在发展模式上起到模范和带动作用,不断深化办学理念、明确发展定位,明晰办学方向;示范院校要作改革的先锋,高等职业教育既不是普通本科教育的简单压缩也不是中等职业教育的简单升格,而是适应我国在新时期新阶段的新型工业化道路当中,在未来的

知识经济当中进行现代化建设的需要,逐步建立起来的具有中国特色的一种教育类型,在其建设和发展中还有很多问题需要改革和探索。我们希望示范院校在改革方面要走在前头,做改革的示范。要创新人才培养模式,特别是在以服务为宗旨,以就业为导向,在实践教学、工学结合、校企合作等方面起到模范和带头作用;示范院校还要在管理上起到示范作用,要从严治教,做规范管理的模范,从招生、培养、指导学生就业、工程实践等各个环节上加强管理。一流学校应该有一流的管理,示范院校要在管理上为全国的高等职业院校树立起标杆,引领高职院校整体管理水平和办学水平的提高。具体来说,从以下几个方面发挥更好的示范作用:

第一,全面贯彻党的教育方针,全面推进素质教育。高等职业教育要全面贯彻党的教育方针,坚持为社会主义现代化建设服务,为人民服务,与生产劳动和社会实践相结合,培养德智体美全面发展的社会主义建设者和接班人。推进素质教育,是培养什么人、怎么培养人的根本问题,要成为高等职业教育的主题。在高等职业教育整个发展过程中,一定要坚持育人为本,德育为先,把立德树人作为高等职业教育的根本任务。要进一步加强思想政治教育,把社会主义核心价值体系融入到高职教育人才培养的全过程,特别是要着重推进职业道德教育,真正培养出一批高素质的技能型专门人才,培养德智体美全面发展的社会主义建设者和接班人。

第二,做以服务为宗旨的示范。党的教育方针要求教育为现代化建设服务,为人民服务。高等职业教育要在服务社会经济发展,突出职业教育的特点上狠下功夫。要把专业和职业紧密地结合起来,主动地适应经济社会发展的需要,校企联动,会同企业主动地跟踪市场,适应市场。在专业设置过程中与用人单位合作,根据社会对人才需求的变化趋势,建立相适应的教学标准,保证专业发展的适应性,提高学生学习专业与市场需求的吻合度。当前,我国经济建设和社会事业发展速度非常快,建设社会主义新农村,构建社会主义和谐社会,都对高素质技能型专门人才的需求非常大。高等职业教育要主动适应需求。

第三,做以就业为导向的示范。就业是民生之本,职业教育是一个面向人人的教育,就业就更为重要。希望示范性高职院校在就业方面走在前头。要大力推进"双证书"制度,大力改进课程体系、教学内容和教学方法,帮助我们的学生增强就业竞争能力,提高就业率。十六届六中全会的决议明确要求高校培养学生的实践能力、创造能力、就业能力和创业能力。就业能力是高职教育面临的一项重要任务,高职院校也具有特殊的优势。示范院校要努力使毕业生在取得毕业证的同时取得职业资格证书,实质上就是以就业为导向的人才培养模式的改革,一定要抓紧推进。要以能力为核心,在课程结构、教学内容和教学进度安排上，为学生顺利就业提供方便，为学生在学校期间就能掌握实际技能，获得职业培训证书和职业技能证书提供方便。这是一项基本的要求，也是一项改革，任务艰巨。希望各级教育部门和劳动部门、人事部门紧密配合，这不仅仅是使学生获得一两个证书的问题，而应从本质上认识到这是以就业为导向的一种发展和改革。

第四，做与生产劳动和社会实践相结合的示范。党的教育方针要求教育与生产劳动和社会实践相结合，这是马克思主义教育学的一个基本观点。培养实践能力应该成为高职教育的一个基本要求。我们培养的是面向生产、建设、服务第一线需要的高技能人才，实践教学有着极其重要的地位。要高度重视实践教学环节，把实践性教学贯穿于人才培养的全过程，这是提高人才培养质量的关键。要强调教学活动、人才培养的模式与生产实践、社会服务、技术推广及技术开发紧密结合。一方面，要加强课堂教学与实践教学的结合；另一方面，要加强实训教学环节和实习。要积极推行工学结合的人才培养模式改革，带动专业调整与建设，引导课程设置、教学内容和教学方法改革。重点是教学过程的开放性和职业性，要积极与行业企业合作开发课程，根据技术领域和职业岗位的任职要求，参照相关的职业资格标准，改革课程体系和教学内容。要重视校内学习与实际工作的一致性，校内评价与企业评价相结合，探索课堂与实习的一体化；积极推行订单培养，探索任务驱动、项目导向、顶岗实习等有利于增强学生实践能力的教学模式。同时要特别注重校企合作，探索实训基地建设新途径。加强实训实习基地建设是高等职业院校改善办学条件的一项重点工作。在财政部的支持下，高职院校的实训基地建设有了很大的发展。示范院校在此基础上，还要加快发展。这里强调两个方面：要建立起高水平的校内实训基地和校外实习基地。校内实训基地已经有了较好的基础，但是如何建立高水平的校外实习基地，是摆在我们面前的一个新课题，难度很大。我们希望，在校内实训基地方面，今后要加强生产性实训，这需要高职院校与企业和市场更紧密地结合起来；在校外实习方面，要求高职院校学生在校学习期间要有半年以上的顶岗实习时间。示范院校的申报和建设过程中要强调这两个要求：生产性实习要占整个实践教学环节的大部分比例；高职学生要有半年以上的顶岗实习时间。

示范院校还要努力形成较强的社会服务能力，提高高职院校的社会认可度，形成良性互动的校企合作新机制。在区域创新体系中技术创新体系中，高职院校具有广阔空间。示范性高职院校要在新技术推广、职工技能培训、农村劳动力转移培训、进城务工劳动力的培训、建设社会主义新农村等方面发挥主力作用，同时在若干领域形成较强的技术优势，成为区域性技术创新和技术服务中心,辐射和带动区域、行业高职教育发展、在对口支援农村和对口支援中西部职业院校等方面发挥重要作用。

四、加强领导,完善政策,扎实推进

日前,教育部和财政部已经下发了《关于实施国家示范性高等职业院校建设计划加快高等职业教育改革与发展的意见》,教育部办公厅和财政部办公厅也下发了《关于做好 2006 年度国家示范性高等职业院校建设计划项目申报工作的通知》,各级教育行政部门和职业院校要进一步提高认识,明确责任,加强管理,确保各项改革措施落实到位,保证国家示范院校建设计划顺利实施。

各地教育行政部门要将示范院校建设作为推动高等职业教育改革和发展的重点工作,努力将其纳入本地区经济社会发展规划;要加大对示范院校的支持力度,要明确高等职业教育和高等教育的其他类型一样,都具有公益性,财政投入应是学校建设经费的主体。同时,要充分调动行业企业和院校的积极性,广泛吸纳各方面投入,多渠道筹措经费。要协调有关部门研究解决制约高等职业教育发展的各种问题和困难,为示范院校建设提供有力的支持和政策保障。

同志们,让我们在以胡锦涛同志为总书记的党中央的领导下,牢固树立和落实科学发展观,抢抓机遇,锐意进取,用我们扎实的工作,不懈的努力,进一步开创高等职业教育改革与发展的新局面。

二、实施"国家示范性高等职业院校建设计划"
引领高等职业教育质量的全面提升
——在"国家示范性高等职业院校建设计划"2006 年度
项目评审工作会议上的讲话摘要

吴启迪
2006 年 12 月 3 日

一、充分认识实施"国家示范性高等职业院校建设计划"的重要意义,做好项目评审工作

实施"国家示范性高等职业院校建设计划",是贯彻党中央、国务院关于高等教育发展要切实把重点放在提高质量上的战略部署和《国务院关于大力发展职业教育的决定》精神,在教育领域落实科学发展观的一项重要举措。

目前,大力发展高等职业教育的重要性已经成为大家的共识。很多地方领导已经意识到,发展职业教育不仅是解决教育公平问题的重要途径,而且已经成为区域经济不可缺少的重要支撑。有的省领导讲，"抓经济就要抓职业教育，抓职业教育就是抓经济"，"高端人才可以引进，但大量的高技能人才组成的千军万马不可能靠引进"，这是对职业教育，包括高等职业教育的最贴切的定位。高等职业教育经过近十年的发展，在校学生规模已经占到整个高等教育规模的一半，院校数量达到了 1147 所，我们正在举办着世界上最大规模的高职教育，而且形成了自己的特色。世界上没有哪个国家和我国情况完全相同，无论是德国、澳大利亚的典型做法，还是美国的经验，我们都不能照搬。近十年来，我国高等职业教育发展的方向越来越清晰，自身的特色也越来越明显，那就是"以服务为宗旨，以就业为导向，走产学结合的发展道路"。在这个方向上坚持走下去，在改革发展中不断创新，在改革发展中形成自己的鲜明特色，将对世界高等职业教育的发展做出重大贡献。

高等职业教育是我国高等教育发展中的一个新的类型，它有着与学术型、工程型本科教育不同的特色，把高等职业教育这一类高等教育界定好，其本身也是提高高等教育的质量。前一段时期有一种趋向，不少中等职业学校都想升格为高等职业院校，一些高等职业院校还没办几年又想升本科，然后申办硕士点、博士点，最后都要建研究型大学，我们不赞成这种趋同现象。我们是世界上高等教育规模最大的国家，如果高等教育都办成同一个类型、同一个模式，那就不能适应国家发展对不同类型人才的需要。我们建设示范性高等职业院校就是要建立这类院校的典范，就是要强调这一类学校有自己的卓越。当然，各类高校都应当有自己的卓越。教育部希望不同类型的高等院校能准确定位、办出各自的特色，促进高等教育的协调发展。

实施"国家示范性高等职业院校建设计划"，按照"地方为主、中央引导、突出重点、协调发展"的原则，重点支持建设 100 所高等职业院校，使之成为发展的模范、改革的模范、管理的模范，在当前高等职业教育发展的重点从规模扩张全面转入内涵建设的关键时期，具有重要意义。从"九五"开始，国家实施了"211 工程"，集中力量重点建设 100 所高水平的大学。当时的考虑，一是院校水平，二是兼顾地区，三是行业布局。实践证明，经过两个五年计划之后，"211 工程"对提高我国高等教育的整体水平、促进区域和行业间高等教育协调发展，起到了很大作用。高等职业教育进行示范性院校建设，也要起到类似的引领和示范作用，引领全国 1100 多所高等职业院校的改革和发展，带动整体质量的全面提高。因此，我们说，这是高等职业院校的"211 工程"，我们有研究型大学的高水平，也有高职教育的高水平。

正因为这项建设计划具有如此重要的战略地位，所以我们感到能不能开好头、起好步，保证其沿着健康持续发展的道路走下去非常关键。我们这次立项评审是重要的一环。能不能把高等职业教育特色最鲜明、最突出的院校评出来，对于全社会重视高等职业教育，进一步达成共识、优化高等职业教育的改革发展环境至关重要；能不能把在培养高技能人才和服务经济社会方面贡献最大、成绩最好的院校选出来，对于提高整个高等职业教育的质量、引领高等职业教育的持续健康发展至关重要；能不能把那些既有良好基础、更具发展潜力的院校推出来，对于建成一批国际先进水平的高等职业院校、使中国的高等职业教育走在世界高等职业教育发展的前列至关重要。各位专家来自不同领域，之所以要让这么多不同类型的高规格专家坐在一起，共同评审，就是考虑到高等职业教育与经济社会发展联系特别紧密，与各行各业第一线职业岗位工作直接相关。希望各位专家从国家长远战略的需要出发，结合不同产业发展对高技能人才的数量和素质要求，从全局层面来审视各申报院校的建设方案，帮助我们把好关，使得示范性院校建设计划的实施能够有一个高水平的起点。

二、把握好"国家示范性高等职业院校建设计划"项目评审的关键和重点

为实施好"国家示范性高等职业院校建设计划"，教育部和财政部专门研究设计了整个工程实施与运行监控系统，制订了一套比较完整的工作程序。

建设项目的立项由教育部和财政部统一部署，遵循公平、公正、公开的原则，严格按照程序进行。具体地讲，先由各省级教育部门和财政部门对各申报院校的基础条件进行预审，并且择优推荐，然后请各位专家对各地推荐上来并经过资格预审的院校进行集中评审。

集中评审的重点是各推荐院校的建设方案，这是入选院校今后建设的依据，也是我们今后考核监控的依据。各申报院校有没有先进的发展理念和科学的发展思路，有没有清晰的发展目标和强劲的发展潜力，项目建设方案是否科学合理，是否符合实际，是否突出了高等职业教育的特色，是否具有可行性和有效性，都需要专家们通过审阅推荐院校的建设方案、听取推荐院校现场陈述与答辩来评判。我们还要将评审结果对社会公示，接受社会的监督。对于弄虚作假的单位，将一票否决。

如上所说，"国家示范性高等职业院校"应该是发展的示范、改革的示范和管理的示范，这在评审中需要专家们着重把握。

第一，在发展模式方面，建设院校应树立先进的办学理念，在适应经济建设一线职业岗位人才需求的发展定位和办学方向上起到模范带动作用。在这里，我要强调一下特色，高等职业院校不能求大求全，要根据实际，办出自己的特色，拿出几个自己的特色专业，体现行业特色，只有这样，才能实现可持续发展。

第二，在深化改革方面，建设院校应该在产学合作、工学结合的人才培养模式改革上起示范作用；在课程设置、教学内容、教学方法的改革上起示范作用；在校内、校外实训实习基地的建设上起示范作用；在校企合作、科技开发和社会服务上引领改革方向上起示范作用。在这里，我想强调几个问题：一是校企合作对于办好高等职业教育非常重要，如果高等职业院校的专业建设能够跟企业、行业、产业紧密结合，符合用人单位的要求，就能得到企业源源不断的支持。二是不要片面理解"半工半读"，我们要求高等职业院校的学生必须参加半年以上"顶岗实习"，是要求学生在实习中掌握实践技能，实习期间要加强对学生的教育和管理，不能放手不管，把学生变成纯粹的劳动力。学生实习应该以学为主，既有学习任务，又有生产任务，学习要与生产结合，生产要与学生学习相联系。三是加强技术培训，促进科技开发能力的初步培养，这是对示范性建设院校提出的一个要求，一些院校已经在这方面积累了经验。四是要强调毕业生的就业率。首次就业率要高于80％以上，学生取得相应的职业资格证书的比例达到80％以上。就业率是评判一个职业教育学校教学质量的重要指标，推行"双证书"制度是解决就业资格准入的有效途径，建设院校要将职业资格标准融入课程体系和教学内容，积极争取劳动部门的职业资格认证许可。五是关于专业教师队伍的"双师"结构，原来我们强调校内教师比较多，要求他们既有实践经验，又有理论，但在实践中我们发现，对于某些技术更新比较快的专业，两到三年就技术换代，要培训这些教师需要花很大的代价，所以在这方面我们强调兼职，请一线的熟练掌握最新技术的人员来学校教学生。我们要建立一支稳定的，由兼职和专职人员共同组成的流动的"双师"队伍，希望兼专职教师比例要达到1∶1，甚至更高，但要具有相对稳定性。

第三，在学校管理方面，建设院校应该在对学生职业道德和基本职业素质的要求上，在建立具有制度和运作双重要求、有严格的过程管理和持续改进机制的质量保障体系上，在学生的就业指导与服务以及就业率提升上，为全国广大高等职业院校树立起标杆，引领高等职业教育整体管理水平的提高，这也是我们实施建设计划的一个重要目标。要根据现在学生的实际情况，完善教学管理制度，建立质量保障体系，更好地促进学生就业。

三、在全国高职高专校长联席会议专题研讨会上的讲话

张尧学

2007 年 2 月 4 日

因为是研讨会，我们来一起探讨一下看法。来之前听说是 28 个示范性高职院校，以为是四五十人，昨天一看来了五六百人。看来大家对高职的发展和

建设抱着非常强烈的愿望和兴趣，我感到非常高兴，看到了大家对高职发展的信心和我们对搞好高职发展的决心。

大家都知道，我们在2006年，首批批准了28所示范性高职院校，2007年、2008年还要搞第二批、第三批。三年下来，是100所左右，也就是说可能不到100所，也可能多一点。正如去年我们刚开始搞第一批的时候，通知说是30所左右，后来实际是28所。这个工作具体的操作是教育部高教司高职高专处和财政部教科文司教育处。我们高职高专处几位同志大家都很熟悉，有范处长，还有林宇、津石，另外还有一些借调的同志。我们分管的司领导是刘桔副司长，刘桔同志另外还分管我们的综合处。前不久刚发布了一个质量工程，财政部也很支持，这也是刘司长这一块管。这个质量工程尽管写的是本科，但高职高专也有份。可能是份额比较小一点，但还是有关系，比如说名师，由原来三年一次，改为两年一次，奖金由原来的两万提高到五万，其中有一部分是高职高专的教师。除了名师之外，还有教学团队、教材等等都是和我们高职高专有密切关系。所以并不是说质量工程仅仅是本科的事，和我们高职高专也有很大的关系。

示范性高职这件事情，刚才李进校长也讲到，首先是温总理提出，当时温家宝同志先提出全国教育工作会议，迎来对职业教育的大投入，是新中国成立以来职业教育的第一个春天，这都是总理重视的结果。在总理的关心、关怀、过问下，做了很多具体的工作，包括财政的安排等等。在国务院领导高度重视和关心下，教育部党组织非常关心这个事。无论是中职还是高职都多次召开党组会议研究。财政部那里我们的副部长、司长、处长，都是亲自去谈。我们的目的就是一个指导思想，把职业教育这件事办好，因为教育是三块，一个是基础教育，一个是职业教育，一个是普通本科或者以上的教育，也可以把高职教育放在第三块，称之为高等教育，高等教育也包含高职。

关于示范性高职，周部长也是多次指示和讲话。示范性建设的投入就是为了拉动改革，这句话有很深刻的含义。为了落实这个精神，我们的高职处，司领导，还有一些专家，还有这么多高职院校，不仅仅是最近一段时间，应该说最近几年来，大家都在努力想着把高职改革推进得更深入一些，更好一些，这里面做了大量的工作，也做得非常的辛苦，因为我们以前没有做过，没有太多可以借鉴的例子。国外有很多成功的经验，但那里的国情不一样。我们老是说经济发展和高等教育相结合，都明白结合最好的是高等职业教育，因为它离社会最近，距经济最近。然而国家在投入上一直是很少，某种程度是逼着大家和经济发展结合起来，这中间有很多感人的例子，有很多发展很好的学校，这里面不一定是28所，很多是28所以外的。我的一些想法，是你们实践的结果，是从你们的实践中得到的一些认识，需要以后再实践，再认识，再提高。所以我今天所要讲的东西，基本上是我们一些学校已经成功的经验，不是我们凭空想象出来的。因为我没有搞过职业教育，也没有在职业院校待过，今天讲的都是我看到的，觉得比较好，供大家参考。各个学校都有各自的情况，不一定非要这样做，但是今天我讲的这些思路，刘司长、范处长我们都有一些讨论，另外和其他司领导都交换过意见，也和部领导报告过精神和思路。

因为今天人比较多，我昨天列了一个提纲，我就多讲一点。

首先，谈一谈高职院校的作用。

高职院校也是大学。我们对一般综合性大学，或者说比较专业性的大学讨论比较多，关于大学的组成和定义，搞高等教育的人有很多研究，但是最好的想法都是大学校长。我这里引用一下耶鲁大学校长莱文对大学下的定义。他讲得比较多，我这里引用的不是原话。他认为一个大学是有形或者无形的资产：比如说大楼，设备，有一些软件，还有一些品牌，这都是大学的资产。比如说哈佛大学的基金已经是267亿美元。第二是人力：我们老讲大师。耶鲁大学校长讲，人力是三支队伍，那就是师资队伍，学生队伍，还有管理的队伍。第三是大学长期沉淀下来的文化：一个大学的特色和在人们心目中的影响是靠文化形成的。要说体现一个大学的特色在哪里，要通过大学长期积淀和不断传承的文化体现出来。比如说耶鲁大学和哈佛大学学生之间每年一定要有惊天动地的故事，不是把传校之宝偷过来，就是干轰轰烈烈的事，每年都要搞震惊当地的恶作剧。我在那里上学的时候，一天早上起来看见外面围了很多警察，原来学生在晚上把校警的警车弄到圆顶楼上挂了起来。警察不是来抓学生，而认为这是学生的文化。他们在研究学生是怎么把车子弄上去的。大学还有很多自己多元的文化，这种文化体现出一种精神，所以耶鲁大学校长总结大学就是这么几个方面：资源、人力、文化。既然我们高职院校也是大学，那么也应该是在这个范围之内，也应该由我们的资产、我们的三支队伍和我们的文化来形成我们的高职院校。为什么要讲这个呢，这是指导思想。我们在建高职院校的时候，在这三个方面，都得做充分的准备。

接下来我再讲讲大学的功能。《高等教育法》规定，我们的高等教育有三个功能：人才培养，科学研究，为社会服务。最近有几个专家提出来，认为这个规定有一点不完整，还应该有"文化传承"等。这并不是功能多与少的问题。朱高峰院士说，其实大学的功能就是一个，培养人才。搞科学研究最终还是为了培养人才。在培养人才的过程中，有了很多的科研成果，这是附带产品。如果把培养人才这个功能拿掉就变成研究所，因为科学研究和社会服务都是其他的部门可以完成的。当然不搞科学研究,不搞为社会服务,你培养不出高层次的、创新性的、领军的人才,而且不同学校培养出的不同类型的人才,都要在社会服务中反映出来。江泽民同志在北大100周年校庆上讲的:培养人才,科学研究,为社会服务,再加上文化传承与国际交流,这是大学的功能。

这五个功能,或者说是以人才培养为主的几个功能,实际上反映在我们大学里,有几个是非常重要的:一个是大学是人文精神和创新精神的培育地和聚集之地;大学是引领社会发展的火车头或者先锋队;大学是保护人类良知最后的堡垒。杨福家先生说美国为什么发展如此之好,说美国有三个法宝:一是教育,二是宗教,三是法制完备的政府,这是绝大多数美国人的看法。美国人非常自豪的是他们先有大学后有美国。当初美国人的祖先乘坐"五月花号"从欧洲来到北美大陆的时候,第一件事是成立哈佛大学,他们把受更好的教育看做是人类发展很重要的方面。所以我说大学在发达先进的国家和社会里面,起着不可估量的作用。大学之大,是大在我们的大学是为国为民,社会经济越发展,越体现出大学的作用。如果不发展,在原始社会里面是没有问题,大家都群居在山洞里面,有一点吃一点。但现在我们要去培养人的人文精神、创新精神,要去守护人类的良知,这个工作最后要由大学来做。

也许大家听了这些认为大学是指综合性普通大学,和高职高专没有关系。其实这和高职高专有很大的关系,因为高职高专是大学的一个类型。同时高职高专要比我们综合性大学在引领社会方面还要更近一点,因为我们的触角是在社会经济发展的最深处,最知道社会发展需要什么。所以,高职院校实际上在为国家和人民培养经济发展所需要的高质量人才。我说的高质量,不仅仅是考分高是高质量,我们要从职业道德,从人文精神,从我们的可持续发展能力多方面来考察我们高职学生的高质量。有很多人问,这么短的时间内可以达到这样的要求吗?达不到,但可以提高。教育是系统的工程,从幼儿园开始就要培养。当然现在还有一些社会因素,基础教育也有关系,但是在大学的时间里面,要尽可能围绕我们的目标实现我们的目的,哪怕是走出一小步,也是我们应该做的事情。所以我还是强调,办学是为了培养人,不是为了买设备。我们如果不培养人,就不要办学,我们要是为了变成一个企业,就办企业可以了。我们在办学的过程中,都是为了培养人而去做这个事情。整个社会要进步,但是社会进步还是要靠人去推动。在大学,在高职院校,目的就是为了培养人,所以这一点一定要清楚。

第二点,讲一讲什么是高职院校学生的质量。

首先,我们看高职院校学生的生源是什么。现在的制度是,高职院校的学生是在较后的批次录取，分数比较低一点。这件事情，包括示范性高职，我们一直在要求院校长提出建议如何改革。我们不希望把高职院校的录取放在一个角落的批次，放在分数较低的阶段完成。高职院校的生源不是落榜生，也不是低等生。高职院校的学生是一批热心工程技术，热心一技之长，拥有技能，愿意以自己的一技之长来回报社会的人。他们不想去做很深的科学研究，或者对管理不感兴趣，而愿意去做一些具体的工作，一些具体的事情。他们觉得做这些技术性操作也是挺好的，觉得读书和推理是很烦的，因为每个人都有自己的特长，我觉得这样比较适合高职院校。当然真正达到这个目的，既要观点上变化，也要社会的变化。但是我们要设定一个目标，一个愿景，不要被普通学校录取以后才轮到我们高职院校。我们要想一些政策，让愿意到高职学习的人到高职去。

刚才讲的生源是高中毕业，或者说是中职毕业。还有一些人觉得目前的不好，想重新掌握一些技能；或者说在原来的岗位上很好，但是工作需要他们学习新的技能，需要学习半年，或者几个月，到哪里学呢？有一种是企业派到国外学，花很多钱。那他们能不能在当地的高职学习呢？再提高一下适应新的工种所需要的能力。这可能现在有，也可能没有，总之这在现在的高职院校里面关注不是很多。我们高职院校的生源是一块很大的问题，因为我们国家正在不断地变化，我们的下岗员工也不少，如何完成这个任务，劳动部门花很大的力气办再就业培训中心。但这部分任务是不是高职可以承担？我认为，这两批人应该是高职院校学生的主要来源。

有了生源的定位，我想我们的培养目标是什么，就应该比较清楚了。具体一点讲，有几个方面非常重要。一是职业道德。我们的高职院校要培养我们的学生能够一丝不苟，站在用户的立场上，有高度的职业道德。我在很多地方讲过，我们的通病就是马虎，我们缺少一丝不苟，这个问题出在学校，出在我们的师傅。我是从农村出来的，我们农村有一个木匠活，木匠活做得好的请的人就多，做不好，请的人就不多。有些学徒做不好，师傅一棒子就打过去，徒弟就哭，徒弟再哭就再打，这是因为师傅要求徒弟必须做好，这个徒弟出来就是高徒。看看那些手工业的能工巧匠，为什么现在没有了，因为现在都是"你好我好"，稍微说重一点就眼泪汪汪，然后就是记恨。严格的管理，严格的要求，在哪个国家的文化里面都是必要的。去年六月份，我花三百块钱买了辆永久自行车骑车上班。但骑了两公里，车轴松了，链条掉了，最后就推了回过来。这是为什么呢？我们拧螺丝的师傅没有职业精神，这样的人能把活干好？你的东西出口如果不是有专业人员把关，你的东西能出去吗？中国从20世纪70年代末到现在的发展，引进了多少管理！付出了多少外汇！但我们现在的东西在质量上拿出去和日本、德国比,还是粗,马大哈。所以培养新一代高技能人才,职业道德建设比什么都重要,这就是我们思想、道德、政治、文化精神的体现。我们做老师的,做校长的,要有这个精神去训练我们的学生。要在我们的课程设置,在实践、实习方面,时时刻刻把培养职业道德精神放在首位,去培养、教育我们的学生。时间长了以后,他可能别的都没有记住,出去几十年以后,还记得在某某职业技术学院因为什么事没有做好而受到严厉批评。总之,马虎是害人的。二是培养较强的专业技能。因为我们是职业技术学院,培养基本的操作工。首先二级工可以达到吧,因为工厂需要的操作工要达到二级学徒。我想这一点达不到就说不过去了。三是要使学生在走入社会以后,有可持续发展的学习与适应能力。在这方面就要求我们给学生讲一些技术课。比如说法律课,这可以不多,但是出去以后可以可持续发展,或者自己不知道,可以重新到哪一个学校重新学习,这种能力也要教给学生。所以,有一些如何适应社会,如何可持续发展的能力也需要教给学生。我想我们对这两批学习者可能不一样,但是要教给我们的学生基本的专业技能,以及可持续发展的能力是一样的。

第三点,从这个角度出发,再谈谈我们的高职高专如何定位。

我觉得我们的高职高专应该能够提供两种课程,或者说两个平台。一个可持续平台,一个开放性平台。可持续平台就是传授基础知识,这个基础知识就是通过一部分基础课程来体现的。因为我们有两到三年,总的还是需要提供基础的课程,这个基础课程是什么呢,是既有共性又有个性,如果你提供太多,就像大学一样成为压缩饼干,如果提供太少,就不能完成工作,如何在这中间找到平衡这就是校长的本事。开放性平台是指专业技能。这个专业技能全部由学校讲是不可能的,可能也只是一小部分,如果全部由你讲,我不看就知道你的示范通不过,你讲的肯定不是企业所需要的,因为企业在干什么你怎么知道?你也可能有企业这么多他所需要的每个环节的老师。你的老师可能今年是先进的,明年可能就会落后。所以你一定是一个管理平台,为他搭台,让他来唱戏。你的作用是在提供基础课程以后,把你相关的、与你专业合作最好的企业引进来,他给你提供很好的师资,你帮他管理。因此,我们既要传授基础知识,还要进行专业性训练的开放性管理,形成一个开放的、系统的,可持续发展的大管理平台。

我强调开放性,不仅仅是对社会的开放,还是对学科的开放。我听说我们很多高职院校的老师、系主任,还在为专业和学科的设置打架。前天我在搞高等教育的研讨会,会上大家认为,对专业限制比较强的一个是前苏联,一个是中国,其他国家讲专业,但并不是以专业来设课程,它是在高度计划经济的调控下,普通本科以上高等教育的产物。现在竟然到我们的高职院校里面还在搞学科,而且还打不破,我是比较吃惊的。比如说我这个专业,包括我们现在的硕士、博士,我都建议把课程打通,为什么本科讲的课,硕士生、博士生都不能听。因为很多硕士生、博士生、本科生都开一个课,但是认为层次不同,这其实都可以来听。至于更深层次的东西是需要自己去研究的,老师讲什么?讲了他都不感兴趣。他感兴趣的东西他自己去研究,你给他讲话是讲基本的观点,基本的方法,这谁都可以去,你人为地划断,这个可以听,那个不可以听,有这个必要吗。

所以,开放不仅仅是对社会的开放。这两个字听起来容易,理解起来难。我最早出国留学是搞网络和开放系统,1983年就接触到这两个字,到现在都没有理解清楚,每理解一次都觉得有新的含义。开放这两个字是真的不容易理解。

这里还要强调系统。现在有很多词,比如说订单培养、顶岗实习等等,这都是对的。但这只是一部分,我们要从人才培养的大系统来考虑。我们这个专业的培养目标,要不断地变,因为社会在不断的变。我们培养这批人要达到什么样的目标,为了达到这样的目标,让他去顶岗实习,如果不想达到这样的目标,那去顶岗实习干什么呢。所以我们要系统地去学习,对每个专业的人都要这样。不要仅仅是为了口号而口号,为了实习而实习。要从人才培养的系统观点,整体的观点考虑。我们高职高专培养的人才是实用型人才,但是具体到每个专业呢,我们每个专业,每个系主任,每个教师都要有所关注,而不仅仅是就一个课讲一个课,就一个实习讲一个实习,因为这是技能性工作。

还有是可持续发展。这不仅仅是学生本人的可持续发展,还有高职院校的可持续发展。这次示范性高职非常努力,积极性也非常高,但是我有一点点小小的不满,就是设备买得太多,这一点是不符合可持续发展的原理的。为什么呢,因为如果下次不给你钱你如何发展?如果不给学生买这些设备,学生质量就不能提高吗?这就是要建一个可持续发展的模式和道路,这才是我们要走的,给钱是为了这个目的。所以可持续发展包含两个方面,一个是高职院校如何借这个东风,让自己走上可持续发展的道路,第二是培养的学生如何可持续发展。这个难度是很大的,正是因为难,才需要我们去努力;正因为难,我们才可以出效益;正因为难,我们奋斗才有乐趣。

第四点,谈谈目前还存在的问题。

我分析下来我们还是有一些问题。当然,我们有很多好的高职院校,我随便举一下都有很多,比如说四川德阳,还有湖南的永州,还有宁波职业技术学院,你那里我还没去过,我看过服装,比我想象的还要好,教室里一打开都是计算机,教师就是一个设计师,产学结合得非常的紧密,包括我们的长沙民政,我也去看过,都很不错,有很多地区是做得非常好。但是不可否认,我们有一批高职院校还是压缩饼干,本科的压缩饼干。大家不要不服气,我就讲几个东西,证明我们的观点。

第一个看实验室。我就问,如果把实验室换一个牌子,换成"某某大学实验室"有没有问题? 没有一点问题。因为这些实验室,是教材上的一些东西,自己买一些仪器,让学生几点几分去做一个实验,然后出来,这就和本科一样的搞法,这和企业有很大区别,这就是为升本做准备么。这是最容易、最简单的路,就是给你钱么。现在再问一句话,我们学木匠、学裁缝、学职业技能,我们进企业里面要搞这个吗? 不搞。既然企业不搞,学校为什么要搞呢? 这就是因为学校没有事干,觉得教学就是天经地义讲一些课,用书本上的知识做一些实验。这是不是本科压缩饼干的显著标志之一?

再看我们的教材。哪一本教材不是把本科的教材稍微简单化一点? 我们有几本教材是学生学了以后马上就能明白我这个职业是如何搞的、如何入门、如何入手? 没有几门。我看培训倒是有一些,比如说搞包装,一上来就告诉你手应该如何拿,如何包装。而我们高职院校的教材不是这样,还是从理论到理论,讲一些专业的东西,这和本科相比有多大的区别? 还是把本科简化一点,不就是压缩饼干吗?

再看我们的教师。师高弟子强。我们拼命讲师生比,一个高职高专的学校师生比要有多少,什么学位的教师要有多少。我也不是说这个要求都不对,我们就看是否符合"实事求是"这四个字。弄这么多教师进来,你的教师会弄机床,你的软件支持平台发展这么快,教师懂吗? 师资也是和大学一样? 我们提一个双师型,这个教师既要会理论基础,又要会专业技能,这个教师是神吗? 看看全中国有几个能这样? 就是工程院士也不行。我说话也不一定对,是我个人意见。既懂基础理论知识,又会很强的操作技能的人,凤毛麟角。双师型主要是指师资结构在学校管理平台上的双师型。我有讲基础课的老师,但是对专业的指导,我学校老师能指导多少就指导多少,不能指导,我就去请能指导的人,并不是说你要找一个人,这个人就神了,什么都会,那好了,你就出钱一天到晚让他学习吧。你现在让我去学新的操作技能,烦死了,我能学吗? 我可能搞我自己的研究,因为我长期积累下来,我长期搞这个研究。你现在让我去操作如何搜索地图,用. NET,我肯定让我们家孩子去搞。我是清华大学计算机的教授,在我们学校也是响当当的教师之一。但你让我双师,我双师不了。所以大家要实事求是,这不是一个人的问题,是一个机制,是一个组织结构的问题,是一个思路的问题。

再看我们的课堂。我们那么多高职院校建了一栋栋漂亮的大楼,明亮的教室,这是干什么呀?上中学吗?我并不是说都不对,但是要想,我们要和社会,和企业结合,在明亮的宽敞的教室里面讲基础课,这是必要的,但是要去讲专业技能的课,还是回归实验室。大家看看天津一所职业技术学院,中德职业技术学院。那里连放螺丝刀都是规定得很好。机床是在这里,黑板放在那边,有什么问题老师在那边讲,或停下来指导。我就不点名,讲一家很出名的软件职业技术学院,本来就是企业办的,企业投入了大量的钱,收的学费也很高。为了让学生去实习,还要和企业老总去谈,还要发牢骚,说这个难度真大。自己在美丽的校园里面设置了很大的实验室,一个学生一个教师,很多都是计算机管理。可是就是在隔壁,一家企业的一个部门,花钱在别处租房子。你为什么不打通,把你的实验室给他,把他的人拉过来,让他们给你带学生,这就是某某部的开发室。这是我们思想上的壁垒和禁锢,天生不开放。我把这个房子平台不要租金给你行不行?我给你提供管理行不行?你就给我带带学生,我给你提要求,这不就打通了吗?我对高职教育有所了解,就 2000 年第一次访问盐湖城,我深受启发。教室那么大,卡车都能开得进去,门都是打开的,卡车开进去干什么?因为学生上午去充电。美国的房子都是可组装的,下午就用卡车拉过去施工。这个叫社区学院,一部分是为期两年的讲基础课,一部分是职业训练。社区学院什么都有,搞房子,搞技术,搞铁道驾驶。我们看了几个学校都是这样:一个公司给你提供地方,提供管理,公司派教师,公司给设备,我的学生在这里学习,我负责考核,这不是很好吗,高技能。你学校派人去修汽车,你修得了吗?你要派多少汽车修理工呀。这就是如何打通企业和学校之间的壁垒,形成企业和学校之间的深度融合,这是大问题。我们搞得好的学校都是这样,都打通了,或者说没有完全打通,也都朝着打通的方向发展。

以上这几个方面还是"压缩饼干的现象"非常的显著的表现。

第二个是外部的环境有待进一步发展。这不是我们高职院校的事,这主要还是政府和社会的事,比如说招生的事,实习的事,这些问题都需要高职院长们给我们提出来,政府的作用就是帮助你们解决这些问题,帮助你们搞很好的外部环境。但是往往你们提不出来如何搞。现在很多问题都是我们在帮你们提。这需要你们和政府共同去努力,去筹建,去改变,我们努力地为大家服务。

第三是人才培养的模式。我们缺少创新性,或者说不太愿意创新,走简单的路,什么路比较容易,我们就如何走。这不是说所有,这是极少部分院校,绝大部分院校是很好的。不能说这是造成就业率低的原因,但是我们高职院校再不创新,不努力地创新,我们的就业率就很难提高。我们创新了,改革了,就业率就是高的。我们一讲深圳职业技术学院,很多人都说那做不到,他们投入钱太多。这不是做不到,而是创新精神的问题。我们看到深圳职业技术院学院院长的书,当时创业的时候是没有钱的,地方都没有,全是凭着一股热情,一个很准确地对将来愿景的定位和很清楚的办学思想和思路,当然最后是越做越大,政府的支持也越做越大。如果大家还讲是钱的问题,那么我们看看永州职业技术学院。这是在广西、广东、湖南三省交界,最僻远贫穷的地方,一个农校和一个卫校合并起来,人家不需要政府的投入,就业率达到百分之九十几。生猪每年出口十多万头,校企收入近一亿元。政府后来把人民医院和几千亩土地全给他了,无偿。这是有为才能有位。还有德阳市政府的图书馆,一分钱不要给建在学校里面。你不走出去,不去积极地开动脑筋,不积极创新,那怎么走呢? 只有创新,我们才能有所作为,我们在创新性上还有很多值得改进的地方。

当然还有一个问题是经费不足,这个问题政府已经注意到,而且一直在改善,还要继续改善。

第五点,讲一讲示范性高职建设的作用以及如何建设示范性高职。

示范性高职是培养人才的示范,是改革的示范,是创中国特色高职之路的示范。我们要通过示范性高职的建设,摸索出一条中国高等职业院校自己发展的自主之路。周部长已经讲了,我们高职教育在国际上还是很先进的,很有特色,这是领导的鼓励,当然也是领导的肯定,我们自己还要进一步在这基础之上,把这个路形成良性的可持续发展之路。

在这个上面还有很多地方需要思考。比如说我刚才讲的几个问题,除了经费问题,其他问题都值得我们深思。有一部分院校看上去搞好了,但是没有创新;很多高职院校评上优了就在讨论要不要搞学科,这个问题我觉得很惊奇。升本的思想在我们的脑子里面还是很多,所以要搞学科,今后再发展升本。这如何建示范? 我觉得要抓住我们矛盾的普遍性和特殊性。既要抓普遍性问题,又要抓特殊性问题。特殊性问题就是学校的特色,普遍性的问题就是我们普遍面临的如何适应国家的需要。

所以我建议,第一要开展自上而下的大讨论,因为自下而上都是从自己的角度出发,不从整体的利益,宏观的角度出发。我们要自上而下,让大家提高认识,全校一盘棋。我说我们高职院校要考虑如何把钱用到点上。就是学校搞不好,也要把专业搞好。我两年、三年在这个专业上把可持续发展的路子搞好,把培养人的问题搞清楚,下面就可以辐射到其他的专业上,都按这个模式走。如果一个专业都搞不好,那改革的路如何走出来? 首先是要提高认识,然后做到高职的开放性、系统性、可持续发展性。大家要集思广益,因为群众的智慧是最大的,我们很多好的建议都是从群众那边来,我们不可能讲太多细的东西。我们就是要求一条,如何把企业、我们的社会和学校深度地融合起来。这不是两个割裂开来的问题,而是两个融合起来的部分。这不仅是学校在办学,企业也在办学。我们培养高技能的企业需要的人才,就必须和企业结合起来,这个任务很艰巨,我也知道很艰巨。

我提几个参考性的建议。

一是要有组织保证。比如说我们如何把资源整合起来。这当然是靠校友,校友的力量巨大,当然还要靠政府。又比如说要有一个组织来做这个事情。我们教学方面有教务处,学生方面有学生处,但是我们和企业如何联系?和外面如何沟通?我们有没有这个处呢?有这个处以后,不要搞成几个衙门式的人物往那边一坐,这个处要真正发挥职能,企业都有公关部和市场部,企业和我们的出发点不一样。

二是要加大专业改革的力度。从哪几个方面改革呢?首先是课程的设计,就应该在与企业高度融合的基础上去做。现在很多人说,我们请专家。这不是简单请几个专家就可以,我们要知道为企业培养什么人,要设计这个目标,根据这个目标培养人才。不是简单地说,本身什么人就是什么企业的专家。你这些专家,企业是不是把这批人当他们的人来考虑,或者当做他们今后的潜在员工来考虑呢。要从融合的深度上做文章。

第二是在课程的讲授和教材上做文章。我们和高职处商量,是不是开发10套教材,做一批真正使大家一看眼睛一亮的培养高职高专人才的好教材。这个教材不是手上写几句就可以了。这次在哈尔滨深受启发,有位校长说,出教材就是出大片,做一种交互式大片,拍大片需花大钱,做得好几千万投下去都不够,但也可能几十万够了。教材是个系统工程,是个大系统工程。编教材就是拍一部大片,要是能和电影屏幕上的演员沟通一下那不是更高兴吗?所以要做交互式的大片。拍大片的成本大家要知道,《泰坦尼克号》是几亿美元,拍120分钟。我们一部教材至少是60个学时或者80个学时,做得好的话,这一门课,几千万投下去估计都不够。这里面涉及制片、导演、脚本、演员、设计和多媒体等。为什么大片越拍越好,这是靠市场的检验,我们为什么现在没有拍好,是因为市场没有检验。

第三是讲述模式要改变。在示范的时候,有些课程不一定要在明亮的、宽敞的、桌子椅子摆得很好的教室里面讲授,可以拿到实验室去。这不是我们的专利,人家都有很成功的经验。这就需要我们在之前,要有很认真的讨论,哪些课程可以在教室里上,哪些可以拿到外面上。我不反对在教室里面讲一些课,如数学,还有英语。我现在也不赞成英语在教室里面讲,现在交互式英语,半年，最多一年学生肯定有突破，所以要适应新的模式变化，要做改革的先锋。

第四是实训的改革。实习、实训、顶岗是否有考核，还有如何相互联系，在我们实训和顶岗上都要有考核。我们现在出去半年，我这里没有调查，也没有发言权，不过我们可以自己想想，在学校实验室做实验，再实习，再到企业实训，再顶岗，这里面有必然的联系吗，要成系统。我们把人送到企业里面半年，我们问过他们在企业里面做什么？我们给他们提出要求，要求企业在这半年时间里面给学生教会什么吗？有一些高职学校很简单，两三年，学校学费照收，但是学生全部不在。我们这样的培养模式是否到位？以前我们没有做到，以前没有钱。现在有钱，即使钱不够，可以等财政部的同志过来我们来反映，哪一方面钱不够。而现在给你钱你都去买设备了。今天 10 点钟，南京有一个工程学院院长找了十几家企业给他赠了一个亿的设备，今天在搞签字仪式。上海汪弘校长的学校也是这样，实验室的发动机都是企业捐的，要是买，一个也买不起。为什么不调动你的积极性搞企业捐助呢？所以还是要有系统性地考虑。

再顺便讲一个经费的安排。要以内涵建设为主题，不能够大家都是 80%去买设备。要找到我们高职人才培养质量的薄弱环节，用这些钱去改变薄弱环节，建立可持续发展之路。买设备是最简单的路子，我不是说我们不要买设备，你不要去买那么大的设备。我们是需要这些设备，但是我看了很多高职院校，说实话已经落后。因为现在的设备，都带一点计算机的东西，现在都成几倍的下降。可以让企业送两台，就算产权还是他的。我自己实验室的设备都有几台放在人家那里，资产是我的，设备让人家用去。我们可以想一点办法。要和企业建立良性互动机制，比如说把资金用在机制的建立上，我并不是说要给企业钱，但是我们要开动脑筋。基地建设不是买设备的建设，而是实训基地的模式探索、机制研究。哪一个说资金只能用来买设备？有关教材，有关人才培养模式都可以用，包括做一些研究。我们职成司的黄尧司长师资培训费 5 个亿中间1.2 亿用在请双师型的企业兼职教师。为什么中职可以我们不可以？我们请企业兼职教师来讲课，为什么老请人家来讲课不给钱呀，就这么一点胸怀都没有？你老请企业的人来讲课，不给人家钱，人家舒服吗？可以和企业签一个协议，我一年给你多少钱，你给我派什么样的人，采用法制的手段来保证，建立保障体系，这些我们为什么不可以做呢？经费的安排，我也不说比例，也不多说什么，反正请大家调整，以内涵建设为主，不能以硬件设备为主。如果大家以80%来买设备，我们都得给周部长去汇报，大家如果来靠 80%的钱买设备，剩下 20%的钱来拉动高职教育的改革，我想这个大家都拉不动，我也拉不动。最后几千万花没了，然后下一轮的要钱的高潮又来了。

还有很重要的一点，是我今天早晨想起来的，就是我们的学生都是独生子女,要关怀我们的学生。要有一些科技活动,或者说课外活动,相当于俱乐部的建设。或者让大家在一起经常做集体活动。这个投入不管是财政投入,还是其他投入。我们这些独生子女本身上高职的时候就有很大的问题,认为自己是失败者。然后我们又不上课,一放到企业里面去,管理就放松。当然他们很多时间是奔跑找工作,但是不少学生是觉得没有事干,觉得空虚、苦闷。我们不是说去增加一些课,而是讲一些实在的,就是我们的学校的各级领导和部门,应该经常到学生宿舍看看,经常的有一些活动,哪怕一个礼拜组织一次,多的可以组织两次,不要太深,太长,打一场篮球,或者搞一个比赛,让大家通过活动增强凝聚力,增强对学校的感情。我们现在很好的大学,也发现一些学生有对学校不喜欢的苗头。我就想到高职院校是不是也有这一点。人往往在一件事情上得到帮助,可能会感谢社会、感谢学校一辈子。和谐社会,学生还是我们的主体,是我们服务的对象,一切都是为了培养好学生。建议大家多关心学生。

第三部分　有关示范性高职院校建设的重要文章

一、端正思想　建设好首批国家示范性高等职业技术院校

张尧学

我国正处在大发展、大进步的时代,经济形势非常好。在这个发展和进步的过程中,高等职业教育发挥着别的类型教育不可替代的作用。启动和实施国家示范性高等职业院校建设计划,是贯彻落实《国务院关于大力发展职业教育的决定》,提高高职教育质量,增强高职院校服务经济社会发展能力的重大举措。前不久,由教育部、财政部联合组织,通过严格的评审程序遴选出了首批28所国家示范性高等职业建设院校。然而,严格地讲,入选的建设院校并非都十全十美,特别是在办学思想的转变上,在与经济社会发展的结合,尤其是与行业或者是服务对象的深度融合上,还有许多工作要做。

因此,首批入选的示范性建设院校绝不能一劳永逸、放慢建设步伐,更不能故步自封、骄傲自满。要在创建示范院校的进程中,既为以后的建设院校申报和建设起示范作用,又为1140多所高等职业院校的改革与发展起示范作用,通过示范和带动,真正走出一条具有世界先进水平的中国特色高等职业教育之路。

一、端正办学思想,明确培养目标

高等职业教育要根据党的教育方针,培养为人民服务,为经济建设服务,德智体美全面发展的高素质的劳动者和接班人。在此基础上,还要高度重视两项工作。其一,要使学生具有良好的职业道德和科学的创新精神。强调职业道德,具有很强的现时针对性。现在很多产品有这样或那样的毛病,不是设计的

问题,而是操作人员在生产中不注意职业道德而造成的。有些人连自己的职业都不热爱,怎么可能把事情做好? 之所以要把科学的创新精神和职业道德结合起来。原因在于人们总以为创新是很难的,很高深的事情,其实创新就是追求完美的过程。只有追求完美,才会发现问题。因此,要善于发现问题,然后去琢磨,去想办法解决问题,才会去创新。所以,职业道德就是要把事做好,创新就是要把事做得更好,这两者同样是把事情做好,但有质的区别。先把一件事情做好,再把一件事情做得更好,这就是我们在培养高等职业院校学生的时候,首先要培养的思想和精神。其二,要使学生拥有熟练的职业技能。高中毕业生也好,本科毕业生也好,进入社会都有一个熟悉职业的过程。而高等职业教育的毕业生不同,其受教育的过程和目标,是边学习边训练,培养高技能人才。所以我们在培养目标的定位上一定要搞清楚,不然的话,就会办成本科的压缩饼干。比如有些院校的实验室办得不错,但认真思考,这些设备搬到本科院校的实验室去有什么区别,答不出来。因为它基本上还是按照所设的课程来配置的,而不是按照企业的需要和学生职业技能的培养来设置的。入选的 28 所建设院校都可以拿与本科的实验室有什么区别这个标准来评判自己的实验室,能否讲出几点不同? 高等职业教育培养出来的人,有思想和精神,再加上有熟练的职业技能,就不愁找不到工作,不愁今后的发展。

二、明晰建设思路,讲究科学方法

《教育部财政部关于实施国家示范性高等职业院校建设计划　加快高等职业教育改革与发展的意见》明确地提出了以专业建设为龙头的建设思路。讲到以专业建设为龙头,大家就会想到教材、课程、实验室等等,这都是对的。但专业建设并非只包括课程、实验室等,或者说并非只包括校内校外的实训基地、顶岗实习、师资等。问题的关键在于用什么思路去建设? 如果还是就学校而建设,那就会走入封闭式的办学道路。示范性高等职业建设院校要用开放的方法去建设专业,也就是向学校所服务的产业开放,向所服务的社会开放。示范性高等职业院校实际上要建成一个平台,这个平台与产业、社会深度融合,为他们提供既有高度的职业道德和科学的创新精神,又有熟练的职业技能的人。

课程和教材是专业建设的重要内容之一。高等职业教育不是不要基础性的课程和教材,但要为技能型人才培养服务,就不能单纯就课程而谈课程,就教材而谈教材。虽然我们已经做了不少努力,也取得了明显的成果,但教材建设的现状还不适应高等职业教育的需要。一方面,教学中所用的理论性教材太多太专;另一方面存在着课程设置不合理的现象,有些课程可讲可不讲,或不必在课堂上讲。我们可通过示范性高等职业院校的建设,来引导这些课程的改革与建设。

实训基地建设是示范性院校建设中中央财政支持的重点之一。在校内的实训基地打下一定的基础,再去企业进行实习实训,学生出去顶岗实习时心里必定有底。实训实习,要强调生产性实训,就是要尽可能真刀真枪地干,让学生通过生产性实训增长胆略。进入示范性建设院校行列之后,需要重新考虑的一个重要问题就是校内实训、校外实习和顶岗实习要形成系统。以专业为龙头是一个系统,不能在校内实训做东,校外实习搞西,然后顶岗实习又搞南去了,互不搭界。加强实训实习的目的是为了培养人,并不是为了去挣钱,也不是为实习而实习。我们设计校内实训、校外实习和顶岗实习是为了形成一个培养人的系统结构,是培养具有良好职业道德和科学创新精神的高技能人才必须的一个过程。如果把校内实训、校外实习和顶岗实习割裂开了,既不符合唯物主义原理,也不符合辩证法的要求。生产性实训的主要目的是为了培养人,是让学生在生产实训中熟悉高技能,熟悉社会,培养良好职业道德,培养创新精神,然后很快地适应社会,干好工作。在生产性实训和顶岗实习中能为学生解决一些工资、待遇,那是另外一个问题,而不是主要目的。

三、校企深度融合,建设"双师型"师资队伍

一直以来,我们对"双师型"师资队伍建设的理解停留在校内"双师素质"的提高和引进企业、行业技术骨干上。其实,从企业、行业聘请既有理论知识又有丰富实践经验和动手能力的技术骨干,完善"双师结构",这也是"双师型"师资队伍建设的重要内容。是引进还是聘请企业的技术骨干,不同的行业、工种应该有不同的做法。比如说模具,这类工种比较稳定,用几十万引进一个模具工,靠他来传帮带,肯定能教好学生。但是有些工种,特别是现代化的,靠这种"双师"就不行了。比如数控,现在数控机床几年就变个样子,靠引进一个数控机床的老师傅,把今后所有的新机床都教好,那几乎是不可能的。所以,想依靠引进人才,保持"双师型"师资队伍结构,是一个办法,但不是最主要的办法。高等职业院校的教师可以分为两部分,一部分是校内讲基础课的,管理学生的,设计专业体系结构的,这些是高职院校的骨干。但除此之外,主要要依靠企业和社会的力量。也许不少院校现在可能达不到,但要尽快加以扭转,这是检验学校与社会结合紧密度的标志之一。和企业的结合不能光靠签个合同,而是要真正把一线熟练的工程师请来指导学生,这是最核心的。专家在评审答辩时问有些学校专业教师的数量,不是要学校去引进多少专业老师,那样学校负担会很重,而是要学校到企业聘请兼职教师,把某些课程交给企业,共同商量参与管理,这样

学校的负担就会轻些,有时甚至可以做到不要钱。要想如何与企业深度融合,不要为了办学而办学,而是要为了培养人而办学。"双师型"师资队伍建设应该强调的重点是如何把企业的优秀技术骨干请来当老师,这是很难的事,示范性建设院校的院长、书记、系主任,都要朝这个方向去努力。每一个不同类别的高等职业院校都可以与行业、企业结合。问题在于不同类别的院校都要开动脑筋,用新的思想、新的举措、新的人才培养模式去培养人。确如此,就一定能培养出我们所期待、社会所需要的人。

文章来源:《中国高等教育》2007 年第 3/4 期

二、搞好示范院校建设,引领高职教育发展

范　唯

高职教育已经成为我国高等教育的"半壁江山"。"十一五"期间,我国高职教育将得到进一步发展。《国务院关于大力发展职业教育的决定》要求在整合资源、深化改革、创新机制的基础上,重点建设高水平的 10 所示范性高等职业院校。这是贯彻党中央关于"大力发展职业教育,提高高等教育质量"的战略决策,是在教育领域落实科学发展观的重要举措。建设示范性高职院校是我国社会经济发展的迫切要求,也是高职教育高水平发展的重要选择。下面,我谈几点有关高职教育尤其是示范院校建设的想法。

一、办学的出发点要回归到培养人、培养高技能人才上来

学校凭借什么获得全社会的认可?培养出来的人。如果一个单位是靠生产出来的零件获得社会的认可,这个单位是工厂;如果一个单位是靠为社会提供某一种服务,那么这个单位可能是咨询公司;而一个单位只有培养人,这个单位才能称为一个学校。所以我们所有的工作都必须回归到这个本位。无论是谈我们的课堂,我们的管理,谈我们的社会服务,不论我们做什么,我们的出发点都应是培养人。培养什么样的人?培养目标是什么?培养高技能的人才。什么叫高技能人才?除了岗位需要,还要强调培养把事情做好、把事情做得更好的人。

二、坚持和实践工学结合人才培养模式

德国的"双元制"模式被认为是二战后德国经济起飞的"秘密武器",这种模式实际上就是工学结合、校企合作的人才培养模式。为了在新形势下更好地贯彻教育与生产劳动相结合的方针,高等职业教育应积极推行与工作相结合的学

习模式,把工学结合、校企合作作为人才培养模式改革的重要切入点,由此带动专业调整与建设,引导课程设置、教学内容和教学方法改革。

(一)三年中有半年在校外顶岗工作,时间可以在最后一学期(最后一学期由于忙于找工作,因此容易打折扣,但处理得当却是一举两得,既是工学结合,又能解决最后一学期放羊的局面,但难度很大);也可以两个暑假加上某一个学期(这也许也是一个可考虑的方法)。合作的企业越多、学生的工作安排越分散越可能顶岗(在传统实习基地,一群学生去见习不可能顶岗,缺乏实际价值)。不过这样一来,学校的管理难度会加大,但这正好是对学校管理改革,尤其是对"全员管理"改革的促进,也是"以他方为中心"办学理念的真实体现。学生出去工作,教师应该参与管理,理论上说,教师的课时没有减少,只是上课方式不同而已。而学校更可顺势制定新的制度规定,改革学校管理。

(二)要有严格的质量管理,否则就是放羊,会受到质疑。工学结合的管理应该是产学双方共同参与的、有制度文件又有规范设计的作业文件、有不及格不给学分需重修的要求、要极其严格,应是响当当的新型管理办法。

(三)合格的学生能得到一本由学校和企业联合签发的"工作经历证书"(也可以由教育与劳动或行业部门统一制作),在就业市场上这本证书可以大派用场,工学结合毕业生就业率应该明显高于其他毕业生。

(四)合作单位空出岗位专为学生准备,学校打破传统教学安排,安排学生轮流到岗,保证该岗位一年 12 个月始终有学生。产学双方就学生的安全和企业技术保密等方面形成制度约束。这是工学结合可持续发展的理想的高级模式,也是学分制、弹性学制、轮换下厂等教学制度改革的契机。

(五)拉动地方政府相关政策的出台。工学结合的重点是要每个人都参与,都要行动起来,要有考核。院校长和书记应使中层行动起来,中层应使每一个骨干教师行动起来,每一个骨干教师应使每一个教师行动起来,每一个教师应使每一个学生行动起来。

三、课程改革和专业建设要注意系统化设计

比如,请专业课老师来评价基础课程,看看这门基础课讲的是不是能够衔接和融入他的专业里去。所谓够用、有用、适度,是要请使用者来对它进行评价。专业课要请企业、行业的人来评价,因为我们希望专业课程是基于工作过程的、以真实工作任务或社会产品为载体的课程设计与实施。再比如实训基地,一台台设备放在那里,很像企业车间;但企业来看了,说这跟我们企业没有什么两样,它不是个培养人的过程。所以提示我们设备旁边应该有介绍,告知学生这台设备的性能是什么,要培养什么技能,利用这台设备他应该完成什么

样的工作任务，应该在多长时间内完成，还有训练的过程，每一个细节都要设计出来。

再谈谈半年的顶岗实习，怎么实施？学生两年半在学校，之后找个岗位，是不是就算完成了半年的顶岗实习？他这个半年跟之前的两年半的关系是什么？是不是纳入了整个课程的设计？这半年的技能培养、教学计划、教师的选择与跟进(包括企业的、学校的)、半年后的考核是不是都进行了系统精密的设计？还是仅仅为了完成半年的顶岗而将学生随意放在企业？有些顶岗岗位上的学生反映说没有学校的感觉，遇到包括生活上、心理上以及职业上的问题，都很难找到老师。所谓的企业的老师就是单纯训练技能。所以学校管理、学校的辅导员要延伸到顶岗实习中，这才叫系统地设计顶岗，要有深层的细节的设计。几门精品课程加在一起，是不是就是一个高质量的专业呢？重要的是要看有没有系统化的设计，从培养人的角度、关心孩子成长的角度精心设计，不能完全按照企业要求设计。引进企业不能仅是企业占用了学校的一块地，白租一个厂房来生产它的产品，更应是以培养人为核心。

四、师资队伍建设也要实践工学结合人才培养模式

好的专业带头人应在企业行业里有威望，为企业做出过贡献，有企业工作经历，能够组织一个团队来系统地设计课程、专业。这个团队应是专兼结合的。而这个兼不是临时，是相对稳定的。此外，专职教师如何获得企业经历和认可度也是要系统考虑的。管理和师资队伍素质将成为未来高职进一步推动改革的瓶颈。

五、示范建设院校要发挥辐射作用

应充分发挥示范建设院校在区域内的导向作用、示范作用和辐射作用，带动区域内高职院校教学质量的共同提高，推进当地高职教育的改革与发展。东部地区的示范建设院校要拉动西部的高职院校发展，城市的要辐射乡村的院校建设。只有这样，才能充分发挥示范建设院校的作用，带动整个高职教育的发展。

六、正确理解高职教育

高职首先要强化职业化，这是第一位的。职业化是我们高职真正的质量所在和生命力，没有"职"我们就没有高职。所以首先是"职"的特色落实和职责所在。然而高职是要有设计、有策划、有目标、有理性地去实现职业化，而不仅仅是经验的重复，这就是高职的"高"。所以，如果没有"职"，我们何谈"高"；但有了"职"，如果仅仅是简单模仿企业的"职"，那也不是"高职"。

一所真正意义上的高职，从不同的角度来看会得出非常不同的结论。比如，从企业的角度来看一所高职，高职院校是学校、主要功能是育人；而从学科型高校来看，高职院校不是学校，是工厂，在生产产品。高职院校的校长，从企业来看是校长；从学科型高校来看就是企业家或 CEO，是社会活动家。对专业带头人，从企业来看是专业带头人；从学科型高校来说就是项目经理，在构建他的团队、导演他的专业课程体系的设计等。实训基地，企业来看是实训培训中心；但从传统高校来看就是工厂、就是车间。老师，从企业来看是教师，从传统高校来看就是师傅。课程，从企业来看是一门门课程，有一套教学规律；从传统高校来看就是工作任务，产品设计图。学生，从企业来看都是学生，从传统高校角度来看都是员工。从学生本人的感受来说，在学校觉得自己是员工，在企业觉得自己是学生；在企业体会到做学生的温暖，在学校体会到企业员工的责任。专业，从企业来看是培养人的专业，但是从学科型高校来看，是生产流程图。管理，从企业来看，就是教务处、人事处；从传统高校来看，是质保检验处、人力资源处之类的部门。所以我们对高职的评价，是从不同的方向来看的。如果从企业来看一所高职院校办得像企业就有问题了，到底办的是企业还是高职？而从传统高校角度来看一所高职院校办得像高校就也出问题了，因为，如果企业看高职院校像企业，在生产方面你一定没他干得好；如果从传统高校角度来看高职院校像高校，在教育教学方面你也肯定没它办得好。因此，高职的优势在于企业看高职像学校，传统的高校看高职像企业。这是高职的特色、优势所在，也是高职未来可持续发展的生命力所在。

文章来源：《青岛职业技术学院学报》2007 年第 2 期，系"2007 高等职业教育国际研讨会（青岛）"书面发言材料。

三、关于加快建设示范性高职院校的思考

范　唯　马树超

"十一五"期间，是我国高等职业教育发展的重要时期。《国务院关于大力发展职业教育的决定》要求在整合资源、深化改革、创新机制的基础上，重点建设高水平的 100 所示范性高等职业院校，"大力提升这些学校培养高素质技能型人才的能力，促进它们在深化改革、创新体制和机制中起到示范作用，带动全国职业院校办出特色，提高水平"。这是贯彻党中央关于"大力发展职业教育，提高高等教育质量"的战略决策，在教育领域落实科学发展观的重要举措。

一、建设示范性高职院校是我国社会经济发展的迫切要求

走新型工业化道路,要求培养一大批高技能人才。坚持以信息化带动工业化,以工业化促进信息化,走出一条新型工业化的路子,是我国社会经济转入可持续发展轨道的必然选择,其中人力资源的充分发挥至关重要。当前我们所面临的严峻问题,是面向生产、建设、管理和服务第一线的技能型人才尤其是高技能人才不足。在2003年全国人才工作会议上,党中央首次明确将高技能人才培养纳入国家人才强国战略总体部署,要求加快培养高技能人才,为我国高职教育的发展指明了方向。几年来,教育部大力推进高职教育改革,在高技能人才培养工作上取得了明显成效。现在需要通过建设国家示范性高职院校,在办学理念、办学方向上进一步引领全国高职院校培养大批高技能人才,在人才培养模式上通过推行产学合作、工学结合,探索高技能人才培养的有效途径。

建设创新型国家,要求加快提高高职院校办学质量。建设创新型国家的关键是增强自主创新能力,核心是培养创新型人才队伍。"技术创新"作为建设创新型国家的重要标志,是我国成为创新型国家的关键所在,与之相适应的创新型队伍既需要高层次人才,更需要加快培养能够解决生产难题的复合型、知识型高技能人才。因此,以培养高技能人才为己任的高职教育已经成为国家创新人才培养体系的重要组成部分。要完成国家"十一五"发展规划提出的提高高等教育质量的重要战略任务,作为我国高等教育重要组成部分的高职院校任务更加艰巨。近年来,尽管高职教育发展迅速,贡献巨大,但还难以适应培养高技能创新人才的迫切需要。为此,迫切需要加快建设一批理念先进、特色鲜明、质量上乘的品牌高职院校,在高技能人才培养模式创新等各方面发挥示范作用,引领全国高职院校将发展重点从规模扩展迅速放到质量提升上来,为建设创新型国家作出更大贡献。

建设社会主义新农村,要求各类高职院校全面增强服务"三农"的能力。农业、农村和农民问题,是国家发展的重中之重,直接关系到全面建设小康社会目标的实现,关系到八亿农民的幸福生活和美好未来。党的十六届五中全会提出了"建设社会主义新农村"的重大历史任务,为做好当前和今后一个时期的"三农"工作指明了方向,也为高职教育的发展提出了新的要求,带来了新的发展机遇。针对我国农村劳动力整体文化水平较低、缺乏职业技能的现状,必须在农村地区普及九年义务教育的同时,大力发展职业教育和技能培训,使广大农民适应工业化、城镇化和农业现代化的要求,这是建设社会主义新农村的关键。要完成这项历史性任务,既要加快发展农业类高职教育,也要充分发挥其他各类职业院校为"三农"服务的功能,因此亟待建设一批示范性高职院校,对其他院校发挥带动作用和辐射功能,为农业产业化经营和结构调整、为推广农业科技成果转化、为提高农民的就业能力和创业能力、为农村城镇化建设和推进工业化进程服务。

构建社会主义和谐社会,要求提高高职教育的整体水平。推动和谐社会建设的重要任务,是解决人民群众最关心、最直接、最现实的利益问题。随着社会进步和人民生活提高,广大群众对高等教育的选择越来越多样化;随着高等教育大众化的到来,如何适应生源变化的实际情况,使广大学生都能够成才,是所有高职院校面临的紧迫任务;随着毕业生就业压力的增大,如何通过提高人才培养水平实现充分就业和提高就业质量,成为摆在各高职院校面前的现实问题。所有这些都与人民群众利益直接相关,需要通过提高高职教育的整体水平来解决。我国高职教育的规模发展,在数量上为人民群众接受高等教育作出了巨大贡献。通过实施示范性院校建设,将在总体上促进全国高职院校踏踏实实注重内涵建设,真心实意关心各类学生成长,主动满足学生的多样化选择,使各种类型高职院校的办学水平都有更大提升,从而在质量上进一步满足学生及其家长的愿望,满足社会用人单位的人才需求,推进实现教育公平与社会和谐。

二、加快示范性院校建设是高职教育高水平发展的重要选择

我国高职教育快速发展,初步形成了均衡发展的基础。1999 年国家实施高等教育扩招政策以来,我国高职教育发展迅速。1998 至 2005 年,我国普通高等学校的高职(专科)院校招生数从 43 万人增长到 268 万人,在校生数从 117 万人增长到 713 万人,增长幅度均超过 5 倍,高职教育已成为中国高等教育的"半壁江山"。目前,除西藏地区外,基本形成了每个市(地)至少设置一所高职院校的格局,实现了历史性的跨越式发展,为实现高等教育规模均衡发展奠定了基础。

当前高职教育发展迫切要求强化特色,提高质量。高职教育的规模发展是我国培养大量高技能人才的重要途径,也是实现高等教育大众化的重要举措。目前高职教育中存在的突出问题,是人才培养的质量还不能很好地满足社会对高技能人才的要求。切实提高办学水平和教学质量,是发展高职教育规模的重要保障。为贯彻党中央关于"高等教育发展要全面贯彻科学发展观,切实把重点放在提高质量上"的战略要求,落实全国职业教育工作会议提出的"大力发展中国特色的职业教育"的战略任务,高职教育肩负着极其重大的历史使命。

高职教育要提高质量,关键在于加强高职院校的基础能力建设。目前高职教育的办学质量还难以适应社会需求,重要原因之一是许多院校从中专升格为高职时间不长,建设速度未能与规模发展速度相适应,具体表现在人才培养模式尚未转到培养高技能人才的模式上来，教师队伍水平尤其是实践教学能力偏低，实践教学设施等资源也不足，直接影响高技能人才的培养质量。因此提高高职教育办学质量的关键，在于加强高职院校的基础能力建设。

高职院校基础能力的普遍增强，需要一批优秀院校的引领。国务院《决定》明确要求"加强基础能力建设，努力提高职业院校的办学水平和质量"，抓住了高职教育内涵建设过程中必须重点突破的关键环节。如何增强高职院校基础能力，直接影响到构建中国特色职业教育体系和完善中国特色高等教育体系的前景，因而需要集中财力和优质资源，在国家指导下建设一批优秀的高职院校，发挥其带动和示范作用，促进全国高职院校基础能力的普遍增强，并使这些最优秀的高职院校能够在高职教育领域作出贡献。

三、加快示范性高职院校建设具有重要的政策环境和基础条件

党和国家的战略决策，为建设示范性高职院校指明了方向。党中央在关于制定"十一五"发展规划的建议中提出"大力发展职业教育，提高高等教育质量"的重大战略决策，为高职教育改革发展指明了方向，明确了今后一段时间高职教育的发展将更加注重全面提高教学质量和办学效益。温家宝总理在全国职业教育工作会议上特别强调要加大公共财政对职业教育的投入，提出在"十一五"期间要建设100所示范性高职院校，更进一步明确了任务目标。中央财政对示范性院校建设的投入，既是高职教育改革发展的重要机遇，也将对高职教育战线形成巨大的压力和动力，各高职院校应做好充分的准备。

地方政府的责任落实，为示范院校建设提供了良好条件。我国高职教育已形成以省级地方政府统筹管理为主、国家进行宏观调控和质量监控的两级管理格局，增强了高职教育为区域经济和社会发展服务的能力。中央财政集中财力，有选择地建设一批高水平的优秀高职院校，将发挥重要的示范、引导、辐射作用，并拉动地方政府、学校、企业和社会各界的积极投入，带动高职教育改革走上健康发展之路。目前一些省市已着手开展培育示范性高职院校的工作，他们立足于本地区可持续发展的需要，深入开展实际调研和专家咨询，发挥地方政府的领导作用和服务功能，做好院校发展的中长期规划，充分调动和发挥社会各界支持高职教育的积极性，协调财政和教育等各部门的关系，以保证配套资金能够及时到位，为建设计划的实施创造了良好的条件。

高职院校的改革探索，为示范院校建设奠定了重要基础。近年来，各地高职院校都在积极探索实现适应中国国情的高职教育模式转型。如一些院校积极探索人才培养模式改革，开展专业教学改革试点工作，加强工学合作，突出能力培养，实现了较高的就业率；加强各项教学基本建设，加快培育优质高职教育资源,努力建设"双师型"教师队伍,进行专业教学内容、课程体系、教学方式的改革;大力推动产学研结合,以就业为导向优化教育教学过程,建立与企业合作进行人才培养的机制,重视学生职业道德和综合能力的培养,实行灵活的学籍管理和教学管理制度,使学历教育与职业培训相结合。

四、建设示范性高职院校的初步考虑

高水平示范性高职院校建设目标的基本定位。按照战略要求,用 5 到 10 年时间,重点建设 100 所办学实力雄厚、社会认可度高、明显具有辐射能力和国际影响的高职院校。在建设中,应以专业建设和基础能力建设为重点,强化服务功能,提高培养质量,发挥辐射作用,引领高职教育的健康发展和整体水平提升,在培养高技能人才中发挥重大作用。要在人才培养模式上有重大创新,特别是在实践教学、校企合作、工学结合等方面起到示范和带头作用;要在办学模式上有重大突破,特别是在办学理念、管理体制和运行机制的改革、创新方面起到示范作用;教学条件要达到国内同类院校领先水平,尤其要建成满足高技能人才培养需要的高质量实训基地;要建设一批在教学内容和课程体系方面有明显突破,国内领先、在国际上有一定影响的精品专业和特色专业,以及有自主知识产权的共享型专业教学资源库;要建设一支高素质的"双师型"师资队伍,造就一批在本行业、本地区有影响的技术和工艺大师;要努力形成较强的社会服务能力,在职工技能培训、农村劳动力转移培训、建设社会主义新农村等方面发挥主力作用,同时在若干领域形成较强的技术优势,成为区域性技术服务中心;要特别注重在辐射和带动区域、行业高职教育发展、对口支援农村和中西部职业院校等方面发挥重要作用。

高度重视示范性院校建设的导向性和辐射性。应充分发挥示范性院校在区域内的导向作用、示范作用和辐射作用,带动区域内高职院校教学质量的共同提高,推进当地高职教育的改革与发展;要坚持以强为主、兼顾均衡,在布局上择优遴选、协调发展,在强调突出示范性的同时,要从国家经济建设与社会发展的战略高度出发,兼顾不同地区、不同发展基础、不同类型、不同主办部门的高职院校,做到重点突出、布局合理;要优先支持办学条件好、工学结合紧密、就业质量高的高职院校建设,优先支持面向先进制造业、现代服务业和现代农业的专业建设;要坚持以服务当地经济社会为第一要务,在服务中不断提高对区域经济的贡献度,以培养高素质技能型人才、提高就业水平为目标,同时充分利用优质教育资源开展各类培训、技术服务与对口支援,实现学校与社会的双赢;要推进体制改革与创新,增强学校办学活力,积极探索规模化、集团化、连锁化办学的路子,依靠行业企业建立产学研结合长效机制,以鲜明的办学特色和过

硬的人才培养质量赢得社会的认同。

重点支持具有良好发展条件的院校进入示范性建设的行列。院校领导的能力领先是建设示范性院校的首要条件。院校领导尤其是主要领导应该具有强烈的使命感、责任心和先进的办学理念,具有战略思维和科学决策的能力,具有很强的领导力、执行力、学习力、创造力和人格魅力。其次,院校必须具备优良的综合能力,才能真正发挥示范作用。一方面应做到办学有规模,质量有保障,就业有优势,改革有成效,办学定位准确,理念先进,管理规范;另一方面地方政府能够有持续不断的政策支持和较大投入,使其师资、设备、经费等方面的资源比较充足。第三,必须在教育改革方面有鲜明的特色,坚持以就业为导向,大力推行工学结合、校企合作的人才培养模式,突出学生职业道德和实践能力的培养,积极探索各种能够有效促进就业和减轻学生学费负担的途径,以及推进东西部之间、城乡之间的联合招生、合作办学,并提供就业帮助。第四,在专业建设方面应做到理念先进,目标明确,成效显著,有优秀的专业带头人及具有"双师"结构的优秀教学团队,有与产业界保持良好合作关系的实训基地,有适应人才培养模式改革需要、能够实现教学资源共享、满足个性化学习需要的精品课程和优质教材。第五,要强调服务区域经济和社会发展的能力,能够围绕实施技能型人才培养培训、农村劳动力转移培训、农村实用人才培训、以提高职业技能为重点的成人继续教育和再就业培训等四大国家工程,实现教育培训资源的社会共享。

建设示范性院校的重点应是专业建设、技术服务平台建设和辐射能力建设。首先,专业建设是核心,是体现学校人才培养质量的重要标志,是增强学校服务社会能力和提高学校整体办学水平的有效平台。要面向先进制造业、新兴产业和现代服务业领域,以专业基础条件建设、人才培养模式创新、优质课程建设、办学机制和管理体制改革为重点,建设一批办学条件好、工学结合紧密、就业质量高的精品专业和特色专业。要在专业基础条件建设中重点加强专业带头人的引进和培养工作,为吸引优秀的领军人物创造必需的条件;同时在专业实训基地建设中增加模拟和仿真实训条件,不断更新教学设施和仪器设备,拓展服务功能,提升服务水平。在此基础上探索和实践以工学结合、半工半读、订单式培养、"双证书"制度等多种人才培养模式和方案的改革,同时每个精品和特色建设专业确定3至5门专业核心课程作为优质课程建设,加强专业教材建设和多媒体教学课件建设。

其次,要加强技术服务平台建设。示范性院校要能够在地方政府的组织和支持下,与行业企业合作建设一批开放性、多功能的区域性技术服务平台。一方面,要为学生实习实训和教师培训提供良好的条件和真实的生产环境;另一方面,要为区域或行业的技术创新、技术开发提供技术服务和技术支持。同时,要承担本校、本地区的职业技能、职业资格培训和考证任务;整合校内优质的多媒体课件、图书资料等教学资源,为社会提供服务;创建区域性网络平台,实现本地区高职院校的网络资源共享。

第三,要加强示范院校的辐射能力建设。主要是加强为本地区和相关行业企业开展服务的能力建设,以及通过集团化运作等多种形式,推进东西部之间、城乡之间职业院校的联合招生、合作办学;开展对口支援,使对口支援与农村劳动力转移、教育扶贫、促进就业相结合。示范性院校要努力成为地区性的人力资源开发中心和技术服务中心;承担区域内企业职工的在职培训、农村劳动力转移培训和新增劳动力培训等任务;通过校企合作联合开展应用性技术开发和推广工作。探索建立以示范性院校牵头,其他院校自主参与、紧密性与松散性相结合的职业教育集团,开展多种形式的合作办学。建设院校可派遣教师去合作院校挂职任教或接受合作院校教师的挂职锻炼。同时,建议在学习和借鉴国外高职教育先进经验的基础上,研制和开发一批具有自主知识产权的"教学包"与"培训包",形成品牌,逐步推广,让更多的高职院校分享示范性院校建设的成果。

我们预计,经过 5 年左右的努力,示范性高职院校建设将在中央财政的支持下取得显著成效,形成以 100 所国家示范性院校为核心的优秀院校群体,为高职教育的进一步发展积聚巨大能量。到 2015 年左右形成结构合理、功能完善、质量优良、具有中国特色的高职教育体系,在我国建设创新型国家和人力资源强国,全面建设小康社会中发挥重要的作用。

文章来源:《教育发展研究》2006 年第 19 期

四、以专业改革与建设践行高职教育科学发展

范　唯　马树超

自 2006 年启动实施"国家示范性高等职业院校建设计划"以来,地方政府对高职教育予以空前重视,行业企业参与高职教育的积极性明显提高。高职院校积极探索校企合作、工学结合,主动服务社会,精神面貌焕然一新:突破传统本科压缩饼干教学模式,确定了校企合作、工学结合人才培养模式的改革方向;强化实践教学,通过生产性实训和顶岗实习增强学生就业能力,提高了毕业生就业率和企业的认可度;强化以服务为宗旨、以就业为导向的办学理念,提升了服务社会的能力和水平;服务于国家战略实施全局,实现了优质教育资源的跨区域共享。作为我国高等教育发展中的一种新兴的教育类型,高等职业教育的

特征初步显现。事实证明,国家示范性高职院校建设推动了专业改革,奠定了践行高职教育科学发展的重要基础。

与本科院校以学科建设为重点不同,专业建设是高职教育与社会的契合点,也是高职教育办出特色的关键。面对国际金融危机冲击下的高校毕业生就业难题,高职教育面临的挑战前所未有,机遇也前所未有。这个挑战,就是在规模急剧扩大的条件下,高职院校办学模式与教学质量还难以满足经济社会发展的要求,难以适应突如其来的就业难寒流。这个机遇,则是高职院校必须加快走出传统模式,提高专业教学的适应度,提高人才培养质量,强化学生就业能力,凸显特色和优势,凝聚起社会对高职教育的新共识。应在示范院校已有实践的基础上,加大专业改革力度,加快专业建设步伐,并以专业改革与建设的成果为标志,促进高职教育进入全面、协调、可持续发展的新阶段。

一、构建校企合作管理平台,突破办学资源不足制约发展的瓶颈

在过去的 10 年,我国高职教育规模得到迅猛的发展,独立设置院校数从431 所增长到 1184 所,占普通高校总数的 61%;2008 年高职教育招生数达到311 万人,比 1998 年增长了 6 倍,在校生近 900 万人,对高等教育进入大众化历史阶段发挥了重要的基础性作用。在规模扩张的同时,高职院校的教学资源短缺成为制约教学质量提高的瓶颈。在这一状态下,只有依靠校企合作办学,坚持特色,以不断深化改革的思路来谋划科学发展,高职教育才能解决前进中出现的问题,办出高水平。

专业改革与建设坚持就业导向,强调与行业企业的深度合作,以发展来解决问题,既是高技能人才培养规律的要求,也是突破教学资源瓶颈的有效举措。国家示范院校建设的实践已经表明,仅仅依靠学校、课堂和实验室,依靠书本知识学习,是难以培养学生的实用技能和技术应用能力的。要实现高职教育的培养目标,必须实行开放式办学,开展校企合作,采取措施在专业教学中增加具有企业界丰富经验的专家,使行业企业直接参与到人才培养的过程之中,以工学结合的途径造就一大批具有良好职业道德、创新精神和实践能力的高素质技能型人才。从这个意义上,高职院校专业建设要朝校企合作的管理平台方向发展。这个平台就是把企业的设备、标准、师资、需求拿过来,让学生们在平台上学本领,既为学校开展校企合作、工学结合人才培养模式改革提供有力支持,也解决了政府投入不足、社会共同分担办学成本的问题。其建设应该成为当前高职院校专业发展中的重要任务。尤其是在当前职业教育校企合作政策制度尚不完善的背景下,管理平台的建设者就是社会主义市场经济体制下探索校企合作制度建设的实践先行者。芜湖职业技术学院和奇瑞汽车有限公司合作开展

"奇瑞"汽车检测与维修技术专业订单班,通过"校企共定教学方案,校企共选订单学生,校企共享教学资源与生产设备,校企共管教学过程,校企共监教学质量",建设以"教学合作、管理参与、文化融入、就业订单"为主要内涵的"融入式"校企合作办学管理平台,既保证了企业全程参与人才培养,还使得企业将学生当嫡系准员工培养。在国际金融危机汽车行业大裁员背景下,奇瑞汽车公司宁肯裁减合同员工,也舍不得放走"奇瑞"班的学生,与浅层次校企合作一纸协议型订单班在金融风暴中被退订单的现象形成了鲜明的对比。

在校企合作的管理平台下,师资队伍建设要将"双师结构"专业教学团队建设作为重点。随着课程体系与教学内容改革的深入,传统的教师队伍及能力结构都明显不能适应新的要求,成为制约高职教育持续发展的最根本的障碍。只有在密切产学合作的基础上建立稳健的"双师结构"专业教学团队,使高职院校专任教师与来自行业企业第一线兼职教师相结合,形成新的师资队伍组织模式,才能实现高职院校在人才培养问题上的质的突破。要根据专业(群)人才培养需要,学校专任教师和行业企业兼职教师发挥各自优势,逐步实现分工协作、术有专攻、各司其职,形成公共基础课程及教学设计主要由专任教师完成、实践技能课程主要由具有相应高技能水平的兼职教师讲授的机制。同时,创建有效的人事管理制度,规范考核、运用激励,保证教师队伍不断充实力量、完善结构、提高水平,有效提高人才培养质量。因此,提出"双师结构"概念及折算方式,是高职教育人事、师资队伍建设的重大制度性改革,对于推进高职教育科学发展具有重大的意义。

二、坚持育人为本德育为先,强化实践教学和基础课两个系统建设

高职教育培养一流人才的目标,就是努力培养德智体美全面发展,特别是具有创新精神和实践能力的高素质技能型专门人才,其是践行科学发展的核心问题。这就要求我们把立德树人作为高职院校的根本任务,进一步尊重学生的主体地位,坚持将育人作为专业改革与建设的出发点和落脚点。

应对经济危机下毕业生就业难题对我们提出的新挑战,一方面,专业改革与建设必须坚持就业导向。就业导向的专业建设,就是要把服务就业、促进就业的理念贯穿至3年人才培养的全过程,将毕业生就业能力作为评价人才培养质量的重要因素,使就业率与就业质量不仅成为专业建设的结果,而且当做推进专业改革的重要依据之一。通过强化学生职业生涯规划设计、职业指导和就业服务工作,充分发挥学生主体性,激发学生学习主动性,促进学生自我教育、自我管理、自我发展。正如齐齐哈尔职业学院所做的有益探索:专门成立职业发展中心,并将职业指导机构职能由学校中心的管理型转向学生中心的服务

型，构建以学生职业发展为主线、以社会需求为导向、以职业规划为切入点、以品德教育为重点、以真实职业环境为背景的高职学生职业生涯教育体系，进而有效地提高学生学习的积极性。

另一方面，专业改革与建设必须坚持内涵式发展模式。所谓内涵式发展，就是要把主要力量放在提高人才培养质量上。在高等职业教育发展的现阶段，要把提高质量作为主要的发展任务，就必须坚定不移地走内涵式发展道路。因此，要努力抓好实践教学、基础课两个课程系统建设，也就是实践教学（包括实验、实训、实习、顶岗实习）要成系统，基础课教学要成系统，并使两个系统相互交融。实践教学成系统，是专业教学改革的重点和难点。要系统设计符合本专业需求的实习实训，不是为了突出工学结合而片面加强实习实训，而是紧紧围绕专业人才培养目标，对实践教学手段、方法、安全和管理等做好综合安排；要做好实训基地建设与运行，使它成为顶岗实习前的准备；要做好顶岗实习的计划，加强管理，保证教学功能的最大化。同时，基础课教学也要成系统。应区别于岗位培训，着眼于学生综合素质的提高，避免东一榔头，西一棒子，要培养出完整的"社会人"，而不是片面的"职业人"。

三、注重培训功能的拓展，发挥终身教育的重要作用

从高职教育产生和发展的历史来看，其发展和变革的源泉，在于经济社会发展和变革的推动。我国经济发展方式的转变，意味着传统的生产模式、方法和手段都将发生根本性变化，这对长期从事传统产业的劳动者提出了新的技能要求。经济危机下的就业困难，不少表现为就业的结构性摩擦，有人没事做，有事没人做，这些都为高职教育拓宽培训功能提供了新的机遇。建设学习型社会，使职业教育成为"面向人人的终身教育"，高职院校不仅要承担适龄青年的全日制教学课程，也要为社会大众提供动态的培训课程，承担起不断提升劳动者素质的重任。为此，专业教学改革与建设应注重培训功能的拓展，走出校园，主动承接企业培训，在企业内为企业培养在职人员。培训内容应覆盖技术应用各个层次水平，尤其是面向企业在职员工技术更新的最前沿内容。能否做好培训，在一定程度上反映了专业建设的水平。与此同时，面向希望继续接受培训的企业在职人员，面向希望更换职业或者返校"回炉培训"的高职院校毕业生，面向为了充实自己而希望学习新专业或新技能的人们，广泛开设专业培训课程，并使全日制课程和培训课程相协调，为经济发展方式转变提供服务，以服务求支持，以"有为"求"有位"，在为社会作出贡献中实现自身的持久性、连续性发展。这是中国特色高等职业教育发展的一条必由之路。

青岛职业技术学院与海尔集团合作建立"海尔家电学院"，从培养"家电维

修技术"专业人才,到培养既熟悉家电维修技术业务又具有家电产品售后服务管理和营销能力的复合型"家电产品售后服务经理",受到企业的高度认可。学院累计为海尔集团及其售后服务网络培训工程师、家电售后服务人员超过1万人,并建立了由学院主导、海尔集团参与的集人才培养、培训、实训、技术攻关、课程开发、教材开发、师资共享、售后服务示范于一体的海尔服务中心,成为海尔集团售后服务示范基地、家电维修技术攻关中心、培训教材产出中心、人才培养培训输出基地。学院为企业提供的培训服务赢得了企业的支持,海尔集团已作出规定,售后服务网络人员必须持有青岛职业技术学院培训结业证、国家职业资格证和海尔家电维修上岗证才能上岗;将新产品和新设备及时送进海尔学院供教学培训使用,为学院发展和专业教学质量提高提供了保障,提升了专业的可持续发展能力。海尔学院先后有8名学生获得技师职业资格;在海尔集团工作的学生中有108人担任了事业部部门主管和经理等职务,年薪为5万到15万元;先后有25批次、62名毕业生被推荐到设立在新加坡的惠普、西门子、索尼等公司的分支机构就业,受到用人单位的好评。

四、推进相互融通的双证书制度,提高用人单位对人才培养评价的权重

高技能人才培养目标,要求专业教学统筹学历知识和用人单位的职业能力标准,充分重视社会评价尤其是用人单位的评价,而不仅仅是办学者或教学者自己的评判。学历证书和职业资格证书"双证书"制度,是高职教育满足企业用人要求的制度性保障,将有效提高专业建设质量。统筹兼顾学历和职业要求,专业核心课程和教学内容应覆盖相应职业资格要求,通过学中做、做中学,突出职业岗位能力培养和职业素养养成,把相关专业获得相应职业资格证书作为学生毕业的一个条件,充分利用学校的实习实训基地、校内职业技能鉴定机构、考务管理等基础条件,在颁发专业学历证书前,使符合条件的毕业生通过职业技能鉴定获得相应的职业资格证书。

应当鼓励有条件的高职院校重点专业在人力资源社会保障部门支持下,开展学历证书和职业资格证书的"双证书直通车"试点工作,努力在专业建设中实现四个统筹兼顾:统筹专业教学计划,兼顾专业教学覆盖职业标准和专业标准,在完成学历教育的同时,达到职业资格标准;统筹专业课程体系,按照"就业导向、能力本位、需求目标"构建课程体系,兼顾专科学历教育知识与职业资格能力;统筹"一体化"教学方法和教学手段,兼顾课堂教学和现场教学"一体",理论教学与实践教学"一体";统筹考核评价,兼顾学历标准和行业企业要求,完善质量保证体系,使毕业生真正成为高技能人才。新疆克拉玛依职业技术学院在自治区劳动和社会保障厅、教育厅的支持下,在汽车检测与维修、电气自动控制技术、酒店管理 3 个专业实施学历证书与职业资格证书"直通车"教学模式改革试点，按照上述四个统筹兼顾组织教学，学生毕业时不用专门参加由职业技能鉴定部门举行的资格考评获取职业资格证书，而是在完成教学课程之后可直接获得相关工种的高级工职业资格证书，3 个试点专业毕业生获得高级工职业资格证书的比例都已超过 85％，走出校门就是一名高技能人才。在就业市场竞争激烈的局面下，不仅就业率居自治区前茅，而且专业对口率高，从业收入高，受到用人单位的好评，大部分学生还没毕业就被用人单位提前"预订"，效果显著。

五、提高并形成政策合力，推进院校品牌专业建设

近年来，伴随高职教育的快速发展，教育部高教司积极调整相关政策，为高职教育科学发展奠定了重要基础。其特征明显，主要表现在 3 个方面：制定政策推动高职教育改革，以强化高职特色为重，强调内涵建设；把握国家示范高职院校建设专项投入的政策机遇，强力推动高职院校加快改革；把握政策出台的节奏，形成政策合力。例如，联袂出台《教育部财政部关于实施国家示范性高等职业院校建设计划加快高等职业教育改革与发展的意见》《教育部关于全面提高高等职业教育教学质量的若干意见》，标志着高职教育政策在强化特色、加快改革、提高质量三个方面的重点引导。两个文件的主题"实施国家示范性高等职业院校建设计划加快高等职业教育改革与发展"、"全面提高高等职业教育教学质量"，本身就显示了政府主导推动高职教育人才培养模式改革的决心。此后，又把握了高职院校评估方案改革对强化高职教育特色的导向，重视国家级精品课程对工学结合课程改革的导向，调整教学名师奖和优秀教学团队奖评审对双师结构师资队伍建设的导向，形成了高职教育改革发展的政策合力，为高职教育全面协调可持续发展提供了重要的政策保障。下一步，建议完善高职教育品牌专业建设工作，推进内涵发展不断走向深入。

推动高职教育品牌专业建设工作，要强化政策的引导作用，重点加强实践教学环节和基础课教学的系统建设，并使这两个系统之间交叉融合，既加强学生实践能力培养，更重视学生发展能力培养，使专业建设在相关产业、行业和企业高技能人才培养中发挥重要作用。因此，高职教育品牌专业至少要在 10 个方面具有指导意义：(1)要把立德树人作为根本任务，把育人作为出发点和落脚点，就业率和就业质量既是专业建设的结果，又是专业改革的依据，职业指导和就业服务工作有计划、有制度、有条件、有成效。(2)具有办学管理平台特征，能够把企业设备、标准、师资、需求拿过来，让学生在这个平台上学到本事。(3)完善实践教学环节的系统建设，从目标、手段、方法、安全和管理等方面做好综合考虑和系统设计。(4)完善实训基地建设与运行管理机制，加强生产性实训环

节并使其成为顶岗实习前的准备,区别于普通本科大学实验室以及工厂车间。(5)学生毕业前半年的顶岗实习要有计划,有落实,重管理,见成效。(6)学历证书和职业资格证书融合和沟通的双证书实施有制度,有成效,学生学业与就业有效衔接,毕业生就业有质量。(7)根据专业特点合理确定基础课教学的比例,区别于职业岗位培训,基础课教学也要成系统。(8)增加培训课程设置,面向行业、企业、新农村建设,面向毕业生"回炉培训",面向从事新职业人员开展继续教育,在终身教育中发挥作用。(9)具有"双师结构"教学团队特征,实践环节多用企业兼职教师,形成专兼职教师的人事分配管理制度与改革保障。(10)明显具有服务全国或区域相应产业、行业的能力,对行业企业高技能人才培养具有比较重要的作用。

文章来源:《中国高等教育》2009 年第 8 期

五、以校企合作工学结合为高职类型特色创新的抓手

陈解放

我国的高等职业教育当前正处在一个发展机遇期,同时也处在一个发展关键期。机遇主要体现在两个方面:一是高等职业教育的规模增长使其成为高等教育中必须予以高度关注的中坚力量,已经引起社会和政府的高度重视;二是我国高技能人才的严重短缺为高等职业教育提供了广阔的发展空间。目前,我国 2.6 亿城镇劳动力中技术工人只有 8700 万,仅占 33%(发达国家平均为75%),其中,高级技师 360 万,占 4%,而企业目前的实际需求是 14%,高技能人才短缺已经成为制约我国经济发展的难题。说处在发展的关键期,原因是高等职业教育面临着彻底摆脱学科型办学思想束缚的艰巨任务。如果不从学科型办学思想的束缚中解放出来,我们的努力有可能是"南其辕而北其辙"。尽管长期以来我们在高等职业教育改革上做出了巨大的努力,取得不少成绩,但不得不承认,观念形态是长期历史积淀而成,绝非朝夕之功即可改变,我们还远没有具备适合当前高技能人才培养需要的独特的教育环境与方法,"压缩饼干"仍然占据大块地盘。因此,我们要解放思想、明确方向、找准问题、大胆改革、勇于创新。

一种类型之所以存在,是因为有其他事物不可替代的特质。正是这种特质,才能够使高等职业教育在我国的经济与社会建设中起到不可替代的作用。目前的问题是,我国的高等职业教育很多方面仍然是普通高等教育的简单复制。如果这一问题不解决,高等职业教育就没有必要作为一个单独的类型,因为只要普通高等教育的课程增加一定的就业取向和职业内涵,那么目前意义上

的高等职业教育对于经济与社会发展的目标就没有意义。因此，高等职业教育作为一个类型的合理存在，关键是特色创新，它是当前高等职业教育内涵建设的逻辑主线。只有走特色之路，才有可能成功。就当前而言，校企合作、工学结合是我国高等职业教育类型特色创新的抓手。

校企合作是指在办学模式层面学校与企业的携手共建，重点在于办学体制的创新。校企合作的要点有四：一是办学理念的更新，强调学校"以他方为中心"的办学行为以及争取企业在办学过程中的积极参与；二是组织结构的设计，即校企之间联系纽带的建立和校内组织结构的开放性构成，校企双方你中有我，我中有你，如校企双方管理人员的相互聘任和兼职等；三是校企资源的共享，学校按照企业需要开展企业员工的职业培训，与企业合作开展应用研究和技术开发，同时，企业参与学校的改革与发展，校企共同制定学校的管理和教学制度，如企业标准引入教学和学校的教学要求在学生顶岗实习中的实施和运用等；四是以企业需求为依据的开放式运作，如校企双方不仅有由双方领导组成的董事会、专业指导委员会等组织，还要有由第一线操作人员组成的学生实践、课程改革、技术革新等运作层面的合作小组，而且建立规范的运作制度，有聘任、有待遇、有项目、有任务、有考核、有例会、有记录、有效果，把校企合作的思想和理念转化为行为规范和具体操作，使办学模式的改革落在实处，真实有效。

工学结合主要体现在人才培养模式层面。在国外，这种人才培养模式的主要内容是学习与工作的相互结合与渗透，即学习中有工作，工作中有学习。它的主要形式是英国的"三明治"，美国的"合作教育"，以及目前世界合作教育协会提倡的"与工作相结合的学习"。它的主要功能是提高学生的职业素养，使学生从学校步入职业生涯时就有一定的工作经历和经验，具有一定的社会适应能力。由于与国外的学分制、弹性学制、师资等教学资源的社会共享、职业证书与学校课程的融合等等相比，我们缺少管理体制、人员结构、教学制度、课程体系等方面的有力支撑。因此，我国的工学结合人才培养模式与国外相比具有更多的内容和任务，不仅是学生的学习与工作相结合，还包括专业建设，尤其是专业建设中的课程改革。

当前，我国高职院校学生的学习与工作相结合的主要形式是顶岗实习。所谓顶岗实习就是学生到真实的工作环境中参加与一般职业人一样的工作。其主要功能是提高学生的劳动观念、职业素养和社会适应能力，让他们在走出校门之前就尝到作为一个职业人的真实滋味，学会怎么处人、处事。因此，顶岗实习要求"真实的工作环境"，不是模拟或虚设的工作场景。要让学生在真实的工作环境中不仅得到相关工作经验，还要获得一定的劳动报酬。值得强调的是，劳动观念和职业道德的训练是顶岗实习的重要内容，热爱劳动是无论哪一代人都必须继承的美德。

顶岗实习的困难之一是企业无法提供这么多的岗位。目前较好的解决办法是分散。很多学校将时间安排在第 6 学期，与学生寻找就业单位结合起来，既能最大限度保证学生的"顶岗"，又能解决学生的就业。有的还与毕业设计（论文）结合起来，将毕业设计（论文）改成要求学生就自己顶岗实习单位的某一产品的生产或管理流程等做一详细调查和论述，并结合所学知识做出评价和改进建议，从而将教学与顶岗实习结合在一起。

顶岗实习的困难之二是管理。首先是学生顶岗实习的分散使管理的难度大大提高。解决这一困难的办法是学校加大师资管理中的责任驱动和利益驱动双重管理力度，以及设计出一套精细的顶岗实习管理制度、考核标准和操作流程，与用人单位合作，严格过程管理。其次是学生顶岗实习中的安全等问题。目前我国尚缺乏规范工学结合行为的相关法规，尽管如此，学校还是应在与用人单位感情联系的同时，熟悉已有政策法规，感情与法规双管齐下。

专业建设中的工学结合体现在"与学习相关的要素"和"与工作相关的要素"两者的结合，主要包括师资建设、实训基地建设、课程建设、质量管理等，所谓"要素"是指与"学"和"工"相关的各种资源和活动，如双方的人员、场地、信息、标准等。

师资队伍建设目前的重点有二：一是在高学历、高职称的基础上增加现有教师的企业工作经历，从而提高他们的职业教育能力；二是引进企业的能工巧匠作为兼职教师，他们可以担任专业课的教学，更可以担任校内实训基地或学生校外顶岗实习的技能指导。

实训基地建设方面，校内生产性实训基地建设的第一要义是为学生在校内创造真实的工作环境，使学生的"学"与"工"有机地结合在一起，因此学生的受益面是关键。校内生产性实训基地建设的内涵是经营主体的多元化和经营方式的市场化，附带的功能是带动校企合作办学体制的改革。校外实训基地的建设包括两个方面，一是成为学生集中进行教学实习的基地，通常通过各种关系或者是科技服务等唤起企业的合作热情，成为长期的合作伙伴；二是成为顶岗实习的基地，比如在学生第 6 学期顶岗实习的基础上，学校利用与用人单位合作对学生进行管理的机会，与他们建立联系并长期保持接触，最终成为安排个别学生顶岗实习的基地。能安排 1 个学生顶岗实习和能安排几十个学生教学实习一样，都是十分有用的校外实训基地。

课程建设目前的重点是打破传统课程结构框架，构建符合职业教育特点和生产一线高素质技能型人才需求的新课程体系；同时，加强以工作过程为导向的专业课程改革。课程体系和单门课程密不可分，应该两者兼顾、整体设计。

要尤其重视课程建设过程中的企业参与,包括企业人员的介入、企业标准的引进、职业证书的融合等。

质量管理目前的重点是实践环节的过程控制。由于职业教育的特点之一是注重实践,学生实践课时多,能否保证实践环节的质量,是保证高职院校人才培养质量的重中之重。职业教育的另一个特点是开放,因此必须重视管理过程中企业的参与。目前的主要任务是与企业合作完善管理制度、设计管理流程、制定运作规范和操作细则。在文件上,不仅要有一整套制度文件,更要有齐备和精细的作业文件,使管理落实到每一个具体环节;在运作上,有资料积累、有数据分析、有改进措施、有结果反馈,做到有测量、有分析、有改进,形成自我要求、自我检测、自我修正、持续改进的管理局面。

现阶段我国高等职业教育可持续发展的关键是类型特色的创新,其基本运作框架是,以校企合作办学模式为体制基础,以工学结合人才培养模式为平台,以专业建设为龙头,以课程改革为根本。当然,高等职业教育类型特色的创新不仅需要学校的努力,更需要通过学校的艰苦探索为国家相关政策和法规的出台提供依据,从而使我国的高等职业教育在制度和法律层面得到持续发展的有力保障。

文章来源:《中国高等教育》2008 年第 9 期

六、模式支撑——求解人才培养方案改革的整体性

陈解放

一、人才培养方案需要人才培养模式的支撑

人才培养方案的改革是专业改革与建设的重要环节。不同的人才培养模式产生不同的人才培养方案,我们可以将人才培养方案的改革称为人才培养模式创新的标志。标志是相对整体而言,也就是说,人才培养方案的改革应该能够体现人才培养模式创新的整体。现在的问题是,我们简单地将"2+1"等表示时间安排的外部特征归结为人才培养模式的全部,没有认真地分析人才培养模式的要素,更没有把这些要素作为人才培养方案的支撑,系统地在人才培养方案的相关材料中加以说明,其结果是忽视了人才培养模式的深层内涵,淡化了人才培养模式在改革中的统辖地位,人才培养方案的改革缺少整体性。

人才培养模式关系着"培养什么人"和"怎样培养人"的根本问题,是当前高职教育内涵建设的核心。近十年来,政府制定的有关高职教育改革的文件,几乎都把人才培养模式的改革作为基本要求。《教育部财政部关于实施国家示范

性高等职业院校建设计划加快高等职业教育改革与发展的意见》明确指出,示范建设计划的总体目标,是通过实施这一计划,使示范院校在办学实力、教学质量、管理水平、办学效益和辐射能力等方面有较大提高,特别是在深化教育教学改革、创新人才培养模式等方面取得明显进展。

二、人才培养模式对人才培养方案支撑的要素分析

从广义上说,人才培养模式是一个系统,是若干要素之间及其与外界环境间的协调作用方式构成的一个整体。因此,首先需要确认的是人才培养模式的要素,以及与之相关联的环境与条件。

1.教育思想与教育观念。人才培养模式的要素之一是教育思想和教育观念,它是人才培养模式的逻辑起点,不同的教育思想与观念产生不同的模式。教高〔2006〕16号文件指出:"把工学结合作为高等职业教育人才培养模式改革的重要切入点。"工学结合是一种教育思想,从古代"知"与"行"的学说,到新文化运动中的"工读主义"、"文化大革命"前的"半工半读"等,工学结合的教育思想在我国经历了漫长的发展历程。改革开放后社会主义市场经济的发展和高职教育的迅速突起赋予工学结合新的内涵:将学生的学习与在真实工作环境中的实际工作结合在一起,使他们在理论与实践相结合的过程中以一个"准职业人"的身份接触社会、了解社会,提高职业素养和社会适应能力;将"工"和"学"的相关要素在师资建设、实训基地建设、课程改革等环节中结合起来,推动专业的改革与建设。近几年高职教育的改革实践告诉我们,工学结合得到了高职教育界的普遍认同,成为高职教育人才培养模式改革的思想引领。人才培养方案的改革需要全体教师的积极参与,教师的思想认识是关键。因此,人才培养方案的改革与人才培养模式的这一要素密不可分。因此,必须动员全体教师学习先进的教育思想,改变传统教育观念,使他们认清方向、找对途径、积极投入,否则,人才培养方案的改革无法实施。它是人才培养模式改革的前提和基础,也是人才培养方案改革的先决条件。

2.人才培养的目标与规格。人才培养模式的要素之二是人才培养的目标与规格。培养什么样的人是任何一种人才培养模式首先需要回答的问题。高职院校专业人才培养目标与规格的确立首先要结合当前我国新一轮产业结构调整和企业生产方式的转变,与人力资源配置变革紧密结合,掌握劳动力市场和相关行业企业对高职教育人才的需求动态;二是要与新时期高等教育的使命直接相连,培养学生"学会认知"、"学会生存"、"学会做事"、"学会与人相处";三是要结合学生所学专业,使学生掌握切合实际的实用性专业技术和专业技能。高职教育最大的特征是紧贴社会经济发展的实际,培养生产一线的人才。然而,作为高等教育发展的一个新的类型,高职教育在经济社会人才需求结构中的定位尚在探索之中;我国经济的飞速发展和科学技术水平的快速提升使生产一线人才规格的具体内涵产生变化;我国的二元经济结构特征使不同区域对同一个行业生产一线的人才提出不同的要求。以上诸多因素的不确定性,要求我们在确定人才培养目标和规格之前必须做适当的人才需求调研。结合地方社会经济发展实际所做的专业人才需求调研报告将使我们的人才培养方案更具有科学性、持久性和可操作性。

3. 人才培养的内容与方法。人才培养模式的要素之三是内容与方法。内容是指为实现教育目标而选择的知识、技能、行为规范、价值观念和世界观等方面的总和,主要以课程的形式体现。今天的学习内容是学生明天的素质结构,因此至关重要。

目前,高职教育课程改革面临的主要问题是,在改革传统学科型课程体系的过程中,理论知识学习与实践技能训练两者的联系紧密了,但理论知识学习自身的系统性和实践技能训练自身的系统性削弱了。当前的主要任务之一是,在改变以学科体系为依据设计课程体系的同时,坚持以技术应用和技能培养为目标,以系统的专业知识为支撑,将知识融于系统的实践能力培养中来构建课程体系。需要重视的是,在要求学生面对现实提高适应能力的同时,不能放松可持续发展能力的培养。我们应该将当前价值与长远价值相融合,这是我们不得不面对的高等教育价值取向两难选择的永恒主题。"学校越开放,对外部要求就越敏感,从而过于轻率地适应眼前需要而放弃长远目标的危险就越大",雅斯贝尔斯这一告诫意义重大。课程设置是人才培养方案的重要内容,要体现人才培养模式创新的整体,不能缺少相关内容的支撑与说明。如高职教育课程改革的特点是加强实践教学,带来的难点之一是课程教学的实施,包括实施的途径和方法。目前的问题是如何使课程教学在课内课外、校内校外系统贯穿。近几年的改革方法之一是打破课堂教学的一统天下,将教学搬到车间、农田,通过校内实训和校外顶岗实习等途径,将课程要求分解到各种相关活动中,集中授课和分散要求相结合,课程要求与工作实际相结合,使学生在工学结合中更好地掌握课程的内容与要求。为了更好地体现人才培养模式改革的整体,在人才培养方案课程设置的背后,应该有课程系统实施的运作方法和操作规范作为支撑和说明。

4. 人才培养的环境与条件。环境与条件是人才培养模式的支撑,也是人才培养模式不可缺少的组成部分,包括体制平台、师资建设、实训基地建设、质量管理等等,以及与其相关的保障制度。对于高职教育来说,体制平台建设的重点是校企合作。教高〔2006〕16号文件指出:"高等职业院校要按照企业需要开展企业员工的职业培训，与企业合作开展应用研究和技术开发，使企业在分享学校资源优势的同时，参与学校的改革与发展，使学校在校企合作中创新人才培养模式。"不难看出，校企合作是高职教育人才培养模式改革的平台。近几年的实践告诉我们，校企合作应掌握三个关键，一是学校为企业服务的能力，尤其是科研能力。为企业服务是校企合作的基础性工作，只有为企业服务好了，才可能得到企业持久的合作与支持。产学研结合是社会服务的重要途径，提高教师的科研能力是提高学校为企业服务能力的关键，学校应通过建立制度，激励教师与企业开展生产一线实用技术应用和技能提升的横向科研。二是学校与企业合作的组织构建。校、院、系等各个层面要与企业建立组织与制度联系，并在学校层面构成一个整体，使校企合作平台得到组织与制度的保障，创新办学体制。三是双方合作的系统运作。要使校企合作有效开展，关键是在合作制度的基础上建立规范的运作程序与操作规范。

需要指出的是，政府出台强制企业参与学校人才培养的相关政策与法规固然十分重要，然而，教育政策及相关法规是社会众多因素综合作用的产物，它们的制定受政治、经济和文化等环境因素的影响和制约。我国的经济发展水平尤其是经济政策的成熟度、教育系统自身"法文化"的成熟度、立法主体和立法程序的专业化、职业化和科学化程度，以及转型期众多问题的集中出现都为教育政策与法规的制定造成一定制约。目前，世界上有相关法规的国家不在多数，而且发达国家的经验告诉我们，即使有法规，学校的主动性仍然必不可少。因此，将校企合作的顺利实施依赖于政府在短期内出台相关政策与法规强制企业主动与学校合作并不现实，学校的主观努力和主动性仍然是第一位的。

师资建设目前的关键是双师结构教学团队建设的制度构建，以保证双师团队建设的持久开展；实训基地建设除了硬件以外，目前的主要问题一是如何与课程改革紧密结合，使教学要求在学生的实训实习中系统贯穿，二是顶岗实习的精细化管理；质量管理不是指各校都有的教学督导或教学督导的简单延伸，而是一整套包括质量评价在内的质量保障体系。当前我国高职院校人才培养的评估正从终结性评价向形成性评价转变，国家的"高等职业院校人才培养工作状态数据采集平台"已经出台，我们可以与国家的数据采集平台相联系，对应国家平台的指标要求，建设将国家的要求行为化的学校数据平台，发挥其质量保障和自我评价的功能。人才培养方案作为人才培养模式的集中体现同样离不开一定的环境与条件，尤其是相关的运作规范和制度保证。没有严格的运作规范，人才培养方案无法实施；没有相关的制度保证，人才培养方案的实施不可能持久。

总之，人才培养方案改革的整体性依赖于人才培养模式的支撑。人才培养模式不是抽象理论和理念的简单表述,而是一个由诸多要素及其有机联系构成的逻辑体系,也是一个在明确目标指引下进行相关教育教学活动的运作体系。人才培养方案犹如活动的指南,与其相关的诸多附件则是活动的制度、规则和操作规范。

文章来源:《中国高教研究》2009 年第 10 期

七、国家示范高职院校建设的真谛:机制创新与文化引领

周建松

根据《国务院关于大力发展职业教育的决定》精神,教育部财政部联合启动了国家示范性高职院校建设计划,按照计划要求,在中央和地方各级政府的共同努力和各高等职业院校的积极参与下,国家示范性高等职业院校三批立项单位已尘埃落定,做改革的示范、发展的示范、管理的示范成为一句行动口号深入影响到广大高职院校教师和学生之中。现在,示范建设已经进入最为关键的时期,轰轰烈烈的示范性高职院校建设如何发挥示范作用,必须引起我们认真深入的思考。

一、重温教高〔2006〕14 号和 16 号文件的精神实质

教育部财政部《关于实施国家示范性高等职业院校建设计划,加快高等职业改革与发展的意见》(教高〔2006〕14 号)明确指出,国家示范性高职院校建设的总体目标是:通过实施国家示范性高职院校建设计划,使示范院校在办学实力、教学质量、管理水平、办学效益和辐射能力等方面有较大提高,特别是在深化教育教学改革,创新人才培养模式,建设高水平专兼结合教学团队,提高社会服务能力和创建办学特色等方面取得明显进展。发挥示范院校的示范作用,带动高等职业教育加快改革与发展,逐步形成结构合理,功能完善,质量优良的高等职业教育体系,更好地为经济建设和社会发展服务。其主要内容是:提高示范院校整体水平;推进教学建设和教学改革,加强重点专业领域建设,增强社会服务能力,创建共享型专业教学资源库。与此同时,周济部长在国家示范性高职院校建设计划视频会议上对示范校建设明确提出如下要求:第一,全面贯彻党的教育方针,全面推进素质教育;第二,做以服务为宗旨的示范;第三,做以就业为导向的示范;第四,做以生产劳动和社会实践相结合的示范;第五,努力形成较强的社会服务能力。上述文件和讲话精神揭示了示范性高职院校建设的实质,明确了示范性高职院校建设的基本要求,阐明了示范性高职院校建设的根本目的。

紧随其后,教高〔2006〕16 号文件,即《关于全面提高高等职业教育教学质量的若干意见》,又进一步明确了高等职业教育是高等教育的一个类型,其基本特点是:第一,坚持育人为本,德育为先,把立德树人作为根本任务,培养具有良好职业道德、娴熟职业技能,富有创新精神的高素质高技能人才;第二,就业导向、开放办学、校企合作、工学结合是其本质特征;第三,双师结构师资队伍建设,校内外实训(生产性)基地建设、工学结合的课程改革与建设、学生的工作经历和顶岗实习是高职内涵建设的基本内容。

综上,两个文件各有侧重,14 号文件研究如何建示范性高职院校,16 号文件则阐明示范性高职院校应该在什么样的立足点上进行建设。

二、两年来示范性高职院校建设的实践与成效

从 2006 年以来,我国先后有第一批 28 所和第二批 42 所及第三批 30 所学校立项,其中第一批 28 所学校的建设时间过半、任务过半并接近验收大考,第二批 42 所学校也已展开,形成强大的影响力。纵观 2007 年底召开的示范建设一周年案例展示会的情况及近期表现的状态,我们可以看到,两年示范性高职院校建设实践已经取得了很大成绩,并收到了明显的成效。

1.校企合作更加深入,学校与行业已经形成深度互动融合态势。无论是出于体制还是出于机制,各示范建设院校都以校企合作为抓手,深入开展人才培养模式和办学模式改革,校企合作成为示范校建设工作的重点内容。从表现形式看,既有学校引入大量的企业资源投入到教学中来,又有学校主动服务企业的实践探索。

2.工学结合已成为育人的基本途径。教育的根本任务是育人,高职院校贯彻育人为本、立德树人的方针,致力于培养生产、建设、管理、服务一线的高素质、高技能型人才,必须重视行业、企业的经历,把企业的经历作为育人的必经程序和必要环节,坚持认知实习、专业实习、毕业顶岗实习的联系和统一,这已经成为示范高职院校建设,尤其是重点专业建设的重点内容。

3.开放办学已成为示范性高职院校的一个显著特征。示范性高职院校建设的一个重大改革,就是学校面向企业、行业和区域经济,一切有利于高职教育教学发展,有利于人才培养质量提高,有利于毕业生顺利就业、对口就业、优质就业的措施都给予足够重视。

4.与行业企业合作的校内外实训基地、师资队伍建设,基于工作过程系统化的课程建设等作为示范建设的核心内涵,已成为所有示范校的共识,并被普遍采纳,校企合作"同建一门课、同写一本书,同管一基地、同育一方人"已成为一种比较普遍的实践探索。

5.东西部合作交流、支持两部办学已形成互动共赢氛围。在示范性建设计划的推动下,各建设院校和拟建设院校纷纷重视外省招生尤其西部招生,纷纷进行东西合作结对子和对口支援活动,互动共赢的氛围基本形成。

总之,示范性高职院校已经在物质层面、制度层面和文化层面深入改革和创新,并已显现出一定的成效。

三、示范高职院校建设的重点是机制和文化

前面的分析已经表明,无论是从政策文件要求还是各校实践看,开放办学、校企合作、工学结合等已成为示范校建设的重点,并取得了显著的成效。这无疑是十分重要的和完全正确的,但进一步反思示范性高职院校的建设宗旨,笔者认为,示范性高职院校的建设任务首先必须要源于此,但必须大大高于此,远远高于此,深深高于此,要真正形成"一马当先,万马奔腾"的高等职业教育发展的大好局面,必须进一步研究示范性高职院校应该拿什么来引领和示范的问题。

(一)对常规方法的思辨

1.典型引路。这不失为示范引领的重要途径,因为一个典型可以引导人们去学习、模仿,从而产生示范影响,然而,典型是否具有代表性,是否有其形成和成长的地理、行业、文化环境,本身也值得研究与思考。

2.案例启迪。这或许也是一种示范引领的有效方法,因为好的案例会变成范例,作为大家解剖效仿、实践的参照,从而对整体教育教学改革产生推动力,但案例能否成为范例,案例是否有广泛的生存土壤也是问题。

3.资源共享。建设共享型专业教学资源库是示范建设的任务之一,从理论上看,它必然是示范建设的重要内容之一,确实也能实现示范和影响力,但资源库建设工程量之大,投入成本之高,建成以后如何使用和维持更新,难度极大,弄不好会形成建时轰轰烈烈,建后无人问津的尴尬局面。

4.同行帮衬。当今,东西合作正蓬勃展开,包括通过"2+1"联合培养人才,使西部部分学生到东部就业等,不失为有效举措,但中国的实践证明了其整体推进会有很大难度。

(二)通过机制创新和文化引领深化示范性高职院校建设

示范性高职院校怎样成为改革的示范、发展的示范、管理的示范?怎样通过示范性高职院校建设真正形成"一马当先,万马奔腾"的局面?笔者认为,唯有机制创新和文化引领才是切实可行的。

第一,机制创新。我们要通过探索和实践,形成适应高等职业教育作为高等教育的一个类型的教学管理机制、学生管理机制、教师(员工)管理机制,总结

形成带有规律性的东西,并且把有利于提高办学质量、管理水平、经营效益的做法、办法、措施上升到制度层面,成为一种运行自若的机制,进而对全国近 1200 所高职院校产生整体影响力。正是从这个意义上说,院校长领导能力固然重要,但形成一个与高职类型特色相适应的学校组织制度、运行机制和管理模式更具示范意义,更能真正形成示范和影响效力。

第二,文化引领。从某种意义上说,文化引领才是最根本和实质的。关键是形成什么样的文化去引领?笔者以为,两年来示范建设实践过程中形成的育人为本、开放办学、校企合作、工学结合的高职文化应该成为引领中国高职发展的示范性文化。开放办学,应该是高等职业院校办学的一个总特征,坚持育人为中心,贯彻服务为宗旨,实践就业为导向,谋求外部支持,善于整合资源,这就是高职的第一文化;校企合作,是指高职教育必须坚持学校与行业、企业的双重互动、深度融合,以主动换互动,以合作谋共赢,这应是全体高职人共同的办学理念,应为高职的重要文化;工学结合,是指高职办学过程中必须坚持工作与学习的结合,无论是教师还是学生抑或是学校管理工作者,均必须有企业工作经历或阅历。育人为本,应该是前述三大文化理念的出发点和归宿点。办学模式怎样创新,人才培养模式怎样探索,师资队伍和实训基地怎样建设,最后必须回归本位,那就是更好地育人,育更好的人。如果以育人为本为出发点的开放办学,校企合作、工学结合能够成为高职文化,并影响辐射全国的高职院校,示范性建设也就成功了。

四、浙江金融职业学院在示范建设中的积极探索

浙江金融职业学院作为全国第一批 28 所示范高职院校建设单位之一,确立了"开放办学共生态,校企合作共育人,辐射引领共发展"的建设理念,积极构建学校与行业互动深度融合发展机制,形成了良好的职业氛围,促进和实现了学生顺利、对口和优质就业,富有创新的思维和扎实有效的实践,已初步彰显出了其作为全国示范校的积极影响力。

1. 以"打造金融类高职第一品牌,引领服务类高职改革创新"作为示范目标。打造金融类高职第一品牌,引领服务类高职改革创新,不仅是学院示范建设的一句口号和一个目标,也是一种责任。近年来,学院连续举办 5 届全国金融类院校应用型人才培养论坛,参加人员达 500 多人次。同时,与山西、辽宁、陕西、广西、河北、内蒙古等金融院校结对支持。学院自觉担纲教育部经济类教指委副主任委员和秘书长单位职责,发起成立全国财经类院校高层理论论坛并成立联协会,具体研究财经服务类高职院校建设发展的制度和机制,凝聚力量,引领发展。

2.构建行业、校友、集团共生态开放合作办学模式。"根植产业,融入行业,服务企业,强化职业,优质就业"是近年来浙江金融职业学院的实践探索,"举行业旗,聚校友心,走集团路,创金院业"是浙江金融职业学院改革发展的积极探索,构建在这一模式基础上的大面积订单培养,作为办学体制模式和人才培养模式有机创新的"银领学院"的创设和良好运行,表明了其对于高职办学精髓的理解和诠释。尤其是我校的凝聚全国校友力量,推进学生优质就业,促进教育质量提高的成功经验,更是产生了广泛的影响。

3.创设教学资源、教学信息和师资培训三大全国示范平台。建设中国金融职业教育网,建设金融专业教学资源库,建设全国金融职业教育师资培训基地是浙江金融职业学院示范建设中的三大公共平台项目。到目前为止,师资培训基地已成功举办院校长、教务处长、系(专业)主任、教师培训班多期,较好地传递了示范建设的经验;中国金融职业教育网已试运行;金融专业教学资源库建设也已启动。

4.大量的基于工作过程系统的项目化课程和教材建设获得成果。浙江金融职业学院及时把课程和教材建设成果总结反映和展示出来,牵头组织或主持编写21世纪金融类高职高专教材50多部,其中金融专业、保险专业已成系统,并有一批职业素质养成课程建设成果问世,这对解决财经类高职院校更好地教和学的问题,提供了积极而富有意义的帮助与借鉴。

5.与行业企业形成互动融合、亲密合作、和谐发展的良好局面。在宏观上,浙江金融职业学院承办的每一次全国会议都是与中国银行业协会等行业企业共同主办,体现了融入行业、校企合作、课证融合的寓意,这已经传递给了全国;在微观上,浙江金融职业学院教师撰写的每一本书,研制的每一个课件,都是专任教师与行业兼职教师共同努力的结晶,这已经充分展示给同行;在校内,学院引进了大量真实职场,举办了资信评级公司、保险公司业务部等,并整合全省各主要金融机构成立浙江地方金融产业发展研究中心、应用型金融人才研究院、银领学院,并使其三合一,充分体现产业发展、人才需求、人才培养三者结合,从而引导针对性培养人才,促进学生优质就业,它对全国所有高职院校都产生了积极的启迪和影响作用。

6.创设作为高职院校办学本色的若干全国第一。多年来,浙江金融职业学院努力践行以学生为本的办学理念,致力于构建"关爱学生进步,关注学生困难,关心学生就业"的学生工作体系,积极履行学院社会责任,取得了明显成效。示范建设过程中,学院从国家示范性建设高度研究问题,把示范建设落实到培养什么样的人,怎样培养人的问题上,使示范建设最终让学生得益,社会满意。学院于2007年11月3日在国家示范校建设启动一周年之际,发布了中国高校第一份社会责任报告,做出了若干社会承诺,并确定 5 月 23 日为爱生节(这是中国高校第一个爱生节),引起了社会和媒体的极大关注和极佳评价。今年,学院以"关爱学生"为主题的 2008 社会责任报告即将出台。与此同时,学院发起成立并主持了全国第一个示范高职院校建设研究中心,真正履行示范校的社会责任和对学生的负责态度。

综合所述,我们认为,在机制创新基础上的文化引领,应该是改革的示范,发展的示范,管理的示范最好的最共同的诠释,示范建设应该朝这个目标努力。

文章来源:《中国高教研究》2008 年第 9 期

八、试论国家示范高职院校"百花园"建设

周建松

作为我国高等教育十分重大的质量工程与引领我国高等职业教育改革发展的重要建设项目,国家示范性高等职业院校建设计划于 2006 年由财政部和教育部联合启动。3 年来,该项目得到了全国各省(市、区)政府、各高职院校的热烈响应,也得到了全社会的广泛关注。3 年建设,成绩斐然,对探索形成中国高等职业教育特色发展、可持续发展、良性发展之路起到了十分有益的作用。尤其是各高职院校抓住高等职业教育类型特色,认真学习贯彻《教育部关于全面提高高等职业教育教学质量的若干意见》(教高〔2006〕16 号文)和《教育部、财政部关于实施国家示范性高等职业院校建设计划,加快高等职业教育改革与发展的意见》(〔2006〕14 号文件),在致力于为社会主义现代化建设培养生产、建设、管理、服务第一线需要的高素质高技能人才,在推进院校综合改革,提高办学综合实力,在推进校企合作、工学结合,专业改革与建设,课程改革与建设,双师型教学团队建设,校内外实训基地建设和院校社会服务能力建设,辐射引领高等职业教育改革发展等方面作出了显著的成绩,其效应远远超出预期,初步彰显出改革的示范、管理的示范、发展的示范的效应。在首批示范高职院校即将建设期满验收之际,笔者以为,按"百花园"要求来梳理、衡量和对照国家示范高职院校建设项目和工程的成效,不仅具有科学的价值内涵,同时具有广泛的社会意义。

一、国家示范高职院校首先应该是"花",是真正意义上的高等职业教育,具备高等职业教育的基本特征

(一)高等职业教育发展回顾与分析

众所周知,我国近几年蓬勃发展起来的高等职业教育,是中国高等教育大

众化的产物,其经历了作为高等教育补充发展的"三不一高"阶段,更经历了多次反复的"起死回生"时期,其性质和地位在相当长时间内一直未能确定。改革开放初期为多出人才、快出人才,为解决城镇集体的人才需求和大量高中毕业生就读"大学"的出路,高等职业教育虽然几乎就是"本科压缩饼干",但也取得了阶段性、历史性成效。随着高等教育大众化的深入进行,高等职业教育作为其发展的主要途径逐渐扩大,并成为半壁江山。到目前为止,我国独立设置的高等职业院校已达 1184 所,院校数量超过本科,在校生达到 50% 以上,在这种背景下,高等职业教育究竟怎样办?究竟培养什么样的人?怎样培养人等一系列问题摆上了重要日程,对此,《教育部关于就业为导向深化高等职业教育改革的若干意见》(教高〔2004〕1 号)明确指出:高等职业教育的主要任务是:培养适应社会主义现代化生产、建设、管理、服务第一线需要的高素质高技能人才,必须坚持以就业为导向,以服务为宗旨,走产学研相结合的道路。经过几年的探索,教高〔2006〕16 号文件在对此进行总结的基础上,进一步给予了系统梳理和与时俱进的探索改进,强调必须坚持育人为本,德育为先,把立德树人作为根本任务;强调要服务区域经济和社会发展,以就业为导向,加快专业改革与建设;强调要加大课程建设与改革的力度,增强学生的职业能力;强调校企合作,加强实训、实习基地建设;强调加强教师队伍的"双师"结构,加强专兼结合的专业教学团队建设等。笔者以为,这既表明了高等职业教育的发展脉络,也表明了高等职业教育发展的阶段特征,也是高等职业教育办出特色和水平的根本所在。

(二)高等职业教育主要的类型特征

教高〔2006〕14 号文件在部署国家示范性高等职业院校建设计划时,明确了国家示范性高等职业院校的建设性质、办学宗旨和根本任务,这就是全面贯彻党的教育方针,做贯彻服务为宗旨的模范,做坚持以就业为导向的模范,做坚持与生产劳动相结合的模范,不断提高院校辐射和服务社会的能力,培养具有良好职业道德,娴熟职业能力,具有一定可持续发展能力的人,并认真做好职业培训、双证书等工作,探索形成开放合作育人平台,提高人才培养和社会服务水平。根据前面分析,笔者以为,作为国家示范性高等职业院校,首先必须探索高等职业教育的真谛,全面把握高等职业教育的类型特征。

第一,示范高职院校必须是高等性与职业性的复合体,体现"高职"复姓,即既是高等教育的重要组成部分,也是职业教育的较高层次,全面体现高教性与职教性的复合统一。

第二,示范高职院校必须认真做到坚持就业导向实施教育,面向职业岗位实施教育,培养具有良好职业道德,娴熟职业技能和可持续发展的面向基层一线的基层复合型人才。

第三,示范高职院校必须充分抓住构建开放合作育人和管理平台这个目标进行改革和建设,并在实践中形成开放育人、合作育人的机制。

第四,在开放合作办学中探索形成有效的资源整合机制,提高资源整合能力,应是示范高职院校建设的重要内容,也是衡量院校长能力的重要内容,要充分发挥院校平台的作用,达到最大限度地利用企业和社会资源,以育人服务为目标。

第五,双师教学团队是示范高职院校建设的最为关键的内容,有了双师教学团队,资源整合、合作育人、培养学生职业道德、职业能力、建设和充分利用校外实训基地都将成为可能。因此,对双师教学团队必须进行系统设计,利用各种条件,积极构建。

第六,示范高职院校的共同特征是学校全面融入行业、企业和社会,真正做到校企一体,努力做好服务社会、服务区域、服务所在行业、服务相关企业,并在行业企业和社会的互动发展中提高人才培养、科学研究、服务社会的能力,形成其良性发展机制。

第七,课程改革和建设是示范高职院校改革和建设的重点。"改到痛处是教学,改到深处是教学",而教学改革的关键和难点是课程体系的再造和重组,因此,衡量示范校内涵建设最有成效的,除了开放合作平台建设外,就是课程和由此基础上形成的教材,进而综合形成人才培养方案和综合建立的人才培养模式。

第八,资源库建设是示范高职院校建设的共同任务,这项任务既表明了财政投入应有的绩效,也体现了示范高职院校的社会责任,把高等职业教育改革建设的成果建成资源库自然应成为示范高职院校建设的要求之一,也是各示范建设的义务。

二、百所国家示范高职院校应该是"百花",应该是百所具有较高品质、各具特色的"花",是百所有特色的高职院校

我国是一个地大物博、幅员辽阔、人口众多、行业齐全,经济社会发展极其不平衡的国家。高等职业教育作为与经济社会联系最为紧密、与生产实践融合最为深刻的一种类型的教育,必须体现出深刻的时代特征、区域特征、行业特征乃至技术阶段特征,正是从这种意义上讲,百所示范高职院校建设必须在遵循高等职业教育运行规律的基础上,在充分体现高等职业教育"开放办学、校企合作、工学结合"类型特征的前提下,鼓励各院校在办学模式、人才培养模式、教学模式等方面积极探索、自主创新、办出特色和办出水平。

（一）百所示范员院校建设必须遵循的原则

作为国家示范高职院校建设单位，必须在实践中坚持如下原则：

第一，坚持以高等职业教育一般规律为前提的原则。即始终坚持高教性与职教性的统一，努力探索高等职业教育的办学规律，认真贯彻教高〔2006〕14 号和〔2006〕16 号文件精神。

第二，坚持根据各个学校特点和条件自主创新原则。每所高职院校由于历史发展轨迹不同、形成资源条件不同、社会影响和社会定位不同、所在区域和行业不同，必然有其历史烙印、区域痕迹、行业背景和现实影响，必须鼓励和允许其在未禁止条款下自主创新、探索形成具有自主知识产权的办学模式、人才培养模式、课程教学模式，形成自己的特点。

第三，允许各院校根据自身生存发展需求解放思想大胆探索的原则。每个学校其历史发展轨迹不同，行业、企业和区域经济社会对其会有不同的办学需求和人才培养定位，即使是看起来大致相同的行业和区域，也会有不同的需求状况。正因为这样，在示范高职院校建设过程中，要抓住关键的、核心的，鼓励院校解放思想、大胆探索，允许试错、容忍失误乃至失败，应该也是可行的。

（二）百所示范高职院校如何建成"百花"

作为示范高职院校建设，笔者认为，它首先是"花"，花就是高职类型特色的示范，而"百花"就是在类型特色示范的前提下具有各自特点和特征，至少有以下几个方面：

第一，区域特征。允许各个省（区）的高职院校从各自产业结构、人文环境、技术水准等条件出发，探索建成充分体现本区域特征的高等职业教育，如东部沿海与东北、西北、西南就有很大不同，应允许其体现不同点。

第二，行业特征。高等职业教育除了面向区域经济社会外，还具有主要服务于某个行业的特征。正因为这样，不同行业所体现出来的文化、专业结构和校园环境也成为建设重点之一，如金融与交通、建筑、机电、艺术、旅游就有很大不同，应该允许其有差别。

第三，学校特征。从某种意义上说，学校特征是高职院校百花园建设的重要特征。有学者研究，一个学校的风格在很大程度上就是院（校）长的风格，一个学校的理念在某种意义上就是院（校）长的理念，对此，我们应该积极鼓励并给予政策保护。

（三）示范高职院校建设应该注意的若干问题

笔者提出百所示范高职院校应该是高职院校百朵花，鼓励解放思想、探索创新、各具特征，但在实践中必须注意：

第一，防止以旧掩新。即要在实践中切实防止以特征掩盖下的因循守旧，防止出现继续以传统封闭观念办高职,防止不思改革、不施改革的情况出现。

第二,防止本科压缩型办学模式。要坚定不移地结合院校实际,积极探索开放式办学,探索工学结合、校企合作的办学模式与人才培养模式,切实防止继续循着学科型、学术型人才培养模式进行探索和实践,忽视高等职业教育的真谛所在。

第三,防止杂乱无章。允许探索不等于杂乱无章,更不等于不需要顶层设计,有序推进,必须在教高〔2006〕14 号和〔2006〕16 号文件精神指引下进行学院改革发展和人才培养模式的顶层设计,在此基础上逐渐推进,全面改革和建设。

总之,百所示范高职院校首先是"花",同时是"百花",各具芬芳。

三、国家示范高职院校建设计划的最终目标应该是建设一个"百花园",成为开放式高等职业教育共享型资源库

通过前面分析,笔者认为,教育部、财政部从 2006 年开始启动实施、中央财政直接投入 30 亿的新中国教育史上最为重大的高等职业教育改革和建设项目,其历史任务就是通过建设,使示范高职院校在办学实力、教学质量、管理水平、办学效益和辐射能力等方面有较大提高,特别是在深化教育教学改革、创新人才培养模式,建设高水平专兼结合专业教学团队,提高社会服务能力和创建办学特色等方面取得明显进展,带动高等职业教育加快改革与发展,逐步形成结构合理、功能完善、质量优良的高等职业教育体系,更好地为经济建设和社会发展服务,用开放共享的百花园引领高职院校和谐可持续发展。

(一)作为百花园的"园"的特征

笔者认为,国家示范高职建设计划,共同的要求是"百花",对每一所学校的要求是"花",最终要求则是"百花园",在这里,"园"的概念应该是:

第一,公开性。即示范校的建设成果都是公开的,在现代高度信息化的条件下,必须是在网络上可以点击到。

第二,开放性。示范校之间、示范校与非示范校之间、学校与企业之间都应该将建设资料和建设成果相互开放,提供给学习、借鉴和批判。

第三,共享性。作为中央和地方两级财政投入的建设项目,不存在纯粹的产权私密性质,而应该是可以共享的,以提高资金使用绩效。

(二)作为百花园的"园"的标志

作为百花园,其有丰富的内容和内涵,主要为:

第一,示范高职院(校)院(校)长、领导班子和师生员工在建设中国特色高等职业教育过程中的探索勇气、创新精神和求实态度,这是思想成果、精神成果、文化成果,是强大的无形资产。

第二,共享型资源库建设及其公平学习平台,这是有形资产中的最具显性的内容,必须抓紧认真做好建设工作,也需要更多示范高职院校热情参与。

第三,各院校在示范建设中形成的精品课程、优秀教材、教学团队以及服务行业企业和区域经济、辐射引领同类院校的各种成果,可供学习借鉴的真实产品和有益经验。

(三)推进"百花园"建设的若干思考

示范高职院校建设作为一项国家工程,应该提高其综合效应,提高财政投入绩效,因此,在"百花园"建设问题上必须花力气认真进行研究。在此,提出三点思考:

第一,明确导向,加强引导。明确创建特色和实现共享是各示范高职院校建设单位的共同任务,必须不折不扣,努力完成,共同做好!

第二,明确要求,加强考核。必须明确公开、开放、共享是示范建设的基本要求,并把公开程度、开放水平、共享状况,作为示范成效的重要标志加以考核,连同建设过程中承担的公益活动都作为内容之一,一并考核。

第三,明确内涵,加强投入。对于一些公共性项目,在教育引导的同时,也必须辅之以经济杠杆,用精神和物质相结合的办法来有效推进。

事实上,自 2006 年以来,国家示范高职建设计划已经取得了巨大成效,"百花园"的总体框架早已形成,建设成果已开始凸现,综合效应正在逐步显现之中。可以这样判断,如果从财政资金使用绩效看,它已经是一项最有效的投入,"四两拨千斤"是最为真实的写照,笔者提出这个命题,既是一种归纳,也是期待形成一种脍炙人口的理念。

文章来源:《中国高教研究》2009 年第 10 期

九、基于国家示范引领的高职教育可持续发展研究
——关于推动高职教育从"百花绽放"到"千花盛开"的思考

周建松

《教育部、财政部关于实施国家示范性高等职业院校建设计划,加快高等职业教育改革与发展的意见》(教高〔2006〕14 号)指出,根据《国务院关于大力发展职业教育的决定》要求,为在全国高等职业院校中树立改革示范,经国务院同意,在"十一五"期间实施国家示范性高等职业院校建设计划。该计划按照地方为主,中央引导,突出重点,协调发展的原则,选择了"办学定位准确,产学结合紧密、改革成绩突出、制度环境良好、辐射能力较强的高等职业院校进行重点支持,带动全国高等职业院校办出特色,提高水平",这从政府层面提出了国家示

范性高等职业院校建设的目标,即树立改革示范、带动整体发展。在国家示范性高等职业院校建设计划实施 3 周年之际,高职战线要着眼于高等职业教育的可持续发展,推动我国高等职业教育从"百花绽放"到"千花盛开"。笔者就此谈一点高等职业教育可持续发展的前景建议。

一、国家示范性高等职业院校建设在实践中逐步形成了以建设单位的改革示范为标志的"百花绽放"局面

自 2006 年教育部、财政部联合启动国家示范性高等职业院校(下简称示范院校)建设计划以来,各建设院校按照做"改革的示范、发展的示范、管理的示范"的要求,认真落实"提高示范院校总体水平,推进教学建设和改革,加强重点专业领域建设,增强社会服务能力,创建共享型专业教学资源库"的建设内容,在办学模式、人才培养模式、校内管理体制及发展模式等方面进行了积极的探索和实践,取得了丰硕成绩,改革的示范效应初步彰显,主要表现在:

一是从指导思想上明确了高等职业教育是高等教育的一个类型。这个类型的主要特征是开放办学、校企合作、工学结合。这其实也是高等职业教育的内在规律。开放办学是办学指导理念,校企合作是办学模式,工学结合是人才培养模式改革的重要切入点,这些重要理念已广泛普及,并作为类型特征不断巩固、深化。如浙江金融职业学院构建了"行业、校友、集团共生态"的开放合作办学模式,在传承行业优势,凝聚校友力量,整合办学资源方面进行了系统的尝试,成效十分明显。

二是校企合作不断深化并逐步向政产学一体化合作发展方向深入。校企合作是职业教育的重要特征和基本要求。各示范性高等职业院校建设单位以此为基本点,积极向更深层次探索,尤其是在政府、企业的联动和共同发展上取得了成效。如深圳职业技术学院提出并实施的"官校企行四方联动,产学创用立体推进"模式,宁波职业技术学院深入实施的"三位合一、三方联动"发展模式,极大地调动了政府和企业支持、参与职业教育的积极性,为区域性高职教育发展创造了经验。

三是工学结合成为人才培养模式的一种制度要求。各建设单位按照重在工作经历,重在职场体验,兼顾岗位实践和经验积累的原则,按照不少于 6 个月的时间要求,大面积、广泛地进行工学结合的顶岗实习和校内生产性实训基地建设,使学生职业素质、职业技能有了明显提高,促进了人才培养质量的提升。如威海职业学院的生产性实训基地和校内工厂建设都是很好的范例。

四是双师结构教学团队建设方面取得重大进展。按照请进来、走出去的原则,各示范性高职院校建设单位着力增强专任教师的工作经历和实践能力,着力引入企业业务骨干和能工巧匠进入课堂,创造条件聘请经营管理行家、能工巧匠担任兼职教师,聘请劳动模范担任育人指导,构建起了学校名师、专任教师、行业(企业)兼职教师组成的专兼结合的教学团队,形成了教学名师、实践能师、育人高师协同发展的良好局面。如浙江金融职业学院国际贸易专业开展的"双元双优"教学团队建设,使校内一大批教师得到了培养和提高。

五是重点专业建设取得了突破性成效。全国分三批建设了 443 个专业,分布广泛、代表性强,涵盖了第一产业、第二产业和第三产业,其中基本是各院校的核心专业。这些专业结合区域与行业人才培养需求,在教育思想与教育观念,人才培养目标与规格、内容与方法、环境与条件等方面进行了创新性探索,订单式培养成为人才培养工作的重要抓手,形成了一大批专业建设成果,包括国家教学成果一等奖 8 项,国家教学成果二等奖 70 项。

六是以课程建设为重点的教学内容和教学体系改革成绩明显。各示范院校借鉴德国、美国和澳大利亚等国职业教育的经验,结合我国和区域社会经济发展的特点及各校自身办学条件,按照工学结合的总体要求,瞄准行业企业和职业岗位要求,大力开展课程改革,并从整体上进行了设计和推进,产生了一大批具有推广意义的精品课程和优质教材,成为进一步推进高等职业教育发展的基础性工作。

七是服务行业和地方的能力显著增强。各示范院校充分利用人才、设备和技术优势,积极开展企业职工培训、技术开发、产品生产研发,为农民工进城务工、返乡创业,下岗职工再就业提供了培训与指导,不断丰富了自身的社会服务功能,为行业、企业发展和区域社会经济文化建设做出了重要贡献。如武汉铁路职业技术学院、石家庄铁道职业技术学院服务行业的积极探索等都具有较强的示范意义。浙江金融职业学院颁发了中国高校第一份社会责任报告,向社会承诺,履行服务地方、服务社会的责任,促进社会诚信系统建设,培养有高度社会责任感的毕业生。

八是教学管理的机制与水平不断完善与提高。校企合作、工学结合对高等职业院校改革提出了全新的要求。在此背景下,各示范院校的校领导更加注重自身办学理念的更新,注重提高资源整合能力与科学决策能力,成为推动示范院校建设的核心力量。同时,各示范院校在校企合作长效机制、工学结合的教学运行机制、兼职教师的管理机制、社会服务的推进机制等方面进行了全新的探索,充分发挥了管理的示范作用。如金华职业技术学院重点就实践教学管理平台建设进行了"校内基地生产化、校外基地教学化"的探索,形成了系列成果。

九是推动了高等职业院校整体发展。一方面,东、中、西部院校和示范校之间的合作办学得到了进一步深化。每所示范院校一般都与结对的 3~5 个中西部院校形成了支持带动机制。全国各示范院校之间都联合一批同类学校进行专业与课程建设,从总体上增强了合作效能,推动了共同发展。另一方面,共享型专业教学资源库建设取得了重要进展。从 2007 年起步,2008 年全面推进的共享型专业教学资源库建设工程,选择以先进制造业和现代服务业为主要方向的 15 个专业开展共享型专业教学资源库建设,总体进展顺利,有助于实现全国高等职业院校间的资源共享,其中数控等一批专业的共享型专业教学资源库建设成效显著。

总体而言,通过 3 年国家示范建设,初步彰显了中央财政支持的撬动作用,体现了地方支持为主,院校自主实施的综合改革与建设效应,实现了财政资金四两拨千斤的效能,推进了改革示范的初步形成。在实践中,各高职院校自主创新、积极探索,初步形成了示范性高等职业院校百花绽放的局面。

二、高等职业教育形成从"百花绽放"到"千花盛开"的可持续发展局面任重道远

作为贯彻《国务院关于大力发展职业技术教育的决定》文件精神的重要举措,2006 年,教育部出台了两个文件即教高〔2006〕14 号文件和〔2006〕16 号文件,其中 14 号文件是一项行动计划,16 号文件是一项指导文件。3 年来,无论是行动计划还是指导文件,都产生了积极的效应。从某种意义上说,如果说2000 年高等职业院校设置审批权限下放,对高等职业教育发展具有划时代意义的话,那么,2006 年两个文件的实施对高等职业教育的建设则具有里程碑意义;行动计划从点上推进改革深化,指导文件从面上推动质量提升,是一个有机整体。它们的共同效应在于:明确了把高等职业教育作为高等教育的类型,其特点是以服务为宗旨,以就业为导向,走产学研相结合发展道路,培养面向生产、建设、管理和服务第一线的高素质、高技能、快适应人才,形成以校企合作、工学结合为主的类型特征,从而有利于高等职业教育整体发展,得到国家级项目支持,产生了类似"211 工程"和"985 工程"的效应,提高了高等职业教育的地位和声誉,也使一批学校有了先行改革、重点发展的机会和条件,形成了带动作用和示范效应。然而,我们必须看到,从整体 1200 多所高等职业院校的发展情况看,要实现高等职业教育的全面可持续发展任重道远。

第一,相当一部分学校还处在基本建设阶段。抓征地、抓房屋建设、抓教师队伍扩大、抓招生数量增加是其发展的主要任务和学校领导层关注的重点,而既有的教学条件也不尽理想,适应高等职业教育运行发展需要的内涵建设条件尚不具备,机制尚不健全。

第二,一些省区还在把中职升格、民办新设高等职业院校作为发展抓手,仍在追求数量型扩张，以增加高等职业院校数量和招生规模作为发展政绩。

第三，财政拨款机制总体上没有很好到位，财政状况不尽理想。大部分省区均靠中专时留下的经费基数办学，即使有些比较发达的地区，生均拨款也不到本科的50%，甚至更少，使院校难以腾出足够的财力用于专业、课程、设备、师资等内涵建设，而且，这种状况还比较普遍。

第四，部分高职院校领导班子的能力水平、教师队伍的教学水平、管理队伍的管理水平及学校的教风、学风、校风状况并不理想，大学精神和校园文化还没有形成；除了教育教学水平不高之外，管理矛盾也十分突出，至于科研实力和服务社会的能力更无从谈起。

第五，一些地区的教育主管部门还没有把发展职业教育尤其是高等职业教育放在重要位置，主要精力还放在增设硕士点、博士点上，或者放在建设重点高中上，高等职业教育在总体上还存在着高等教育中摆不上位置，中等职业教育中放不进去的情况。高等职业教育在大力发展职业教育、提高高等教育质量两个方面均难以获得足够的重视。

第六，与整个职业教育的总体状况一样，高等职业教育的社会吸引力问题依然是一个无法回避的矛盾。尊重知识、尊重人才已在全社会形成风尚，职业教育在培养高素质、高技能人才中承担着重要任务。虽然国家大力发展职业教育，但职业教育社会地位仍很不乐观，招考公务员等排斥在外，用人单位都以本科为起点等等，都是亟待解决的问题。

第七，部分示范院校存在着建设水平一般和独善其身的情况。有些院校建设的本身水平一般，改革发展成绩难以发挥示范作用；有些院校对参与公共活动、做好服务引领工作缺乏热情和行动，影响了建设效能和对高等职业教育整体带动作用的发挥。

三、努力推动以可持续发展为目标的高职教育"千花盛开"局面的形成

一方面，我们的示范院校建设已经取得了阶段性成绩，"百花绽放"局面已初步显现；另一方面，高等职业教育吸引力不强，面临可持续发展困境的情况依然存在。如何以示范建设为契机，进一步唤起各级党政部门的重视，增加投入，推动全社会达成共识，通力合作，是我们今后一个阶段共同的任务。

1.战略选择。目前，大力发展职业教育作为一项国家战略已十分明确，如何贯彻实施，必须从战略层面进行科学谋划。笔者以为，要把高等职业教育真正建设好，必须在国家发展高等教育的指导思想和整体结构布局上下功夫，进一步优化高等教育的结构布局，突出高等职业教育在整个高等教育体系中的地位作用，而不仅仅停留在明确高等职业教育是一个类型；除重点建设少数研究

型大学(大约 100 所左右)和部分教学研究型大学的高水平重点学科专业外,其余的高等学校都应该实施高等职业教育,至于新建地方性本科院校,更应走高等职业教育的发展模式;中间层面的高等院校应引导其实施高等职业教育而不是向研究型、学术性高校攀升。甚至可以说,应用型专业的硕士本身就是高层次的高等职业教育。有了高等教育战略上的调整,才会有高等职业教育类型的突破,才可能有高等职业教育可持续发展的真正条件。

2.策略建设。我们在看到国家示范性高等职业院校建设计划取得显著成效的同时,必须研究如何扬长避短,更好地让这项"计划"和"项目"产生更大作用,笔者的建议是:

第一,启动第二轮国家示范性高等职业院校建设项目。在继续 100 所国家示范性高等职业院校建设的同时,进行第二轮国家示范性高等职业院校(或称国家骨干型高职院校建设计划)建设,用中央财政引导、地方财政为主的办法,再建设 100 所左右的院校,500 个左右的专业、若干公共教学资源及平台建设,争取通过中央财政资金 30 亿,带动各地政府投入高等职业教育 60 亿资金。

第二,实施卓越计划,启动二期重点建设工程。在第一轮 100 所国家示范性高等职业院校(尤其是首批 28 所)中,实施卓越计划,通过考核评审,选择 50 所左右的学校进入二期重点建设,大约用 20 亿左右的中央财政资金,引导 50 亿左右的地方财政配套,形成有特色、高水平、综合实力强,国内知名、国际有影响,代表我国高等职业教育水平的名校、强校,建设期可在整个"十二五"期间,用大约 5 年时间。

第三,推动省级示范院校建设。按照 30%的比例,在全国范围内引导省级人民政府重点建设大约 300 所省级示范院校(或称重点高等职业院校),争取投入省级财政 30 亿左右资金,推动省级示范院校教育教学质量的全面提高、办学实力的增强和社会声誉的提升。

第四,辐射引领高职院校整体发展。通过政策引导、考核督导等办法,要求每所"卓越计划院校"至少结对 10 所院校,"国家示范院校"至少指导 3 所院校,"省级示范院校"至少带动 1 所院校的办法,推动高等职业教育整体发展。

第五,兼并淘汰合并一批,对于学校规模小、办学条件差、教学质量低、资金投入少、社会声誉弱的少部分高等职业院校,通过评估,采用以强扶弱,差异结合等办法减少一批,使全国高职院校数量保留在 1000 所左右。

上述计划,国家可从 2006 年到 2015 年实施,用 10 年时间,中央财政投入 80 亿,引导地方投入 170 亿,指导地方财政投入 30 亿(地方财政共计 200 亿),推动高等职业院校整体转型升级,提高水平,提升层次,办出水平,彰显特色。

3.技术性考虑。为推动中国高等职业教育在示范引领下的总体可持续发展,形成"千花盛开"的良好局面,从技术层面看,可考虑把下一步国家级建设重点放在巩固现有院校整体办学水平,坚持推动重点专业建设,社会服务能力建设,教学改革创新等做法的同时,将更多注意力放在共享型专业教学资源库和东西部合作建设机制上,将教学资源建设和与其相配套的课程和教材建设,教学信息化建设作为重点,以真正推动全国范围内优质教学资源共享。

4.考核性安排。除了前面重点建设的办法以外,结合5年一轮的高等学校评估制度,要真正明确考评标准,兑现考核办法,重点在6个方面引导院校建设:第一,重视学校办学硬件更重视办学软件;第二,重视学校规模更重视教学质量;第三,重视教育教学也重视科研服务;第四,重视自身提高也重视服务整体;第五,重视当前发展也重视长远规划;第六,重视教学科研更重视文化建设,尤其是要把淘汰兼并机制和奖优激励机制落到实处,引导高职院校重视教育教学研究和专业学科研究,引导学校重视继续教育和社会服务,切实提升实力,全面履行功能。

5.领导力提升。高等职业教育作为高等教育的一个类型,是高教性与职业性的结合。要按"懂政治的教育行家,懂业务的理论专家,懂市场的内部管家"的要求,培育优秀的高职院校领导群体,建设高水平的高职院校领导班子,此举必须作为一项长期的战略任务来抓,作为一项根本性任务来抓,切实增强领导者的认识、觉悟、水平和实力,培育其文化自觉,形成其大学修养,提升其研发能力,切实提高领导水平和驾驭高职教育发展的能力;要通过实施培育形成千名优秀校长和千名优秀党委书记的先行战略,推进中国高等职业教育千花盛开,持续发展局面的真正形成。

文章来源:《中国高教研究》2009年第12期

第四部分 "国家示范性高等职业院校建设计划"示范高职院校、骨干高职院校立项建设单位及其重点建设专业表

一、2006年度"国家示范性高等职业院校建设计划"
立项建设单位及其重点专业项目表

院校编号	院校名称	建设专业	专业编号	地 区
06-01	天津职业大学	眼视光技术专业	2006-1-1	天津
		包装技术与设计专业	2006-1-2	
		应用化工技术专业	2006-1-3	
		物流管理专业	2006-1-4	
		酒店管理专业	2006-1-5	
06-02	邢台职业技术学院	汽车检测与维修技术专业	2006-2-1	河北
		服装设计与加工专业	2006-2-2	
		数控技术专业	2006-2-3	
		电气自动化技术专业	2006-2-4	
		建筑工程技术专业	2006-2-5	
06-03	山西财政税务专科学校	会计专业	2006-3-1	山西
		市场营销专业	2006-3-2	
		证券投资与管理专业	2006-3-3	
		税务专业	2006-3-4	

创新与引领:我国示范性高等职业院校建设十年(2005—2015)

续表

院校编号	院校名称	建设专业	专业编号	地 区
06-04	辽宁省交通高等专科学校	道路桥梁工程技术专业	2006-4-1	辽宁
		汽车检测与维修技术专业	2006-4-2	
		物流管理专业	2006-4-3	
		模具设计与制造专业	2006-4-4	
06-05	长春汽车工业高等专科学校	汽车检测与维修技术专业	2006-5-1	吉林
		数控技术专业	2006-5-2	
		电气自动化技术专业	2006-5-3	
		汽车制造与装配技术专业	2006-5-4	
		物流管理专业	2006-5-5	
06-06	黑龙江建筑职业技术学院	建筑工程技术专业	2006-6-1	黑龙江
		建筑装饰工程技术专业	2006-6-2	
		供热通风与空调工程技术专业	2006-6-3	
		市政工程技术专业	2006-6-4	
06-07	上海医药高等专科学校	护理专业	2006-7-1	上海
		医学检验技术专业	2006-7-2	
		口腔医学技术专业	2006-7-3	
		药学专业	2006-7-4	
		眼视光技术专业	2006-7-5	
		医学影像技术专业	2006-7-6	
06-08	南京工业职业技术学院	机电一体化技术专业	2006-8-1	江苏
		电气自动化技术专业	2006-8-2	
		机械制造与自动化专业	2006-8-3	
		软件技术专业	2006-8-4	
06-09	无锡职业技术学院	数控技术专业	2006-9-1	江苏
		汽车检测与维修技术专业	2006-9-2	
		机电一体化技术专业	2006-9-3	
		计算机应用技术专业	2006-9-4	

续表

院校编号	院校名称	建设专业	专业编号	地 区
06-10	浙江金融职业学院	金融管理与实务专业	2006-10-1	浙江
		保险实务专业	2006-10-2	
		会计专业	2006-10-3	
		国际贸易实务专业	2006-10-4	
		计算机信息管理专业	2006-10-5	
06-11	芜湖职业技术学院	汽车检测与维修技术专业	2006-11-1	安徽
		数控技术专业	2006-11-2	
		电气自动化技术专业	2006-11-3	
		高分子材料应用技术专业	2006-11-4	
		园艺技术专业	2006-11-5	
06-12	福建交通职业技术学院	汽车检测与维修技术专业	2006-12-1	福建
		道路桥梁工程技术专业	2006-12-2	
		航海技术专业	2006-12-3	
		轮机工程技术专业	2006-12-4	
		机电一体化技术专业	2006-12-5	
		安全技术管理专业	2006-12-6	
06-13	威海职业学院	机械设计与制造专业	2006-13-1	山东
		电气自动化技术专业	2006-13-2	
		应用电子技术专业	2006-13-3	
		餐饮管理与服务专业	2006-13-4	
		服装设计专业	2006-13-5	
06-14	黄河水利职业技术学院	水利水电建筑工程专业	2006-14-1	河南
		工程测量技术专业	2006-14-2	
		道路桥梁工程技术专业	2006-14-3	
		电气自动化技术专业	2006-14-4	
		环境监测与治理技术专业	2006-14-5	

续表

院校编号	院校名称	建设专业	专业编号	地 区
06-15	平顶山工业职业技术学院	煤矿开采技术专业	2006-15-1	河南
		矿井通风与安全专业	2006-15-2	
		矿山机电专业	2006-15-3	
		机电一体化技术专业	2006-15-4	
		电气自动化技术专业	2006-15-5	
		计算机应用技术专业	2006-15-6	
06-16	长沙民政职业技术学院	民政管理专业	2006-16-1	湖南
		社会工作专业	2006-16-2	
		老年服务与管理专业	2006-16-3	
		社区康复专业	2006-16-4	
		现代殡仪技术与管理专业	2006-16-5	
		劳动与社会保障专业	2006-16-6	
06-17	湖南铁道职业技术学院	电气化铁道技术专业	2006-17-1	湖南
		数控技术专业	2006-17-2	
		电子信息工程技术专业	2006-17-3	
		软件技术专业	2006-17-4	
		供热通风与空调工程技术专业	2006-17-5	
06-18	番禺职业技术学院	玩具设计与制造专业	2006-18-1	广东
		计算机网络技术专业	2006-18-2	
		金融管理与实务专业	2006-18-3	
		装潢艺术设计专业	2006-18-4	
		酒店管理专业	2006-18-5	
06-19	南宁职业技术学院	机电一体化技术专业	2006-19-1	广西
		室内设计技术专业	2006-19-2	
		物流管理专业	2006-19-3	
		酒店管理专业	2006-19-4	
		应用泰国语专业	2006-19-5	

续表

院校编号	院校名称	建设专业	专业编号	地　区
06-20	重庆工业职业技术学院	模具设计与制造专业	2006-20-1	重庆
		汽车检测与维修技术专业	2006-20-2	
		数控技术专业	2006-20-3	
		电气自动化技术专业	2006-20-4	
06-21	成都航空职业技术学院	数控技术专业	2006-21-1	四川
		模具设计与制造专业	2006-21-2	
		航空机电设备维修专业	2006-21-3	
		电子信息工程技术专业	2006-21-4	
		计算机网络技术专业	2006-21-5	
		航空服务专业	2006-21-6	
06-22	四川工程职业技术学院	数控技术专业	2006-22-1	四川
		焊接技术及自动化专业	2006-22-2	
		电气自动化技术专业	2006-22-3	
06-23	杨凌职业技术学院	园艺技术专业	2006-23-1	陕西
		水利水电建筑工程专业	2006-23-2	
		生物技术及应用专业	2006-23-3	
		建筑工程技术专业	2006-23-4	
06-24	兰州石化职业技术学院	石油化工生产技术专业	2006-24-1	甘肃
		生产过程自动化技术专业	2006-24-2	
		化工设备维修技术专业	2006-24-3	
		炼油技术专业	2006-24-4	
06-25	新疆农业职业技术学院	种子生产与经营专业	2006-25-1	新疆
		畜牧兽医专业	2006-25-2	
		园艺技术专业	2006-25-3	
		农畜特产品加工专业	2006-25-4	
		农村能源与环境技术专业	2006-25-5	

续表

院校编号	院校名称	建设专业	专业编号	地 区
06-26	青岛职业技术学院	机电一体化技术专业	2006-26-1	山东
		商务管理(家电)专业	2006-26-2	
		物流管理专业	2006-26-3	
		旅游管理专业	2006-26-4	
		软件技术专业	2006-26-5	
06-27	宁波职业技术学院	模具设计与制造专业	2006-27-1	浙江
		应用化工技术专业	2006-27-2	
		建筑工程技术专业	2006-27-3	
		应用电子技术专业	2006-27-4	
		物流管理专业	2006-27-5	
		国际商务专业	2006-27-6	
		计算机应用技术专业	2006-27-7	
06-28	深圳职业技术学院	电子信息工程技术专业	2006-28-1	广东
		汽车运用技术专业	2006-28-2	
		计算机辅助设计与制造专业	2006-28-3	
		楼宇智能化工程技术专业	2006-28-4	
		港口与航运管理专业	2006-28-5	
		影视动画专业	2006-28-6	
		计算机网络技术专业	2006-28-7	
		印刷技术专业	2006-28-8	
		商务英语专业	2006-28-9	
		珠宝首饰工艺及鉴定专业	2006-28-10	

二、2007 年度"国家示范性高等职业院校建设计划"立项建设单位及其重点专业项目表

院校编号	院校名称	建设专业	专业编号	地 区
07-01	北京工业职业技术学院	工程测量技术	2007-1-1	北京
		机电一体化	2007-1-2	
		通信技术	2007-1-3	
		安全技术管理	2007-1-4	
07-02	北京电子科技职业学院	生物技术及应用	2007-2-1	北京
		数控技术	2007-2-2	
		计算机网络技术	2007-2-3	
		多媒体设计与制作	2007-2-4	
07-03	天津中德职业技术学院	机电一体化技术	2007-3-1	天津
		电气自动化技术	2007-3-2	
		软件技术	2007-3-3	
07-04	承德石油高等专科学校	石油化工生产技术	2007-4-1	河北
		石油工程技术	2007-4-2	
		热能动力设备应用	2007-4-3	
07-05	石家庄铁路职业技术学院	道路桥梁工程技术	2007-5-1	河北
		铁道工程技术	2007-5-2	
		城市轨道交通工程技术	2007-5-3	
		工程测量技术	2007-5-4	
07-06	山西工程职业技术学院	冶金技术	2007-6-1	山西
		材料工程技术	2007-6-2	
		建筑工程技术	2007-6-3	
		电气自动化技术	2007-6-4	

续表

院校编号	院校名称	建设专业	专业编号	地 区
07-07	内蒙古建筑职业技术学院	建筑装饰工程技术	2007-7-1	内蒙古
		建筑工程技术	2007-7-2	
		供热通风与空调工程技术	2007-7-3	
		道路桥梁工程技术	2007-7-4	
07-08	沈阳职业技术学院	模具设计与制造	2007-8-1	辽宁
		材料成型与控制技术	2007-8-2	
		焊接技术及自动化	2007-8-3	
		电气自动化技术	2007-8-4	
07-09	长春职业技术学院	汽车技术服务与管理	2007-9-1	吉林
		生物技术及应用	2007-9-2	
		数控技术	2007-9-3	
		软件技术	2007-9-4	
07-10	黑龙江农业工程职业学院	设施农业技术	2007-10-1	黑龙江
		机电一体化技术	2007-10-2	
		农业机械应用技术	2007-10-3	
07-11	上海公安高等专科学校	侦查(社区警务方向)	2007-11-1	上海
		治安管理	2007-11-2	
		交通管理	2007-11-3	
		公共安全管理(巡逻警务方向)	2007-11-4	
		警察指挥与战术(特警方向)	2007-11-5	
07-12	上海工艺美术职业学院	艺术设计	2007-12-1	上海
		装潢艺术设计	2007-12-2	
		珠宝首饰工艺与鉴定	2007-12-3	
		旅游工艺品设计与制作	2007-12-4	

院校编号	院校名称	建设专业	专业编号	地　区
07-13	江苏农林职业技术学院	作物生产技术	2007-13-1	江苏
		园艺技术	2007-13-2	
		林业技术	2007-13-3	
		园林技术	2007-13-4	
		畜牧兽医	2007-13-5	
07-14	常州信息职业技术学院	模具设计与制造	2007-14-1	江苏
		电气自动化技术	2007-14-2	
		软件技术	2007-14-3	
		电子信息工程技术	2007-14-4	
07-15	苏州工业园区职业技术学院	数控技术	2007-15-1	江苏
		机电一体化技术	2007-15-2	
		微电子技术	2007-15-3	
		移动通信技术	2007-15-4	
07-16	浙江机电职业技术学院	机械制造与自动化	2007-16-1	浙江
		数控技术	2007-16-2	
		机电一体化技术	2007-16-3	
		应用电子技术	2007-16-4	
07-17	温州职业技术学院	房地产经营与估价	2007-17-1	浙江
		电机与电器	2007-17-2	
		模具设计与制造	2007-17-3	
		家具设计与制造	2007-17-4	
		鞋类设计与工艺	2007-17-5	
07-18	金华职业技术学院	机械制造与自动化	2007-18-1	浙江
		应用电子技术	2007-18-2	
		护理	2007-18-3	

续表

院校编号	院校名称	建设专业	专业编号	地 区
07-19	安徽水利水电职业技术学院	城镇建设	2007-19-1	安徽
		给排水工程技术	2007-19-2	
		水利水电建筑工程	2007-19-3	
		机电一体化技术	2007-19-4	
07-20	安徽职业技术学院	材料工程技术	2007-20-1	安徽
		模具设计与制造	2007-20-2	
		机电技术应用	2007-20-3	
		应用化工技术	2007-20-4	
		现代纺织技术	2007-20-5	
07-21	漳州职业技术学院	计算机网络技术	2007-21-1	福建
		应用电子技术	2007-21-2	
		食品加工技术	2007-21-3	
		物流管理	2007-21-4	
07-22	九江职业技术学院	船舶工程技术	2007-22-1	江西
		电气自动化技术	2007-22-2	
		检测技术及应用	2007-22-3	
07-23	山东商业职业技术学院	食品生物技术	2007-23-1	山东
		会计电算化	2007-23-2	
		市场营销	2007-23-3	
		制冷与空调	2007-23-4	
07-24	淄博职业学院	应用化工技术	2007-24-1	山东
		数控技术	2007-24-2	
		电气自动化技术	2007-24-3	
07-25	商丘职业技术学院	作物生产技术	2007-25-1	河南
		园艺技术	2007-25-2	
		畜牧兽医	2007-25-3	
		食品加工技术	2007-25-4	

第四部分 "国家示范性高等职业院校建设计划"示范高职院校、骨干高职院校立项建设单位及其重点建设专业表

院校编号	院校名称	建设专业	专业编号	地 区
07-26	武汉职业技术学院	生物制药技术	2007-26-1	湖北
		数控技术	2007-26-2	
		模具设计与制造	2007-26-3	
		现代纺织技术	2007-26-4	
		光电子技术	2007-26-5	
07-27	武汉船舶职业技术学院	轮机工程技术	2007-27-1	湖北
		船舶工程技术	2007-27-2	
		船舶焊接技术	2007-27-3	
07-28	永州职业技术学院	农产品质量监测	2007-28-1	湖南
		畜牧兽医	2007-28-2	
		护理	2007-28-3	
		医学检验技术	2007-28-4	
07-29	湖南交通职业技术学院	汽车运用技术	2007-29-1	湖南
		交通安全与智能控制技术	2007-29-2	
		道路桥梁工程技术	2007-29-3	
		工程机械运用与维护	2007-29-4	
07-30	广州民航职业技术学院	飞机机电设备维修	2007-30-1	广东
		飞机结构修理	2007-30-2	
		民航运输	2007-30-3	
		空中乘务	2007-30-4	
		航空物流	2007-30-5	
		航空港安全检查	2007-30-6	
07-31	柳州职业技术学院	数控技术	2007-31-1	广西
		电气自动化技术	2007-31-2	
		机电设备维修与管理	2007-31-3	
		汽车检测与维修技术	2007-31-4	

创新与引领：我国示范性高等职业院校建设十年(2005—2015)

续表

院校编号	院校名称	建设专业	专业编号	地 区
07-32	重庆工程职业技术学院	煤矿开采技术	2007-32-1	重庆
		工程测量技术	2007-32-2	
		建筑工程技术	2007-32-3	
		机电一体化技术	2007-32-4	
07-33	四川交通职业技术学院	高等级公路维护与管理	2007-33-1	四川
		汽车运用技术	2007-33-2	
		道路桥梁工程技术	2007-33-3	
		地下工程与隧道工程技术	2007-33-4	
07-34	四川建筑职业技术学院	道路桥梁工程技术	2007-34-1	四川
		建筑设备工程技术	2007-34-2	
		建筑工程技术	2007-34-3	
		工程造价	2007-34-4	
07-35	贵州交通职业技术学院	汽车运用技术	2007-35-1	贵州
		道路桥梁工程技术	2007-35-2	
		工程机械控制技术	2007-35-3	
		建筑工程技术	2007-35-4	
07-36	云南交通职业技术学院	汽车运用技术	2007-36-1	云南
		道路桥梁工程技术	2007-36-2	
		工程机械运用与维护	2007-36-3	
07-37	西安航空职业技术学院	航空机电设备维修	2007-37-1	陕西
		机电一体化技术	2007-37-2	
		电气自动化技术	2007-37-3	
		电子信息工程技术	2007-37-4	
07-38	甘肃林业职业技术学院	林业技术	2007-38-1	甘肃
		水土保持	2007-38-2	
		环境监测与治理技术	2007-38-3	

院校编号	院校名称	建设专业	专业编号	地　区
07-39	青海畜牧兽医职业技术学院	畜牧兽医	2007-39-1	青海
		动物防疫与检疫	2007-39-2	
		草原饲料	2007-39-3	
07-40	宁夏职业技术学院	生物技术及应用	2007-40-1	宁夏
		畜牧兽医	2007-40-2	
		热能动力设备与应用	2007-40-3	
07-41	克拉玛依职业技术学院	石油化工生产技术	2007-41-1	新疆
		化工设备与维修技术	2007-41-2	
		钻井技术	2007-41-3	
		油气开采技术	2007-41-4	
		油气储运技术	2007-41-5	
07-42	大连职业技术学院	数控技术	2007-42-1	大连
		汽车监测与维修	2007-42-2	
		应用电子技术	2007-42-3	
		物流管理	2007-42-4	
		老年服务与管理	2007-42-5	

三、2008 年度"国家示范性高等职业院校建设计划" 立项建设单位及其重点专业项目表

院校编号	院校名称	建设专业	专业编号	地　区
08-01	北京农业职业学院	园艺技术	2008-1-1	北京
		畜牧兽医	2008-1-2	
		绿色食品生产与检测	2008-1-3	
08-02	北京财贸职业学院	连锁经营管理	2008-2-1	北京
		物流管理	2008-2-2	
		导游	2008-2-3	

创新与引领:我国示范性高等职业院校建设十年(2005—2015)

续表

院校编号	院校名称	建设专业	专业编号	地　区
08-03	天津医学高等专科学校	护理	2008-3-1	天津
		康复治疗技术	2008-3-2	
		医学影像技术	2008-3-3	
		医疗美容技术	2008-3-4	
08-04	天津电子信息职业技术学院	计算机网络技术	2008-4-1	天津
		通信技术	2008-4-2	
		软件技术	2008-4-3	
		应用电子技术	2008-4-4	
08-05	河北工业职业技术学院	材料工程技术(轧钢)	2008-5-1	河北
		冶金技术	2008-5-2	
		环境监测与治理技术	2008-5-3	
		应用化工技术(焦化方向)	2008-5-4	
08-6	包头职业技术学院	数控技术	2008-6-1	内蒙古
		焊接技术及自动化	2008-6-2	
		电气自动化技术	2008-6-3	
08-07	辽宁农业职业技术学院	园艺技术	2008-7-1	辽宁
		畜牧兽医	2008-7-2	
		食品加工技术	2008-7-3	
		作物生产技术	2008-7-4	
08-08	吉林工业职业技术学院	应用化工技术	2008-8-1	吉林
		工业分析与检验	2008-8-2	
		生产过程自动化技术(化工方向)	2008-8-3	
		消防工程技术	2008-8-4	
08-09	大庆职业学院	油气开采技术	2008-9-1	黑龙江
		石油化工生产技术	2008-9-2	
08-10	黑龙江农业经济职业学院	作物生产技术	2008-10-1	黑龙江
		食品加工技术	2008-10-2	
		农业经济管理	2008-10-3	

续表

院校编号	院校名称	建设专业	专业编号	地　区
08-11	上海旅游高等专科学校	酒店管理	2008-11-1	上海
		烹饪工艺与营养	2008-11-2	
		旅游管理	2008-11-3	
08-12	南通纺织职业技术学院	现代纺织技术	2008-12-1	江苏
		服装设计	2008-12-2	
		纺织品设计（家用）	2008-12-3	
		染整技术	2008-12-4	
08-13	徐州建筑职业技术学院	建筑工程技术	2008-13-1	江苏
		建筑装饰工程技术	2008-13-2	
		供热通风与空调工程技术	2008-13-3	
		矿井建设	2008-13-4	
08-14	浙江警官职业学院	刑事执行	2008-14-1	浙江
		安全防范技术	2008-14-2	
		司法信息安全	2008-14-3	
		刑事执行（监狱管理方向）	2008-14-4	
		行政执行（劳教管理方向）	2008-14-5	
08-15	日照职业技术学院	水产养殖技术	2008-15-1	山东
		食品加工技术	2008-15-2	
		旅游管理	2008-15-3	
08-16	山东科技职业学院	现代纺织技术	2008-16-1	山东
		服装制版与工艺	2008-16-2	
		化纤生产技术	2008-16-3	
08-17	河南职业技术学院	机电一体化	2008-17-1	河南
		电子信息工程技术	2008-17-2	
		汽车检测与维修技术	2008-17-3	
08-18	湖北职业技术学院	数控技术	2008-18-1	湖北
		护理	2008-18-2	
		汽车检测与维修技术	2008-18-3	

创新与引领:我国示范性高等职业院校建设十年(2005—2015)

续表

院校编号	院校名称	建设专业	专业编号	地 区
08-19	武汉铁路职业技术学院	高速动车组检修技术	2008-19-1	湖北
		高速铁路工程及维护技术	2008-19-2	
		铁道交通运营管理(高速铁路方向)	2008-19-3	
		城市轨道交通控制	2008-19-4	
08-20	湖南工业职业技术学院	数控技术(工程机械制造)	2008-20-1	湖南
		模具设计与制造(汽车零部件制造)	2008-20-2	
		电气自动化技术(工程机械控制)	2008-20-3	
08-21	广东轻工职业技术学院	高分子材料加工技术	2008-21-1	广东
		食品营养与检测	2008-21-2	
		机电一体化技术(灌装生产线)	2008-21-3	
		广告设计与制作	2008-21-4	
08-22	海南职业技术学院	旅游管理	2008-22-1	海南
		园艺技术(热带园艺方向)	2008-22-2	
		畜牧(国家无疫区标准化养殖方向)	2008-22-3	
08-23	重庆电子工程职业学院	信息安全技术	2008-23-1	重庆
		通信技术	2008-23-2	
		微电子技术	2008-23-3	
08-24	绵阳职业技术学院	材料工程技术	2008-24-1	四川
		电子信息工程技术	2008-24-2	
		机械设计与制造	2008-24-3	
08-25	四川电力职业技术学院	高压输配电线路施工运行与维护	2008-25-1	四川
		供用电技术	2008-25-2	
		水利水电建筑工程	2008-25-3	
08-26	昆明冶金高等专科学校	冶金技术	2008-26-1	云南
		测绘工程技术	2008-26-2	
		环境监测与治理技术	2008-26-3	
		无机非金属材料工程技术	2008-26-4	

续表

院校编号	院校名称	建设专业	专业编号	地 区
08-27	西藏职业技术学院	作物生产技术	2008-27-1	西藏
		畜牧兽医	2008-27-2	
		旅游管理	2008-27-3	
		发电厂及电力系统	2008-27-4	
08-28	陕西工业职业技术学院	机械制造与自动化	2008-28-1	陕西
		材料成型与控制技术	2008-28-2	
		电气自动化技术	2008-28-3	
08-29	宁夏财经职业技术学院	物业管理	2008-29-1	宁夏
		市场营销	2008-29-2	
08-30	新疆石河子职业技术学院	食品加工技术	2008-30-1	新疆兵团
		农业机械应用技术	2008-30-2	
		灌溉与排水技术(节水方向)	2008-30-3	

四、"国家示范性高等职业院校建设计划"
骨干高职院校立项建设单位及其重点建设专业表

省 份	院校编号	院校名称	重点建设专业	专业编号	启动建设年度
北京市	10-01	北京信息职业技术学院	软件技术	2010-1-1	2010 年
			电子信息工程技术	2010-1-2	
			机电一体化技术	2010-1-3	
	11-01	北京劳动保障职业学院	劳动与社会保障	2011-1-1	2011 年
			人力资源管理	2011-1-2	
			城市管理与监察	2011-1-3	
			城市轨道交通控制	2011-1-4	

续表

省　份	院校编号	院校名称	重点建设专业	专业编号	启动建设年度
天津市	10-02	天津交通职业学院	物流管理	2010-2-1	2010 年
			汽车整形技术	2010-2-2	
			汽车检测与维修技术	2010-2-3	
	11-02	天津轻工职业技术学院	模具设计与制造	2011-2-1	2011 年
			数控设备应用与维护	2011-2-2	
			环境艺术设计	2011-2-3	
	12-01	天津现代职业技术学院	食品生物技术	2012-1-1	2012 年
			环境监测与治理技术	2012-1-2	
			精密机械技术	2012-1-3	
河北省	10-03	邯郸职业技术学院	建筑工程技术	2010-3-1	2010 年
			机电一体化技术	2010-3-2	
			装潢设计	2010-3-3	
	10-04	河北化工医药职业技术学院	生化制药技术	2010-4-1	2010 年
			精细化学品生产技术	2010-4-2	
			化工设备与机械	2010-4-3	
			工业分析与检验	2010-4-4	
	11-03	唐山工业职业技术学院	动车组技术	2011-3-1	2011 年
			港口物流管理	2011-3-2	
			陶瓷艺术设计	2011-3-3	
			数控技术	2011-3-4	
			机电设备维修与管理	2011-3-5	
	12-02	秦皇岛职业技术学院	酒店管理	2012-2-1	2012 年
			物流管理	2012-2-2	
			数控技术	2012-2-3	
			计算机应用技术	2012-2-4	

省 份	院校编号	院校名称	重点建设专业	专业编号	启动建设年度
山西省	10-05	山西煤炭职业技术学院	煤矿开采技术	2010-5-1	2010 年
			矿井通风与安全	2010-5-2	
			矿山机电	2010-5-3	
			矿山测量	2010-5-4	
			煤炭深加工与利用	2010-5-5	
	11-04	山西建筑职业技术学院	建筑工程技术	2011-4-1	2011 年
			建筑装饰工程技术	2011-4-2	
			建筑电气工程技术	2011-4-3	
			供热通风与空调工程技术	2011-4-4	
			工程造价	2011-4-5	
	12-03	山西职业技术学院	材料工程技术	2012-3-1	2012 年
			电气自动化技术	2012-3-2	
			机电设备维修与管理	2012-3-3	
			数控设备应用与维护	2012-3-4	
内蒙古自治区	10-06	内蒙古化工职业学院	煤炭深加工与利用	2010-6-1	2010 年
			工业分析与检验	2010-6-2	
			化工设备维修技术	2010-6-3	
			材料工程技术	2010-6-4	
	11-05	内蒙古机电职业技术学院	机电一体化技术	2011-5-1	2011 年
			电力系统自动化	2011-5-2	
			电厂热能动力装置	2011-5-3	
			冶金技术	2011-5-4	
辽宁省	10-07	辽宁石化职业技术学院	石油化工生产技术	2010-7-1	2010 年
			炼油技术	2010-7-2	
			化工设备维修技术	2010-7-3	
			生产过程自动化技术	2010-7-4	

创新与引领:我国示范性高等职业院校建设十年(2005—2015)

续表

省 份	院校编号	院校名称	重点建设专业	专业编号	启动建设年度
辽宁省	11-06	渤海船舶职业学院	船舶工程技术	2011-6-1	2011 年
			船舶动力装置技术	2011-6-2	
			船舶电气技术	2011-6-3	
	12-04	辽宁职业学院	汽车制造与装配技术	2012-4-1	2012 年
			高尔夫俱乐部商务管理	2012-4-2	
			畜牧兽医	2012-4-3	
			园艺技术	2012-4-4	
吉林省	10-08	吉林交通职业技术学院	工程机械运用与维护	2010-8-1	2010 年
			汽车电子技术	2010-8-2	
			工程测量技术	2010-8-3	
			物流管理	2010-8-4	
黑龙江省	10-09	哈尔滨铁道职业技术学院	高速铁道技术	2010-9-1	2010 年
			城市轨道交通工程技术	2010-9-2	
			土木工程检测技术	2010-9-3	
			工程造价	2010-9-4	
			道路桥梁工程技术	2010-9-5	
	11-07	黑龙江工商职业技术学院	城市热能应用技术	2011-7-1	2011 年
			电气自动化技术	2011-7-2	
			物流管理	2011-7-3	
	12-05	哈尔滨职业技术学院	电气自动化技术	2012-5-1	2012 年
			道路桥梁工程	2012-5-2	
			模具设计与制造	2012-5-3	
			焊接技术与自动化	2012-5-4	
上海市	10-10	上海医疗器械高等专科学校	医用电子仪器与维护	2010-10-1	2010 年
			药剂设备制造与维护	2010-10-2	
			医学影像设备管理与维护	2010-10-3	

续表

省 份	院校编号	院校名称	重点建设专业	专业编号	启动建设年度
上海市	11-08	上海电子信息职业技术学院	应用电子技术	2011-8-1	2011 年
			通信技术	2011-8-2	
			计算机网络技术	2011-8-3	
	12-06	上海出版印刷高等专科学校	印刷技术	2012-6-1	2012 年
			印刷图文信息处理	2012-6-2	
			出版与电脑编辑技术	2012-6-3	
			艺术设计	2012-6-4	
江苏省	10-11	江苏畜牧兽医职业技术学院	畜牧兽医	2010-11-1	2010 年
			动物防疫与检疫	2010-11-2	
			兽药生产与营销	2010-11-3	
			食品营养与检测	2010-11-4	
	10-12	南通航运职业技术学院	航海技术	2010-12-1	2010 年
			轮机工程技术	2010-12-2	
			船舶工程技术	2010-12-3	
			港口物流设备与自动控制	2010-12-4	
	11-09	常州机电职业技术学院	数控设备应用与维护	2011-9-1	2011 年
			模具设计与制造	2011-9-2	
			农业机械应用技术	2011-9-3	
			电气自动化技术	2011-9-4	
	11-10	苏州工艺美术职业技术学院	装饰艺术设计	2011-10-1	2011 年
			室内设计技术	2011-10-2	
			广告媒体技术	2011-10-3	
	11-11	南京化工职业技术学院	精细化学品生产技术	2011-11-1	2011 年
			化工装备技术	2011-11-2	
			生产过程自动化技术	2011-11-3	
			环境监测与治理技术	2011-11-4	
			物流管理	2011-11-5	

创新与引领：我国示范性高等职业院校建设十年(2005—2015)

续表

省　份	院校编号	院校名称	重点建设专业	专业编号	启动建设年度
江苏省	12-07	南京信息职业技术学院	通信技术	2012-7-1	2012年
			软件技术	2012-7-2	
			光电子技术	2012-7-3	
			物联网工程技术	2012-7-4	
	12-08	江苏经贸职业技术学院	电子商务	2012-8-1	2012年
			物流管理	2012-8-2	
			连锁经营管理	2012-8-3	
			老年服务与管理	2012-8-4	
	12-09	江苏食品职业技术学院	食品加工技术	2012-9-1	2012年
			生物技术及应用	2012-9-2	
			烹饪工艺与营养	2012-9-3	
			市场营销	2012-9-4	
浙江省	10-13	浙江经济职业技术学院	物流管理	2010-13-1	2010年
			汽车检测与维修技术	2010-13-2	
			计算机信息管理	2010-13-3	
			电子商务	2010-13-4	
	10-14	浙江旅游职业学院	酒店管理	2010-14-1	2010年
			导游	2010-14-2	
			景区开发与管理	2010-14-3	
			会展策划与管理	2010-14-4	
	11-12	浙江交通职业技术学院	航海技术	2011-12-1	2011年
			轮机工程技术	2011-12-2	
			道路桥梁工程技术	2011-12-3	
			汽车运用技术	2011-12-4	
	12-10	杭州职业技术学院	数控技术	2012-10-1	2012年
			服装设计	2012-10-2	
			精细化学品生产	2012-10-3	

续表

省　份	院校编号	院校名称	重点建设专业	专业编号	启动建设年度
浙江省	12-11	浙江建设职业技术学院	建筑工程技术	2012-11-1	2012 年
			建筑经济管理	2012-11-2	
			园林工程技术	2012-11-3	
			楼宇智能化工程	2012-11-4	
安徽省	10-15	安徽机电职业技术学院	机械设计与制造	2010-15-1	2010 年
			焊接技术及自动化	2010-15-2	
			数控技术	2010-15-3	
	10-16	安徽电气工程职业技术学院	发电厂及电力系统	2010-16-1	2010 年
			电厂热能动力装置	2010-16-2	
			电气自动化技术	2010-16-3	
	11-13	安徽商贸职业技术学院	物流管理	2011-13-1	2011 年
			市场营销	2011-13-2	
			计算机信息管理	2011-13-3	
			动画设计	2011-13-4	
	12-12	安徽交通职业技术学院	道路桥梁工程技术	2012-12-1	2012 年
			汽车运用与维修	2012-12-2	
			交通安全与智能控制	2012-12-3	
			物流管理	2012-12-4	
	12-13	阜阳职业技术学院	微生物技术及应用	2012-13-1	2012 年
			园艺技术	2012-13-2	
			数控技术	2012-13-3	
			机电一体化技术	2012-13-4	
福建省	10-17	福建信息职业技术学院	电子信息工程技术	2010-17-1	2010 年
			计算机网络技术	2010-17-2	
			电子商务	2010-17-3	

续表

省　份	院校编号	院校名称	重点建设专业	专业编号	启动建设年度
福建省	10-18	福建林业职业技术学院	林业技术	2010-18-1	2010 年
			园林技术	2010-18-2	
			木材加工技术	2010-18-3	
			计算机应用技术	2010-18-4	
	11-14	泉州医学高等专科学校	生物制药技术	2011-14-1	2011 年
			护理	2011-14-2	
	12-14	闽西职业技术学院	数控技术	2012-14-1	2012 年
			旅游管理	2012-14-2	
			应用电子技术	2012-14-3	
			建筑工程技术	2012-14-4	
江西省	10-19	江西现代职业技术学院	材料工程技术	2010-19-1	2010 年
			工业分析与检验	2010-19-2	
			建筑工程技术	2010-19-3	
	10-20	江西财经职业学院	物流管理	2010-20-1	2010 年
			金融保险	2010-20-2	
			旅游管理	2010-20-3	
	11-15	江西应用技术职业学院	国土资源调查	2011-15-1	2011 年
			水文与工程地质	2011-15-2	
			工程测量技术	2011-15-3	
			工业分析与检验	2011-15-4	
	12-15	江西交通职业技术学院	汽车运用技术	2012-15-1	2012 年
			道路桥梁工程技术	2012-15-2	
			物流管理	2012-15-3	
			交通安全与智能控制	2012-15-4	
山东省	10-21	滨州职业学院	现代纺织技术	2010-21-1	2010 年
			机电一体化技术	2010-21-2	
			生物技术及应用	2010-21-3	
			计算机网络技术	2010-21-4	

续表

省　份	院校编号	院校名称	重点建设专业	专业编号	启动建设年度
山东省	10-22	烟台职业学院	食品检测及管理	2010-22-1	2010 年
			汽车检测与维修技术	2010-22-2	
			模具设计与制造	2010-22-3	
			软件技术	2010-22-4	
	11-16	济南铁道职业技术学院	铁道机车车辆	2011-16-1	2011 年
			铁道工程技术	2011-16-2	
			电气化铁道技术	2011-16-3	
			机电一体化技术	2011-16-4	
	11-17	东营职业学院	石油化工生产技术	2011-17-1	2011 年
			机械制造与自动化	2011-17-2	
			物流管理	2011-17-3	
	12-16	山东畜牧兽医职业学院	畜牧兽医	2012-16-1	2012 年
			动物防疫与检疫	2012-16-2	
			兽药生产与营销	2012-16-3	
			饲料与动物营养	2012-16-4	
	12-17	青岛港湾职业技术学院	港口机械应用技术	2012-17-1	2012 年
			港口电气技术	2012-17-2	
			港口业务管理	2012-17-3	
			轮机工程技术	2012-17-4	
	12-18	济南职业学院	机电一体化技术	2012-18-1	2012 年
			应用电子技术	2012-18-2	
			软件技术	2012-18-3	
河南省	10-23	河南工业职业技术学院	电气自动化技术	2010-23-1	2010 年
			建筑装饰工程技术	2010-23-2	
			数控技术	2010-23-3	
			电子信息工程技术	2010-23-4	
			物流管理	2010-23-5	

续表

省　份	院校编号	院校名称	重点建设专业	专业编号	启动建设年度
河南省	10-24	河南农业职业学院	畜牧兽医	2010-24-1	2010 年
			食品加工	2010-24-2	
			种子生产	2010-24-3	
			园艺技术	2010-24-4	
			园林技术	2010-24-5	
	11-18	郑州铁路职业技术学院	高速铁道技术	2011-18-1	2011 年
			铁道机车车辆	2011-18-2	
			电气化铁道技术	2011-18-3	
			城市轨道交通控制	2011-18-4	
			城市轨道交通运营管理	2011-18-5	
			铁道工程技术	2011-18-6	
湖北省	10-25	襄樊职业技术学院	数控技术	2010-25-1	2010 年
			汽车检测与维修技术	2010-25-2	
			畜牧兽医	2010-25-3	
			护理	2010-25-4	
	10-26	黄冈职业技术学院	建筑工程技术	2010-26-1	2010 年
			畜牧兽医	2010-26-2	
			园林技术	2010-26-3	
			汽车检测与维修技术	2010-26-4	
	11-19	十堰职业技术学院	汽车检测与维修技术	2011-19-1	2011 年
			模具设计与制造	2011-19-2	
			旅游管理	2011-19-3	
			艺术设计	2011-19-4	
	11-20	鄂州职业大学	机械设计与制造	2011-20-1	2011 年
			建筑工程技术	2011-20-2	
			应用电子技术	2011-20-3	
			护理	2011-20-4	

续表

省 份	院校编号	院校名称	重点建设专业	专业编号	启动建设年度
湖北省	12-19	武汉软件工程职业学院	软件技术	2012-19-1	2012 年
			激光加工技术	2012-19-2	
			模具设计与制造	2012-19-3	
			物流管理	2012-19-4	
湖南省	10-27	湖南大众传媒职业技术学院	主持与播音	2010-27-1	2010 年
			电视节目制作	2010-27-2	
			影视动画	2010-27-3	
			出版与发行	2010-27-4	
			影视表演	2010-27-5	
	10-28	湖南科技职业学院	陶瓷艺术设计	2010-28-1	2010 年
			皮革制品设计与工艺	2010-28-2	
			高分子材料加工技术	2010-28-3	
			软件技术	2010-28-4	
	11-21	湖南工艺美术职业学院	湘绣设计与工艺	2011-21-1	2011 年
			服装设计与加工	2011-21-2	
			装潢艺术设计	2011-21-3	
			环境艺术设计	2011-21-4	
	12-20	娄底职业技术学院	机电一体化技术	2012-20-1	2012 年
			煤矿开采技术	2012-20-2	
			畜牧兽医	2012-20-3	
广东省	10-29	顺德职业技术学院	家具设计与制造	2010-29-1	2010 年
			制冷与冷藏技术	2010-29-2	
			智能家电	2010-29-3	
			涂料技术	2010-29-4	
	10-30	广东交通职业技术学院	城市轨道交通工程技术	2010-30-1	2010 年
			汽车检测与维修技术	2010-30-2	
			交通安全与智能控制	2010-30-3	
			国际航运业务管理	2010-30-4	

续表

省　份	院校编号	院校名称	重点建设专业	专业编号	启动建设年度
广东省	11-22	广东水利电力职业技术学院	水利水电建筑工程	2011-22-1	2011 年
			电厂设备运行与维护	2011-22-2	
			水政水资源管理	2011-22-3	
			供用电技术	2011-22-4	
	11-23	广州铁路职业技术学院	城市轨道交通车辆	2011-23-1	2011 年
			电气化铁道技术	2011-23-2	
			城市轨道交通运营管理	2011-23-3	
			数控技术	2011-23-4	
	12-21	广东科学技术职业学院	软件技术	2012-21-1	2012 年
			电子商务	2012-21-2	
			产品造型设计	2012-21-3	
			汽车整形技术	2012-21-4	
			应用电子技术	2012-21-5	
	12-22	中山火炬职业技术学院	包装技术与设计	2012-22-1	2012 年
			应用电子技术	2012-22-2	
			机械设计与制造	2012-22-3	
			生物制药技术	2012-22-4	
广西壮族自治区	10-31	广西机电职业技术学院	焊接技术及自动化	2010-31-1	2010 年
			应用电子技术	2010-31-2	
			电气自动化技术	2010-31-3	
	11-24	广西职业技术学院	园艺技术	2011-24-1	2011 年
			生物技术及应用	2011-24-2	
			物流管理	2011-24-3	
			电气自动化技术	2011-24-4	
	12-23	广西水利电力职业技术学院	水利水电建筑工程	2012-23-1	2012 年
			发电厂及电力系统	2012-23-2	
			机电一体化技术	2012-23-3	
			建筑工程技术	2012-23-4	

续表

省 份	院校编号	院校名称	重点建设专业	专业编号	启动建设年度
海南省	10-32	海南经贸职业技术学院	旅游管理	2010-32-1	2010 年
			物流管理	2010-32-2	
重庆市	10-33	重庆电力高等专科学校	发电厂及电力系统	2010-33-1	2010 年
			电厂热能动力装置	2010-33-2	
			供用电技术	2010-33-3	
			工业热工控制技术	2010-33-4	
			电力系统继电保护与自动化	2010-33-5	
	11-25	重庆城市管理职业学院	社会工作	2011-25-1	2011 年
			社区康复	2011-25-2	
			物流管理	2011-25-3	
			物联网技术与应用	2011-25-4	
	12-24	重庆工商职业学院	影视动画	2012-24-1	2012 年
			环境艺术设计	2012-24-2	
			软件技术	2012-24-3	
			市场营销	2012-24-4	
四川省	10-34	成都纺织高等专科学校	现代纺织技术	2010-34-1	2010 年
			染整技术	2010-34-2	
			服装设计	2010-34-3	
	11-26	四川邮电职业技术学院	通信技术	2011-26-1	2011 年
			移动通信技术	2011-26-2	
			网络系统管理	2011-26-3	
			光纤通信	2011-26-4	
	12-25	成都职业技术学院	软件技术	2012-25-1	2012 年
			酒店管理	2012-25-2	
			电子商务	2012-25-3	
	12-26	宜宾职业技术学院	生物技术及应用	2012-26-1	2012 年
			机电一体化技术	2012-26-2	
			物流管理	2012-26-3	

续表

省　份	院校编号	院校名称	重点建设专业	专业编号	启动建设年度
四川省	12-27	四川机电职业技术学院	冶金技术	2012-27-1	2012 年
			电气自动化技术	2012-27-2	
			材料成型与控制技术	2012-27-3	
贵州省	10-35	铜仁职业技术学院	药物制剂技术	2010-35-1	2010 年
			畜牧兽医	2010-35-2	
			设施农业技术	2010-35-3	
云南省	10-36	云南机电职业技术学院	数控技术	2010-36-1	2010 年
			电气自动化技术	2010-36-2	
			焊接技术及自动化	2010-36-3	
陕西省	10-37	陕西国防工业职业技术学院	机械制造与自动化	2010-37-1	2010 年
			精细化学品生产技术	2010-37-2	
			应用电子技术	2010-37-3	
			机电一体化技术	2010-37-4	
陕西省	11-27	陕西铁路工程职业技术学院	铁道工程技术	2011-27-1	2011 年
			地下工程与隧道工程技术	2011-27-2	
			材料工程技术	2011-27-3	
			建筑工程技术	2011-27-4	
	12-28	陕西职业技术学院	旅游管理	2012-28-1	2012 年
			电子商务	2012-28-2	
			建筑工程技术	2012-28-3	
			计算机应用技术	2012-28-4	
甘肃省	10-38	酒泉职业技术学院	旅游管理	2010-38-1	2010 年
			机电一体化	2010-38-2	
			种子生产与经营	2010-38-3	
			水利工程	2010-38-4	
	11-28	兰州资源环境职业技术学院	大气探测技术	2011-28-1	2011 年
			煤矿开采技术	2011-28-2	
			矿山地质	2011-28-3	
			矿山机电	2011-28-4	

第四部分 "国家示范性高等职业院校建设计划"示范高职院校、骨干高职院校立项建设单位及其重点建设专业表

续表

省　份	院校编号	院校名称	重点建设专业	专业编号	启动建设年度
甘肃省	12-29	武威职业学院	机电一体化技术	2012-29-1	2012 年
			光伏发电技术及应用	2012-29-2	
			旅游管理	2012-29-3	
			设施农业技术	2012-29-4	
青海省	11-29	青海交通职业技术学院	道路桥梁工程技术	2011-29-1	2011 年
			汽车运用技术	2011-29-2	
			工程造价	2011-29-3	
宁夏回族自治区	10-39	宁夏工商职业技术学院	清真烹饪工艺与营养	2010-39-1	2010 年
			物流管理	2010-39-2	
			应用化工技术	2010-39-3	
新疆维吾尔自治区	10-40	新疆轻工职业技术学院	食品加工技术	2010-40-1	2010 年
			应用化工技术	2010-40-2	
			生产过程自动化技术	2010-40-3	
	11-30	乌鲁木齐职业大学	工艺品设计与制作	2011-30-1	2011 年
			印刷技术	2011-30-2	
			会展策划与管理	2011-30-3	
			物流管理	2011-30-4	
广东省	12-30	深圳信息职业技术学院	软件技术	2012-30-1	2012 年
			计算机应用技术	2012-30-2	
			电子商务	2012-30-3	
			通信技术	2012-30-4	

参考文献

1. 2012 中国高等职业教育人才培养质量年度报告.中国教育报,2012-10-17

2. 鲍洁.对当前高职课程改革的探讨.职教论坛,2004(6)

3. 蔡斌.从高校校园文化建设视角谈高等教育改革.实验实践教学,2012(2)

4. 曹孙志,谭学君.高职院校校园文化建设的价值分析与对策.职业技术教育,2008(23)

5. 岑华锋.高职后示范发展策略研究.华东师范大学,2014

6. 查吉德.地方高职院校社会服务功能的实现策略.成人教育,2006(8)

7. 陈春华.关于高职院校内部控制措施的探讨.财税统计,2011(1)

8. 陈国峰,杨莎莎.高职教育发展的阶段性特征及其启示——基于国家示范性高职院校建设的分析.河南科技学院学报,2013(10)

9. 陈辉,倪丽娟.精神文明建设是大学文化建设的核心.黑龙江高教研究,2011(12)

10. 陈林杰.我国高职院校管理结构研究.职业教育研究,2007(10)

11. 陈少婴.创新高职院校行政管理模式的思考与实践.无锡商业职业技术学院学报,2011(2)

12. 陈顺立.关于国家示范性高职实训基地建设与管理的研究.职教论坛,2011(11)

13. 陈文海.高职院校物质文化建设探索与实践.科技创新导报,2008(30)

14. 陈玉华.国家示范性建设高职院校的发展愿景.成都航空职业技术学院学报,2007(2)

15. 陈赞.构建"校企一体、互通互融"紧密型校企合作办学体制的思考.山东商业职业技术学院学报,2012(1)

16. 陈振明.公共管理学——一种不同于传统行政学的研究途径.北京:中国人民大学出版社,2003

17. 刁瑜.国家示范性高职院校生产性实训基地建设探析.教育与职业,2010(29)

18. 董学义.关于示范性高职实训基地建设的思考.湖北广播电视大学学报,2008(8)

19. 段翠芳,等.示范性高职院校实训基地建设研究.河南机电高等专科学校学报,2011(3)

20. 樊秀娣.对我国示范性职业技术学院建设的思考.现代教育科学,2004(1)

21. 范丽娟,林祥柽.高校服务型行政管理体系探析.中国轻工教育,2009(3)

22. 范晓鹤.我国高职院校二级管理模式研究.苏州大学,2008

23. 方美君.提升高职院校社会服务能力的对策研究.国家教育行政学院学报,2011(1)

24. 冯渊.示范性高职院校管理示范的探索实践.高职教育,2009(3)

25. 冯泽峰.以国家示范性实训基地为依托　做好在校生实训和培训工作.中国职业技术教育,2011(12)

26. 冯增俊.教育人类学教程.北京:人民教育出版社,2005

27. 福建省教育厅.福建省教育事业统计简明资料 2010—2011 学年度,2011

28. 付雪凌.高等教育大众化进程中高等职业教育发展研究.华东师范大学,2008

29. 高等职业教育引领职业教育科学发展行动计划(2011—2015 年)(征求意见稿)［EB/OL］.［2013-11-20］.http://blog.sina.com.cn/s/blog_65992fc4010131qa.html

30. 高俊文,邹心遥.示范性高职院校校内生产性实训基地的跟踪研究.教育导刊,2011(4)

31. 高占祥.论校园文化.北京:新华出版社,1992

32. 郭苏华,隋明.职业教育产学结合实践研究.上海:上海财经大学出版社,2009

33. 郝超.试论高职教育项目课程的基本内涵.中国高教研究,2007(7)

34. 郝文星.示范性高职校内实训基地建设的实践.中国职业技术教育,2003(14)

35. 郝晓玲.关于大学文化建设的实践反思.黑龙江高教研究,2011(9)

36. 侯长林.论高校校园文化起源与变迁.学术探索,2012(7)

37. 胡国良.高等职业院校文化建设研究与实践.天津大学硕士学位论文,2012

38. 胡惠君,等.借鉴发达国家职业技术教育经验,全面建设示范性高职院校实训基地.实验技术与管理,2007(3)

39. 黄国清,等.高职教育校企多元化合作动力机制的探讨.教育学术月刊,
   2010(10)

40. 黄崴,张伟坤.服务型学校管理:涵义与构建.教育理论与实践,2006(8)

41. 黄尧.职业教育学——原理与应用.北京:高等教育出版社,2009

42. 黄迎新.关于校企合作的几点思考.中国培训,2006(12)

43. 江玲.高职院校校企合作的困境与前途.江苏社会科学,2010(S1)

44. 姜大源.关于工作过程系统化课程结构的理论基础.职教通讯,2006(1)

45. 姜大源.关于职业教育专业建设的思考.广东白云职业技术学院学报,2004
   (3)

46. 姜大源.世界职业教育课程改革的基本走势及其启示.中国职业技术教育,
   2008(9)

47. 姜大源.学科体系的解构与行动体系的重构.教育研究,2005(8)

48. 姜大源.学习领域课程:概念、特征与问题.外国教育研究,2003(1)

49. 姜大源.职业教育:程序与过程辨.中国职业技术教育,2008(28)

50. 姜大源.职业教育的专业教学论:属性、冲突、定位与前景.中国职业技术教
   育,2004(25)

51. 姜大源.职业教育学研究新论.北京:教育科学出版社,2007

52. 姜大源.职业教育专业教学论初探.教育研究,2004(5)

53. 蒋东兴,等.高校信息化建设的一体化思路与实践.教育信息化,2003(12)

54. 蒋庆斌,徐国庆.基于工作任务的职业教育项目课程研究.职业技术教育,
   2005(8)

55. 教育部高教司,中国高教学会产学研合作教育分会.必由之路——高等职
   业教育产学研结合操作指南.北京:高等教育出版社,2004

56. 金晓燕,麻小珍.高职教育区域产业服务能力提升探讨——以浙江工贸职
   业技术学院为例.浙江工贸职业技术学院学报,2012(12)

57. 雷久相.高职院校应立足区域提升服务能力.中国教育报,2013-1-2

58. 雷久相.关于高职教育服务区域经济社会发展研究综述.中国职业技术教
   育,2011(36)

59. 李汉斌.职业院校"校企合作"培养模式初探.成人教育,2007(4)

60. 李佳圣.中西部地方高职院校校企合作模式研究.继续教育研究,2011(12)

61. 李建.高职院校实训基地建设的若干问题研究.天津大学硕士学位论文,
   2008(7)

62. 李胜明.示范性高职院校实训师资队伍建设探析.继续教育研究,2011(9)

63. 李胜明.示范性高职院校实训室科学化管理的探究.中国成人教育,2010

（23）

64. 李伟胜.学校文化建设新思路：主动生成.北京：北京师范大学出版社,2012

65. 李亚林.示范性高职院校实训基地建设与运行机制管理研究.成人教育,
2011(2)

66. 梁燕.我国高职院校校内生产性实训基地建设研究.河北科技师范学院硕
士学位论文,2011

67. 林海龙.树立以人为本理念,构建服务型高校行政管理体系.当代教育论
坛,2008(10)

68. 刘鲁平,等.探索产学研合作机制,培养高等应用型人才.教育与职业,2007
(2)

69. 刘明星.地方高职院校社会服务能力提升策略研究.中国职业技术教育,
2014(28)

70. 刘书善.关于高职院校和谐校园文化建设的思考.教育探索,2008(7)

71. 刘向东,白素兰.国家骨干高职院社会服务能力提升研究.辽宁高职学报,
2012(7)

72. 刘晓,吴陈洁.利益相关者参与高职院校实训基地建设的研究.教育与职
业,2014(35)

73. 柳琳,等.浅谈信息技术在高职院校管理中的重要性.时代教育,2012(1)

74. 卢冠明.高职院校社会服务模式述评.江苏经贸职业技术学院学报,2010
(6)

75. 卢洁莹.试析我国高职院校专业建设政策.职业技术教育,2010(7)

76. 鲁昕.贯彻落实教育规划纲要,推动职业教育协调发展——在 2011 年度职
业教育与成人教育工作会议上的讲话.教育与职业,2011(16)

77. 缪宁陵.高职院校社会服务能力提升的实践与探索.温州职业技术学院学
报,2014(3)

78. 穆阳远.高职院校校园文化建设研究.太原理工大学硕士学位论文,2011
(5)

79. 任元军,李福华.产学合作的运作机制分析.黑龙江高教研究,2003(5)

80. 盛燕萍.对改革我国高职院校管理体制的若干思考.金华职业技术学院学
报,2009(12)

81. 石令明.强化生产性实训基地建设　创建国家示范性高职重要特色.柳州
职业技术学院学报,2009(1)

82. 石伟平,陈霞.职教课程与教学改革的国际比较.职业技术教育,2001(19)

83. 石伟平,徐国庆.职业教育课程开发技术.上海：上海教育出版社,2006

84. 石伟平.比较高等职业教育:发展与变革.上海:上海教育出版社,2006
85. 宋雪翎.国家示范性高等职业院校建设问题研究.华东师范大学,2009
86. 孙衷.示范性高职院校发展战略研究.青岛远洋船员学院学报,2004(2)
87. 谭移民,钱景舫.论能力本位的职业教育课程改革.教育研究,2001(2)
88. 赵锋.突破高职师资瓶颈　提升教师教学能力.中国教育报,2008-8-8
89. 王邦虎.校园文化论.北京:人民教育出版社,2000
90. 王小梅,等.高等职业教育院校管理模式研究与实践.中国高教研究,2007(5)
91. 王艳丽,等.基于企业视角的促进校企合作效果的实证分析.科学学研究,2010(7)
92. 王艳玲.90年代以来发达国家高职课程改革特点述评.职业技术教育,2005(16)
93. 王义.对后示范建设时代高职院校校企合作的思考.高教论坛.2012(2)
94. 王长旺.福建省示范性高职院校社会服务能力的分析与思考.教育与考试,2013(4)
95. 王中标.几所示范性高职院校教学团队建设的经验与启示.科技信息,2011(25)
96. 吴晓义.基于情境因素的职业教育教学组织模式研究.职业教育研究,2006(6)
97. 肖称萍.在高职院校管理中引入市场机制.教育与职业,2012(7)
98. 肖凤翔.隐性经验的习得与高等职业教育课程改革.教育研究,2002(5)
99. 邢清华.职业院校在校企合作过程中定位与角色的国际比较.职教通讯,2011(15)
100. 徐国庆.从工作组织到课程组织:职业教育课程设计的组织观.教育科学,2008(6)
101. 徐国庆.当前高职课程改革关键概念辨析.江苏高教,2009(6)
102. 徐国庆.高职课程网络化战略研究.江苏高教,2011(2)
103. 徐国庆.高职项目课程的理论基础与设计.江苏高教,2006(6)
104. 徐国庆.国外两年制高职课程特点及启示.中国高教研究,2005(2)
105. 徐国庆.激进建构主义与职业教育的课程与教学.全球教育展望,2002(8)
106. 徐国庆.试论职业教育专业课程的展开顺序.职教论坛,2003(14)
107. 徐国庆.职业教育课程的学科话语与实践话语.教育研究,2007(1)
108. 徐国庆.职业教育课程论.上海:华东师范大学出版社,2008
109. 徐国庆.职业教育项目课程的几个关键问题.中国职业技术教育,2007(4)

110. 徐涵.关于我国职业教育课程改革的思考.职业技术教育,2005(31)

111. 徐涵.以工作过程为导向的职业教育.职业技术教育,2007(34)

112. 徐文俊.产学研合作的五元三层结构分析.淮海工学院学报:社会科学版,2007(5)

113. 徐文苑.示范性高职院校实训基地建设与实践教学体系改革的探索.中国职业技术教育,2009(8)

114. 徐永春,等.政府在高职教育校企合作中的功能定位和作为.天津职业大学学报,2009(3)

115. 徐元俊."大部制"视域下的高职院校管理机构改革.职业技术教育,2013(8)

116. 严平平,任祖平.高校管理信息化初探.科技创新导报,2009(32)

117. 杨静.高等职业院校文化建设的问题及对策研究.新疆职业教育研究,2014(4)

118. 杨仁怀.数据仓库在高职院校管理中的应用研究[D].西南交通大学,2012

119. 杨少发.健康引导,和谐发展——高职院校校园文化建设的思考.现代阅读,2012(10)

120. 杨毅.国家示范性高职实训基地建设发展趋势的探讨.2011(6)

121. 姚海涛.高职院校校园文化建设理论与实务.北京:科学出版社,2010

122. 姚和芳.国家示范性高职院校"后示范建设"背景下打造具有国际竞争力教师队伍的路径探析.湖北广播电视大学学报,2014(1)

123. 姚寿广.试论"十一五"期间高职教育加强内涵建设的关键.中国高教研究,2007(7)

124. 易丽.试论我国校企合作的变式——基于技术本科人才培养的思与行.职业技术教育,2010(13)

125. 易善安,高职院校二级管理中的问题及对策研究.华东师范大学,2007

126. 俞瑞钊,高振强.以就业为导向的高职课程体系构建之实践与探索.中国高教研究,2007(5)

127. 余祖光.职业教育校企合作的机制研究.中国职业技术教育,2009(4)

128. 袁银枝.高职教育校企合作的困境及其突破.襄樊职业技术学院学报,2007(1)

129. 张春满.示范性高职院校实训基地建设与运行探索.职教论坛,2010(3)

130. 张翠芬.高职院校内部控制问题探讨.管理视野,2008(10)

131. 张海峰,刘业.高职院校管理研究的现状、内容与范式.职教通讯,2006(10)

132. 张海峰.高职教育校企合作若干难题的理论破解.江苏技术师范学院学报,2009(6)

133. 张俊斌,刘斌.高校管理信息的集成.中山大学学报,2001(3)

134. 张群.课程建设与专业建设的关系.理工高教研究,2005(6)

135. 张旭翔,等.高等职业教育教学模式设计研究.职业技术教育,2010(31)

136. 赵志群,等.我国职业教育课程改革理论与实践回顾.教育发展研究,2005(15)

137. 赵志群.对工学结合课程一些基本概念的认识.中国职业技术教育,2008(33)

138. 赵志群.论职业教育工作过程导向的综合性课程开发.职教论坛,2004(6)

139. 中华人民共和国教育部.国家中长期教育改革与发展规划纲要(2010—2020 年)[EB/OL].(2010-02-23)[2013-11-20].http://www.moe.edu.cn/publicfiles/business/htmlfiles/moe/moe_177/201008/93785.html

140. 周建松.高等职业教育示范建设理论与实践.杭州:浙江大学出版社,2011

141. 周建松.高职院校办学体制与人才培养模式改革探索——银领学院的建立、运行与成效.金融教学与研究,2008(4)

142. 周建松.生态学视阈下的高职院校开放合作办学模式构建——以浙江金融职业学院为例.高等教育研究,2009(12)

143. 周建松.特色·品牌·引领——浙江金融职业学院国家示范性高等职业院校建设巡礼.杭州:浙江大学出版社,2009

144. 周建松.以专业(群)为单元探索建立开放合作育人机制.中国高等教育,2010(9)

145. 周学军,鲁钢.示范性高职院校课程体系的构建研究.教育学术月刊,2011(12)